ERRARD

COLLECTION MICHEL LÉVY
— 1 franc le volume —
1 franc 25 centimes à l'Étranger

EUGÈNE SUE

LES SEPT
PÉCHÉS CAPITAUX

L'ENVIE. — LA COLÈRE

I

PARIS
MICHEL LÉVY FRÈRES, LIBRAIRES-ÉDITEURS
RUE VIVIENNE, 2 BIS

1860

COLLECTION MICHEL LÉVY

LES SEPT
PÉCHÉS CAPITAUX

OUVRAGES

D'EUGÈNE SUE

Parus dans la collection Michel Lévy

LES SEPT PÉCHÉS CAPITAUX	6 vol.
L'ORGUEIL..	2 —
L'ENVIE. — LA COLÈRE...............................	2 —
LA LUXURE. — LA PARESSE........................	1 —
L'AVARICE. — LA GOURMANDISE...................	1 —
GILBERT ET GILBERTE..................................	3 —
LE DIABLE MÉDECIN....................................	3 —
ADÈLE VERNEUIL.......................................	1 —
LA GRANDE DAME......................................	1 —
CLÉMENCE HERVÉ.......................................	1 —

LAGNY — Typographie de A. VARIGAULT et Cie.

LES SEPT
PÉCHÉS CAPITAUX

PAR

EUGÈNE SUE

— L'ENVIE. — LA COLÈRE —

I

PARIS
MICHEL LÉVY FRÈRES, LIBRAIRES-ÉDITEURS
RUE VIVIENNE, 2 BIS

1860
— Tous droits réservés. —

(C.)

LES SEPT
PÉCHÉS CAPITAUX

L'ENVIE

I

Un touriste qui eût parcouru le *Blaisois* dans le courant de l'année 1828, en se rendant de Blois à la petite ville de *Pont-Brillant,* pour y visiter, selon l'usage des voyageurs, le château de ce nom, somptueuse et féodale résidence des anciens marquis de Pont-Brillant, aurait nécessairement passé devant une ferme située sur le bord du chemin vicinal, à une lieue environ du château.

Ce bâtiment, complétement isolé au milieu des bois et des guérets, pouvait, par hasard, attirer l'attention du voyageur; on l'eût sans doute contemplé avec un mélange de tristesse et de dégoût, comme l'un des nombreux spécimens de la laideur des habitations rurales du pays, lors même qu'elles appartiennent à des personnes jouissant d'une grande aisance.

En effet, cette ferme se composait d'un bâtiment d'exploitation, dont les dépendances formaient deux longues ailes en retour ; l'intérieur de cette espèce de parallélogramme tronqué servait de cour et était rempli de fumier croupissant dans des eaux infectes : car la vacherie, l'écurie et la bergerie s'ouvraient sur ces amas d'immondices, où s'ébattaient, dans la fange, toutes sortes d'animaux domestiques, depuis des poules jusqu'à des porcs.

Le bâtiment d'habitation, pris dans l'une des ailes en retour, composé d'un rez-de-chaussée et de quelques mansardes, avait donc pour point de vue cette cour nauséabonde, et pour horizon les sales murailles et les portes vermoulues des vacheries; tandis que, de l'autre côté de ce triste logis, où nulle fenêtre n'était alors percée, s'étendait une superbe futaie de chênes séculaires de deux arpents, sous laquelle coulait un ruisseau alimenté par le trop plein de plusieurs étangs éloignés; mais cette futaie, malgré sa rare beauté, était devenue presque impraticable, son sol ayant été çà et là couvert de gravois, ou envahi par les ronces et les chardons; enfin le ruisseau, faute de curage et d'une pente suffisante, était bourbeux et stagnant.

Si ce même touriste, dont nous supposons la venue, eût, un an après cette pérégrination, passé de nouveau devant cette ferme d'un aspect autrefois si repoussant, ce touriste eût été frappé de la soudaine métamorphose que ces lieux avaient subie, quoiqu'ils appartinssent toujours au même propriétaire.

Une fraîche pelouse de gazon fin et ras comme du velours vert, ornée de massifs de rosiers, remplaçait la cour immonde, jadis encombrée de fumier ; de nouvelles portes pour l'écurie et la vacherie ayant été pratiquées sur l'autre face, les anciennes baies avaient été murées, et ce bâtiment, ainsi que la vaste grange du fond de la cour, étaient badigeonnés à la chaux et recouverts d'un treillage vert, où s'enlaçaient déjà les pousses naissantes du chèvrefeuille, de la clématite et de la vigne vierge.

L'aile où se trouvait l'habitation, treillagée de même, était entourée d'arbustes et de fleurs; une allée sablée d'un beau sable jaune conduisait à la porte principale, abritée par un large porche de bois rustique, à toit de chaume, où s'enracinaient de larges touffes de joubarbe et d'iris nains; ce péristyle agreste, aux parois à jour, garni de plantes grimpantes, servait de salon d'été... Sur l'appui de chaque croisée, peinte d'un vert foncé, qui faisait ressortir la blancheur éblouissante des rideaux et la limpidité des vitres, on voyait une petite jardinière faite du bois argenté du bouleau, et remplie de fleurs communes, mais fraîchement épanouies.

Enfin une légère palissade, à demi cachée par des massifs d'acacias roses, de lilas et d'ébéniers récemment plantés, reliait les deux ailes des bâtiments parallèlement à la grange du fond, et clôturait ainsi ce charmant jardin, dans lequel on entrait par une porte à claire-voie, peinte aussi d'un vert gai.

Du côté de la futaie, la métamorphose n'était pas moins complète et subite.

Au lieu de ronces et de chardons, un tapis de fin gazon, coupé d'allées sinueuses et sablées, s'étendait sous le magnifique ombrage des vieux chênes; le ruisseau, jadis si fangeux, détourné dans un lit nouveau, et arrêté vers le milieu de son cours par un barrage en grosses pierres rocheuses et moussues, élevé de trois ou quatre pieds, retombait de cette hauteur en une petite cascade bouillonnante, puis continuait de couler rapide et transparent au niveau de ses rives gazonnées...

Quelques corbeilles de géraniums, dont les ombelles écarlates tranchaient sur le vert de la pelouse, çà et là dorée par quelque vif rayon de soleil traversant l'épaisse feuillée, égayaient encore ce site charmant... terminé par une large trouée, à travers laquelle on apercevait à l'horizon la forêt de Pont-Brillant, dominée par son antique château.

Les détails de cette transformation complète, obtenue en si peu de temps par des moyens simples et peu coûteux, sembleront puérils peut-être; cependant ils sont significatifs, comme expression d'une des milles nuances de l'amour maternel.

Oui... une jeune femme de seize ans, mariée à quinze ans et demi, et reléguée, exilée depuis son mariage dans cette solitude, l'avait ainsi métamorphosée.

C'était uniquement en songeant à son enfant, en cherchant à l'entourer d'objets riants, d'aspects agréables, au milieu de l'isolement où il devait vivre, que le goût de la jeune mère s'était développé ; chacune des innovations charmantes apportées par elle dans ce séjour d'abord si triste, si repoussant, n'avait été pour ainsi dire qu'un cadre où, plus tard, devait rayonner l'image d'une chère petite créature ardemment attendue.

Sur la pelouse du jardin intérieur, soigneusement clos, l'enfant pourrait d'abord s'ébattre tout petit ; le porche rustique abriterait ses jeux, en cas de pluie ou de trop ardente chaleur ; tandis que les murs treillagés, verdoyants et fleuris de la maisonnette reposeraient gaiement sa vue.

Puis, plus tard, lorsqu'il grandirait, il pourrait, sous l'œil maternel, courir sur le gazon de la futaie ombreuse, et s'amuser à entendre le doux murmure de la cascade, ou à voir briller et fuir ses bouillons argentés à travers les rocailles couvertes de mousse ; le ruisseau limpide, maintenu partout à une profondeur de deux pieds, n'offrant aucun péril pour l'enfant qui pourrait, au contraire, lors des chaudes journées d'été, se baigner dans son onde fraîche et pure qui se filtrait à travers un fin gravier.

En cela, comme en bien d'autres circonstances, ainsi qu'on le verra plus tard, une sorte de révélation guidant la jeune mère, lui avait donné l'idée de changer à si peu de frais cette ferme sordide, délabrée, en un riant *cottage*.

A l'époque où commence ce récit (vers la fin du mois de juin 1845), la jeune mère habitait cette ferme ainsi transformée depuis dix-sept ans ; les arbustes de la pelouse intérieure étaient des arbres, les bâtiments disparaissaient complètement sous un luxuriant manteau de feuillage et de fleurs :

tandis que, pendant l'hiver, la verdure incessante de plusieurs lierres énormes cachait encore les murailles et garnissait entièrement le porche rustique à toit de chaume.

Du côté de la futaie, la petite cascade et le ruisseau faisaient toujours entendre leur mélancolique murmure.

Sur ce site agreste et charmant s'ouvrait la porte vitrée d'une grande pièce servant à la fois de salon à la jeune mère et de salle d'étude pour son fils, alors âgé de seize ans et quelques mois.

Cette pièce renfermait une sorte de *musée* (on sourira peut-être de cette ambitieuse expression), ou plutôt de *reliquaire* maternel.

Ainsi, un modeste meuble de bois blanc garni de vitres contenait, sur ses tablettes, une foule d'objets religieusement conservés par la jeune femme, comme autant de souvenirs précieux résumant à ses yeux les différentes phases de la vie de son fils.

Là, tout avait une date, depuis le hochet de l'enfant jusqu'à la couronne de chêne obtenue par l'adolescent lors d'un concours dans un pensionnat de la petite ville de Pont-Brillant, où l'orgueilleuse mère avait voulu envoyer son fils pour essayer ses forces.

Là, tout avait sa signification, depuis le petit fusil, jouet à demi brisé, jusqu'au brassard de satin blanc frangé d'or que portent si fièrement les néophytes lors de leur première communion.

Ces *reliques* paraîtront puériles, ridicules peut-être. Et pourtant, si l'on songe que tous les incidents de la vie enfantine et adolescente de son fils, caractérisés par les objets dont nous parlons, avaient été pour cette jeune mère, idolâtre de son enfant et vivant dans la plus complète solitude, avaient été, disons-nous, autant d'événements graves, touchants ou solennels, l'on excusera ce culte du passé... et l'on comprendra aussi la pensée qui avait rangé parmi ces *reliques* une petite lampe de porcelaine blanche, à la pâleur de laquelle la jeune mère avait veillé son fils pendant une longue et dangereuse maladie, dont il avait été sauvé par un modeste et habile médecin demeurant à Pont-Brillant.

Est-il besoin de dire qu'une partie des boiseries de la salle d'étude était ornée de cadres renfermant, ici une page d'un écriture enfantine presque informe, et, plus loin, la copie de trois strophes que, l'année précédente, l'adolescent avait essayé de rimer pour la fête de sa mère ? Ailleurs les inévitables têtes d'*Andromaque* et de *Niobé*, que le crayon inexpérimenté du commençant afflige ordinairement de bouches si contractées, d'yeux si incertains, semblaient regarder avec une surprise courroucée une jolie aquarelle très-finement touchée d'après nature, et représentant un site des bords de la Loire.

Enfin çà et là, suspendus aux murailles ou supportés par des socles de bois noir, on voyait divers fragments de statuaire antique, moulés en plâtre, qui avaient servi et servaient encore de modèles ; les premiers livres d'étude de l'enfant étaient non moins pieusement conservés par sa mère dans une bibliothèque renfermant un excellent choix d'ouvrages d'histoire, de géographie, de voyages et de littérature. Un piano et quelques rayons chargés de partitions se voyaient non loin de la table de dessin, et complétaient le modeste ameublement de cette pièce.

Vers la fin du mois de juin 1845, la jeune femme dont nous parlons, et que nous nommerons Marie Bastien, se trouvait avec son fils dans la salle d'étude.

Cinq heures du soir allaient bientôt sonner ; les rayons du soleil, quoique brisés par les lames des persiennes abaissées afin d'entretenir la fraîcheur au-dedans, jetaient çà et là de vermeils et joyeux reflets, tantôt sur la boiserie grise de la salle d'étude, tantôt sur de gros bouquets de fleurs récemment coupées et placées sur la cheminée dans des vases de porcelaine.

On voyait encore dans un grand verre de cristal à pied une douzaine de belles roses variées, à demi écloses, épendant le plus doux parfum, et qui semblaient égayer une table de travail chargée de livres et de papiers, de chaque côté de laquelle la mère et le fils, tous deux assis, semblaient très-laborieusement occupés.

Madame Bastien, quoiqu'elle dût avoir bientôt trente et un ans, en paraissait à peine vingt, tant son visage enchanteur resplendissait de fraîcheur juvénile, nous dirions presque virginale, car l'angélique beauté de cette jeune femme était digne d'inspirer ces naïves paroles faites pour la Vierge, mère du Christ :

« *Je vous salue, Marie, pleine de grâces...* »

Madame Bastien portait une robe d'été à manches courtes en percaline à mille raies d'un bleu pâle, serrée par un large ruban rose à sa taille élégante et souple, qui eût, comme on dit, tenu entre les dix doigts. Ses jolis bras étaient nus ou plutôt en partie voilés par le léger réseau de longues mitaines de filet qui ne dépassaient pas son coude à fossettes.

Deux épais bandeaux de cheveux châtains naturellement très-ondés, çà et là nuancés de vifs reflets dorés et descendant très-bas, encadraient l'ovale parfait de son visage, dont la blancheur transparente se colorait d'un carmin délicat vers le milieu des joues; ses grands yeux, du plus tendre, du plus riant azur, se frangeaient de longs cils, bruns comme ses sourcils finement arqués, bruns comme les cheveux follets qui, se crispant à la naissance de son cou, annonçaient une nature pleine de vie et de sève; l'humide corail de ses lèvres, le brillant émail des dents, la ferme rondeur des bras charmants légèrement rosés comme ceux d'une jeune fille, complétaient ces symptômes d'un sang pur, riche et vierge, conservé tel par la régularité d'une vie solitaire, chaste et pour ainsi dire claustrale, vie concentrée tout entière dans une seule passion... l'amour maternel.

La physionomie de Marie Bastien offrait un double caractère; car si l'angle de son front, la coupe de ses sourcils révélaient une énergie, une persistance de volonté peu commune, jointes à une rare intelligence, l'expression de son regard était d'une ineffable bonté, son sourire plein de douceur et de gaieté... de gaieté, ainsi que le témoignaient deux petites fossettes roses, creusées par la fréquence d'un franc rire, à peu de distance des coins veloutés de sa bouche. En effet, la jeune mère égalait au moins son fils en joyeuseté ; aussi, bien souvent, l'heure de la récréation venue, le plus fou, le plus enfant, le plus turbulent des deux n'était pas l'adolescent.

C'est que tous deux se trouvaient si heureux... si heureux dans ce petit coin de terre isolé qu'ils n'avaient jamais quitté, et où leur vie s'était jusqu'alors passée dans l'échange des sentiments les plus délicats, les plus charmants et les plus tendres!..

Certes, en les voyant assis devant la table de travail, on eût pris la mère et le fils pour le frère et la sœur.

— Frédérik Bastien ressemblait extrêmement à sa mère, quoiqu'il fût d'une beauté plus mâle, plus accentuée ; son teint était plus brun, ses cheveux plus foncés que ceux de la jeune femme, et ses sourcils d'un noir de jais donnaient un attrait de plus à ses grands yeux d'un bleu pur et doux; car Frédérik avait les yeux et le regard de sa mère, de même qu'il avait son fin sourire, son nez grec, ses dents perlées, ses lèvres vermeilles que le duvet de la puberté estampait déjà.

Élevé dans toute la liberté salubre d'une vie rustique, Frédérik, dont la taille à la fois élégante et robuste dépassait celle de sa mère, rayonnait de santé, de jeunesse et de grâce; on ne pouvait rencontrer une physionomie plus intelligente et plus résolue, plus affectueuse et plus riante. Il était facile de voir que la coquetterie maternelle avait présidé à la toilette de l'adolescent, quoique sa mise fût des plus simples; une jolie cravate de satin cerise, sur laquelle se rabattait un fin col de chemise, s'harmoniait parfaitement avec le teint frais et brun de l'adolescent, tandis que l'éblouissante blancheur de son gilet de basin blanc tranchait sur le jaune pâle de sa veste de chasse en nankin, à larges boutons de nacre; enfin ses mains, au lieu de ressembler à ces affreuses mains de *collégien*, aux ongles rongés, à la peau rugueuse et tachée d'encre, étaient non moins soignées que celles de la jeune femme, et, comme les siennes, encore embellies par des ongles roses et lustrés d'un ovale parfait.

(Les mères qui ont des fils de seize ans au collége comprendront et excuseront la puérilité de ces détails.)

Nous l'avons dit, Frédérik et sa mère, assis à la même table, l'un en face de l'autre, travaillaient opiniâtrement (ou plutôt *piochaient ferme,* comme on dit au collége); chacun ayant à sa gauche un volume du *Vicaire de Wakefield,* et devant soi une belle feuille de papier blanc alors presque entièrement remplie.

— Frédérik... passe-moi le dictionnaire, dit madame Bastien sans lever les yeux, et en tendant sa main charmante à son fils.

— Oh!.. le dictionnaire... dit Frédérik en riant avec un accent de compassion moqueuse, peut-on en être réduit à avoir recours au dictionnaire?..

Et il donna le volume à sa mère, non sans avoir baisé la jolie main qui attendait le gros livre.

Marie, la tête toujours baissée, se contenta de sourire sans répondre; puis tout en jetant à son fils un regard *en dessous,* qui fit paraître encore plus limpide l'azur de ses grands yeux bleus, elle prit son porte-plume d'ivoire entre ses petites dents, qui le firent paraître presque jaune, et se mit à feuilleter prestement le dictionnaire.

Profitant de ce moment d'inattention, Frédérik se leva de son siége, et, les deux mains appuyées sur la table, il se pencha en avant pour tâcher de voir où sa mère en était de sa traduction.

— Ah!.. Frédérik... tu veux copier sur moi? dit gaiement Marie en abandonnant le dictionnaire, et, de ses deux petites mains, couvrant à grand'peine le feuillet pour le soustraire aux yeux de son fils. Ah!.. vois-tu? je t'y prends, cette fois...

— Non... je t'assure, répondit Frédérik en se rasseyant, je voulais voir si tu étais aussi avancée que moi...

— Tout ce que je sais, répondit madame Bastien d'un air triomphant, en se hâtant d'écrire après avoir consulté le dictionnaire, c'est que moi... j'ai fini...

— Comment... déjà ?.. dit humblement Frédérik.

Cinq heures sonnèrent alors à une vieille horloge à gaîne en marqueterie, haute de six pieds et placée dans un coin de la salle d'étude.

— Bon ! la récréation ! s'écrie joyeusement Marie, la récréation !.. Viens-tu, Frédérik ?

Et la jeune femme, quittant précipitamment son siége, courut vers son fils.

— Je te demande seulement dix minutes... et j'ai fini, reprit Frédérik d'un ton suppliant, en se hâtant d'écrire, fais-moi la charité de dix pauvres petites minutes.

Mais il fallut voir comme cette requête fut accueillie, et avec quelle pétulante gaieté la jeune mère, posant un buvard sur la feuille que son fils laissait inachevée, ferma ses livres, lui ôta sa plume des mains, et, rapide, légère, l'entraîna sous la futaie séculaire, alors pleine d'ombre et de fraîcheur.

Il faut le dire, Frédérik n'opposa pas une résistance désespérée à la *volonté despotique* de sa mère, et il fut bientôt fort allégrement disposé à faire, comme on dit : *une fameuse partie*.

II

Cinq minutes après le commencement de la récréation, une partie active de *volant* s'engageait entre Frédérik et sa mère.

C'était un délicieux tableau.

De vifs rayons de soleil, traversant çà et là le dôme presque impénétrable de l'ombreuse futaie, venaient quelquefois dorer les charmantes figures de madame Bastien et de son fils, dont chaque pose, chaque mouvement, était rempli de grâce et d'agilité.

Marie, le visage coloré du rose le plus vif, les yeux animés, la bouche entr'ouverte et rieuse, la taille bien cambrée en arrière, le sein palpitant sous la fine étoffe de sa robe, le pied tendu en avant, la main armée de la raquette à manche de velours, recevait le volant, puis le renvoyait malicieusement à Frédérik dans une direction tout opposée à celle qu'il prévoyait. Aussitôt, leste et rapide, écartant par un brusque mouvement de tête les boucles de sa belle chevelure brune, qui embarrassaient son front, l'adolescent, en quelques bonds vigoureux et légers, arrivait assez à temps pour relever avec adresse le jouet ailé au moment où il rasait la terre, et le rejetait à sa mère. Celle-ci le recevait et le relançait non moins adroitement; mais, ô bonheur! voici qu'après avoir décrit sa courbe, que Frédérik épiait d'un regard vigilant, le volant lui retombe... droit sur le nez... et que, perdant l'équilibre, en voulant cependant relever ce coup désespéré, l'adolescent trébuche et roule sur l'épais gazon.

Alors, ce furent des rires si fous, des éclats d'hilarité si violents de la part des deux joueurs, que la partie demeura forcément suspendue.

La mère et le fils, bras dessus, bras dessous, les joues empourprées, le regard humide de larmes joyeuses, et recommençant parfois de rire brusquement et de plus belle, gagnèrent un banc de bois rustique placé en face de la cascade, sur le bord du petit ruisseau; là, tous deux prirent quelques moments de repos, pendant lesquels madame Bastien se mit à étancher avec sollicitude la sueur qui perlait au front de son fils.

— Mon Dieu! dit Frédérik, que c'est donc ridicule de rire ainsi!..

— Oui... mais avoue que c'est bien bon?

— Certainement, et c'est la faute de ce volant qui vient... justement... me tomber... sur le nez.

— Frédérik... c'est toi qui recommence... tant pis...

— Non, c'est toi qui meurs d'envie de rire... je le vois bien.

Et tous deux de se laisser aller de nouveau à cet excellent rire *bête,* aussi absurde, aussi involontaire que délicieusement désopilant.

— C'est égal, dit madame Bastien en sortant la première de cette nouvelle crise d'hilarité, vois-tu, Frédérik, ce qui me console de la bêtise de nos rires, c'est qu'il n'y a, j'en suis sûre, que les gens aussi heureux que nous qui connaissent de pareils accès de folle joie.

— Ah! mère, tu as raison... dit Frédérik, en appuyant sa tête sur l'épaule de madame Bastien, et en s'y berçant pour ainsi dire avec un mouvement de câlinerie charmante, nous sommes si heureux!.. Tiens, par exemple, en ce moment... par ce beau soir d'été, sous cette ombre fraîche... être là, près de toi, appuyant ma tête sur ton épaule, et les yeux à demi fermés... voir là-bas, comme à travers un voile doré que lui font les rayons du soleil, notre maisonnette, pendant que la cascade fait entendre son murmure, embrasser ainsi d'un regard ce cher petit monde, dont nous ne sommes jamais sortis... Oh! mais c'est bon... mais c'est doux... à vouloir rester ainsi pendant cent ans.

Et Frédérik, faisant un nouveau mouvement, parut en effet vouloir se dorloter sur l'épaule de sa mère pendant *une éternité*.

La jeune femme, se gardant bien de déranger Frédérik, pencha seulement sa tête un peu de côté, afin de toucher de sa joue la joue de l'adolescent, prit une de ses mains dans les siennes, et répondit :

— C'est pourtant vrai cela... ce coin de terre a toujours été pour nous un paradis ; et, sauf le souvenir de tes trente-trois jours de maladie, nous chercherions, je crois, en vain à nous rappeler un moment de chagrin ou de tristesse... n'est-ce pas, Frédérik ?

— Tu m'as toujours tant gâté...

— Monsieur Frédérik ne sait pas du tout ce qu'il dit, reprit madame Bastien, en affectant une gravité plaisante, il n'y a rien de plus maussade, de plus insupportable, et surtout de plus malheureux qu'un enfant gâté... Je voudrais bien savoir quels caprices, quelles fantaisies, j'ai encouragés en vous, Monsieur ? Voyons, cherchez, cherchez...

— Je le crois bien, tu ne me donnes pas le temps de désirer... tu t'occupes de mes récréations, de mes plaisirs... au moins autant que moi, car, en vérité, je ne sais pas comment tu fais... mais, avec toi, le temps passe toujours... si vite... si vite... que je ne peux croire que nous soyons déjà à la fin de juin... et je dirai la même chose à la fin de janvier, pour toujours recommencer ainsi.

— Il ne s'agit pas de me câliner, Monsieur, mais de me dire... quand je vous ai gâté ?.. et si je ne suis pas au contraire très-sévère, très-exigeante, pour vos heures de travail par exemple ?

— Oui, je te le conseille de parler de cela ! Est-ce que tu ne partages pas mes études comme mes jeux ? aussi le travail m'a-t-il toujours autant amusé que la récréation... Vois un peu mon beau mérite !

— Mais enfin, monsieur Frédérik, vous avez remporté deux beaux prix à Pont-Brillant... et je n'étais pas là cette fois... j'espère... enfin... je vous...

— Enfin, mère... dit Frédérik, en jetant ses bras autour du cou de Marie, qu'il interrompit en l'embrassant avec effusion, je soutiens, moi, que, si je suis heureux... c'est par toi... Si je sais... si je vaux quelque chose, c'est encore par toi... oui, uniquement par toi... T'ai-je jamais quittée? Oui, tout ce que j'ai de bon... je le tiens de toi... mais... ce que j'ai de mauvais... mon opiniâtreté, par exemple... je...

— Oh! pour cela, dit madame Bastien en souriant, en interrompant à son tour Frédérik et le baisant au front, cette chère petite tête... veut bien ce qu'elle veut... C'est la vérité, je ne sache pas de volonté plus énergique que la tienne... Ainsi tu as opiniâtrement voulu être jusqu'ici le plus tendre... le meilleur des fils... tu n'as pas manqué... à ta résolution... Puis la jeune mère ajouta avec une émotion délicieuse : Va... va, mon enfant aimé, je ne te vante pas... chaque jour m'apporte une nouvelle preuve de la bonté, de la générosité de ton cœur... Si je te flattais... les habitants de *notre petit monde*, comme tu dis, seraient mes complices, et nous sommes trop pauvres et trop ennemis du mensonge pour avoir des adulateurs. Et tiens, ajouta vivement madame Bastien en indiquant quelqu'un du geste à Frédérik, si j'avais besoin d'un auxiliaire pour te convaincre, j'invoquerais le témoignage de l'excellent homme que voici... Il te connaît presque aussi bien que moi, et tu m'avoueras que sa sincérité n'est pas suspecte, à lui.

Le nouveau personnage dont parlait madame Bastien, et qui s'avançait sous la futaie, avait quarante ans environ, une taille petite et frêle, un extérieur fort négligé. De plus ce nouveau venu était singulièrement laid, mais d'une laideur spirituelle et remplie de bonhomie. Il se nommait *Dufour*, exerçait la médecine à Pont-Brillant, et, l'année précédente, avait, à force de savoir et de soins, sauvé Frédérik d'une grave maladie.

— Bonjour, ma chère madame Bastien, dit allégrement le

docteur, en s'approchant de la jeune femme et de son fils. Bonjour, mon enfant, ajouta-t-il, en serrant cordialement la main de Frédérik.

— Ah ! docteur... docteur, dit madame Bastien avec une affectueuse gaieté, vous venez bien à propos pour être grondé.

— Grondé ! moi !...

— Certainement... voilà plus de quinze grands jours que vous n'êtes venu nous voir...

— Fi ! reprit joyeusement M. Dufour, fi !... voyez un peu les égoïstes, avec des santés aussi florissantes que celles-là, oser demander des visites à un médecin !

— Fi ! répondit non moins joyeusement madame Bastien au docteur, fi ! le dédaigneux, qui méprise assez la reconnaissance de ceux qu'il a sauvés pour les priver du plaisir de pouvoir lui dire souvent... bien souvent : Merci, notre sauveur... merci.

— Oh ! comme ma mère a raison, monsieur Dufour, ajouta Frédérik, vous croyez que parce que vous m'avez rendu la vie... tout est fini entre nous, n'est-ce pas ?... Êtes-vous ingrat !

— La mère et le fils me déclarent la guerre... je ne suis pas de force, répondit le docteur en faisant deux pas en arrière ; je bats en retraite.

— Allons !... reprit madame Bastien, nous n'abuserons pas de nos avantages... mais à une condition, docteur, c'est que vous dînerez avec nous.

— J'étais parti de chez moi avec cette excellente intention-là, reprit le docteur sérieusement cette fois ; mais je dépassais à peine les dernières maisons de Pont-Brillant, lorsque j'ai été arrêté par une pauvre femme qui m'a demandé de venir voir en hâte son mari... J'y suis allé... j'ai donné les premiers soins... malheureusement il s'agit d'une maladie si grave... et d'une marche si rapide, que je ne serais pas tranquille si je ne revoyais pas ce soir mon malade avant sept heures.

— Contre de telles raisons... je n'ai aucune objection, mon bon docteur, répondit madame Bastien, et je vous sais doublement gré de nous donner du moins quelques instants.

— Et moi qui me faisais une fête de cette soirée, reprit le docteur, elle complétait si bien ma journée, car ce matin j'avais eu déjà une grande joie.

— Il vous est arrivé quelque chose d'heureux, mon cher docteur : ah! tant mieux.

— Oui, reprit M. Dufour avec émotion, j'étais inquiet de mon meilleur ami... voyageur intrépide... qui avait entrepris une périlleuse excursion à travers les parties les moins connues de l'Amérique du sud... Sans nouvelles de lui depuis plus de huit mois, je commençais à m'alarmer, lorsque, ce matin, je reçois une lettre de Londres... venant de Lima. Pour comble de joie il me promet de venir passer quelque temps avec moi... Jugez si je suis heureux, ma chère madame Bastien... un frère pour moi... un cœur d'or... avec cela, un des hommes les plus intéressants, les plus merveilleusement doués que j'aie connus... l'avoir pendant quelque temps à moi tout seul... Hein! quels épanchements, quelles causeries!.. Aussi, dans ma gloutonnerie de bonheur, je m'étais dit : Je serai insatiable... j'irai, pour en doubler la douceur, porter ma joie chez madame Bastien, dîner avec elle ; je passerai là quelques heures délicieuses, et je lui ferai une proposition qui lui sera peut-être agréable, ainsi qu'à ce cher Frédérik ; j'espère que c'était là une journée complète, une vraie journée de sybarite.

Le docteur fut en ce moment interrompu par une vieille servante qui, donnait la main à un enfant de sept ou huit ans, très-pauvrement vêtu, et qui du seuil de la porte où elle se tenait, appela l'adolescent et lui cria :

— Monsieur Frédérik... il est six heures...

— A tout à l'heure... mère, dit-il en baisant la jeune femme au front ; puis s'adressant au docteur : Je vous verrai avant votre départ, n'est-ce pas, mon bon monsieur Dufour ?

Et en deux bonds Frédérik eut rejoint la vieille servante et l'enfant, avec lesquels il rentra dans la maison.

— Où va-t-il ainsi ? demanda familièrement le médecin à la jeune femme.

— Donner sa leçon, répondit Marie en souriant. N'avez-vous pas vu son écolier?

— Quel écolier?

— Cet enfant qui était là... est le fils d'un journalier qui demeure trop loin de Pont-Brillant pour pouvoir envoyer son enfant à l'école; aussi Frédérik lui donne-t-il par jour deux leçons de lecture, et je vous assure, docteur, que je suis aussi satisfaite du maître que de l'élève; car, si Frédérik apporte à ces leçons un zèle, une douceur, une intelligence rares, son écolier répond merveilleusement à ses soins.

— Mais, c'est charmant, cela.

— Que voulez-vous? reprit madame Bastien avec un sourire de douce résignation, à défaut d'autres aumônes, nous faisons, du moins, de celles-là... Car vous savez avec quelle rigoureuse parcimonie moi et mon fils nous sommes traités en ce qui touche l'argent... mais, reprit Marie avec un sourire d'une ineffable bonté, comment pourrais-je me plaindre? Grâce à cette parcimonie à laquelle on nous astreint, mon Frédérik s'ingénie à trouver et trouve toutes sortes de ressources, dont quelques-unes sont, je vous assure, des plus touchantes, et si je ne craignais de me montrer trop orgueilleuse, je vous conterais... une chose qui s'est passée la semaine dernière...

— Voyons, ma chère madame Bastien... allez-vous faire de la fausse modestie maternelle avec moi?

— Non... je n'en ferai pas... Écoutez-moi donc, mon bon docteur... Jeudi passé je me promenais avec Frédérik du côté des bruyères de Brevan...

— Où l'on défriche, n'est-ce pas? J'ai vu cela en passant tout à l'heure.

— Justement on défriche à cet endroit, et c'est, vous le savez, docteur, un rude travail...

— Parbleu! déraciner des bruyères qui ont peut-être trois ou quatre siècles d'existence.

— Je traversais donc ces landes avec Frédérik, lorsque nous voyons une pauvre femme hâve, maladive, et une petite fille d'une dizaine d'années, tout aussi frêle que sa mère, travailler a ce défrichement.

— Une femme et un enfant si faibles? un tel travail? mais c'était au-dessus de leurs forces.

— Il n'est que trop vrai... et, malgré leur courage, les deux pauvres créatures faisaient peu de besogne; la mère, à grand'-peine, levait la houe pesante qui entamait difficilement la terre durcie; enfin, lorsque la souche d'une bruyère, qu'elle piochait sans doute depuis longtemps, fût un peu découverte, la femme et la petite fille, tantôt se servant de la houe comme d'un levier, tantôt de leurs mains grattant la terre, afin de dégager la racine, tâchèrent de l'arracher... avec des efforts inouïs... ce fut en vain... La pauvre femme eut un mouvement de désespoir navrant; elle se jeta à terre comme brisée par la douleur et par la fatigue; puis, s'enveloppant la tête dans un lambeau de tablier, elle se mit à sangloter sourdement, pendant que sa petite fille, agenouillée devant elle, l'appelait en pleurant.

— Ah! que de misère!.. que de misère!...

— Je regardais mon fils; il avait comme moi les larmes aux yeux; je m'approchai de la femme et lui demandai comment elle se livrait à un travail si au-dessus de ses forces et de celles de son enfant; elle me répondit que son mari avait entrepris la défriche d'un quartier de bruyères à la tâche, que depuis deux jours il était tombé malade par excès de travail, ayant encore une partie de son ouvrage à faire... et que si le samedi soir tout n'était pas fini, il perdait le fruit du travail commencé depuis deux semaines... tel était son arrangement avec l'*écobueur* *, ces défrichements étant très-urgents.

— En effet, dans le pays, pour les travaux pressés ils font de ces marchés-là, et en exécutent impitoyablement les conditions; ainsi la pauvre femme venait tâcher de suppléer son mari?

— Oui... car il s'agissait pour cette famille de perdre ou de

* Gens qui se chargent dans le pays d'*écobuer* ou défricher les terres.

gagner trente-cinq francs... sur lesquels ils comptaient pour payer le loyer annuel de leur misérable hutte et acheter un peu de seigle... pour attendre la moisson nouvelle. « Ma bonne femme, dit Frédérik à cette malheureuse après quelques moments de réflexion : en deux jours un bon travailleur peut-il terminer la défriche ? — Oui, Monsieur... mais il aurait bien du mal, répondit-elle. — Mère, me dit alors Frédérik, il faudrait donner trente-cinq francs à ces pauvres gens, nous ne le pouvons pas ; accordez-moi congé vendredi et samedi, la défriche sera faite, cette bonne femme ne risquera pas de se rendre malade, elle ira soigner son mari et touchera son argent dimanche. »

— Brave et digne enfant ! s'écria monsieur Dufour.

— Le samedi soir, reprit madame Bastien, à neuf heures, au crépuscule, la défriche était terminée. Frédérik avait accompli sa tâche avec une ardeur, une gaieté, un entrain qui, de cette action, ont fait pour lui un vrai plaisir. Durant ces deux jours, je ne l'ai pas quitté... Un beau genévrier se trouvait à peu de distance, et, assise à l'ombre, je lisais ou je brodais pendant que mon fils travaillait... et d'un cœur ! quels coups de pioche ! mon pauvre docteur ; la terre en tremblait jusque sous mes pieds.

— Je le crois bien... quoique svelte, il est d'une rare vigueur pour son âge.

— De temps à autre, j'allais essuyer le front ruisselant de Frédérik et lui donner à boire... puis, aux heures des repas, afin de perdre moins de temps, notre vieille Marguerite nous apportait à manger aux champs... Jugez quel bonheur, prendre son repas sur la bruyère... à l'ombre d'un genévrier ! C'était une vraie fête pour Frédérik... Sans doute, ce qu'il a fait est bien simple... mais ce dont j'ai été surtout très-touchée, très-contente, c'est la promptitude de sa résolution, accomplie d'ailleurs avec la ténacité de volonté que vous lui connaissez.

— Heureuse... heureuse... mère entre toutes les mères, dit le docteur avec émotion en serrant les mains de Marie entre les siennes, et doublement heureuse vous devez être, car ce bonheur est votre ouvrage.

— Que voulez-vous, docteur, répondit madame Bastien avec une expression angélique, on vit, c'est pour son fils.

— Oui... et vous... vous surtout... car sans votre fils... vous seriez... Allons, reprit monsieur Dufour, comme si, par cette réticence, il voulait échapper à une pensée pénible, n'attristons pas cet entretien... il est trop bon au cœur pour cela.

— Vous avez raison, cher docteur... mais, j'y pense... cette proposition que vous veniez nous faire à moi et Frédérik?...

— C'est juste... voici de quoi il s'agit... Vous savez... ou vous ne savez pas... car, dans votre isolement, vous ignorez toutes les *grandes nouvelles* du pays... vous ne savez peut-être pas que l'on a fait au château de Pont-Brillant des réparations et surtout des embellissements qui font de ce séjour une demeure vraiment royale?

— En effet, cher docteur, je suis si peu au courant des *grandes nouvelles* du pays, comme vous dites... que je ne savais rien de cela... je croyais même le château inhabité...

— Il ne va plus l'être, car le jeune marquis de Pont-Brillant va venir l'occuper avec sa grand'mère...

— Le fils de M. de Pont-Brillant qui est mort il y a trois ans?

— Justement.

— Mais il doit être fort jeune?

— Il a l'âge de Frédérik à peu près... Orphelin de père et de mère, sa grand'mère l'idolâtre et a fait des folies pour meubler et restaurer ce château, où elle viendra passer huit à neuf jours de l'année avec son petit-fils. Je suis allé à Pont-Brillant il y a deux jours, pour y donner mes soins à *monsieur le chef des cultures de serres chaudes,* car chez ces grands seigneurs on ne dit pas *jardinier,* c'est trop vulgaire; finalement, j'ai été ébloui du luxe de cet immense château : il y a une admirable galerie de tableaux, une serre chaude où l'on entrerait en voiture, et dans les jardins des statues admirables... Il y a surtout... mais je veux vous laisser le plaisir de la surprise, sachez seulement que c'est digne des *Mille et une Nuits*... J'ai donc pensé que vous et Frédérik vous seriez peut-être curieux de voir ce conte arabe réalisé... cette féerie en action... et grâce à la haute protection que m'accorde *monsieur le chef des cultures,* je me fais fort de vous conduire au château... demain ou après demain, mais pas plus tard, car le jeune marquis est attendu le jour d'ensuite ; que dites-vous de ma proposition ?

— Je dis, mon cher docteur, que j'accepte avec plaisir : ce sera une délicieuse partie pour Frédérik... dont l'éblouissement sera d'autant plus complet qu'il n'a pas plus que moi l'idée de ce que c'est qu'un luxe pareil ; il se fera une fête de cette excursion au château de Pont-Brillant. Merci donc, mon bon docteur, ajouta madame Bastien avec une joie naïve, ce sera une charmante journée.

— Eh bien... quand irons-nous ?
— Demain : cela vous convient-il ?
— Parfaitement... je ferai mes visites très-matin, afin d'être libre, et, si vous le voulez, je serai ici à neuf heures ; il nous faut une heure et demie pour nous rendre au château, le chemin est superbe... presque toujours dans la forêt.

— Et en sortant... du château, nous pourrons déjeuner dans les bois avec des fruits que nous emporterons, reprit gaiement madame Bastien, je dirai à Marguerite de faire une de ces galettes de ménage que vous aimez tant... mon bon docteur.

— J'accepte... à condition que la galette sera grosse, s'écria joyeusement le docteur, qu'elle sera énorme, car Frédérik et vous y ferez une fameuse brèche..

— Soyez tranquille, docteur, répondit non moins gaiement madame Bastien. Nous aurons tous notre bonne part au gâteau... Mais, tenez, voilà justement Frédérik qui vient de terminer sa leçon... je vous laisse le plaisir de lui faire cette aimable surprise.

— Oh! mère... quel bonheur! s'écria l'adolescent lorsque M. Dufour lui eut donné connaissance de ses projets; comme ça doit être magnifique à voir ce château!... Merci, mon bon monsieur Dufour, de nous avoir ménagé ce beau voyage dans le pays des fées.

. . . .

Le lendemain, le docteur fut exact, et lui, madame Bastien et son fils partirent pour le château de Pont-Brillant par une splendide matinée d'été.

III

Madame Bastien, son fils et le docteur Dufour, après avoir traversé une superbe forêt, arrivèrent au *château de Pont-Brillant* par une large avenue d'une demi-lieue de long, bordée de deux contre-allées gazonnées, et plantées comme l'avenue principale d'ormes gigantesques, vieux peut-être de quatre siècles; une vaste esplanade, ornée d'énormes orangers en caisse, entourée de balustres de pierre, et surélevée en terrasse, d'où l'on embrassait un immense horizon, servait de cour d'honneur au château.

Ce chef-d'œuvre de l'architecture de la renaissance, aux tourelles sculptées à jour, aux coupoles dentelées, aux dômes à flèches élancées, aux colonnades mauresques, rappelait l'ensemble grandiose et féerique du château de Chambord.

Frédérik et sa mère n'avaient jamais vu qu'à une distance d'une lieue et demie cette masse imposante de bâtiments;

tous deux s'arrêtèrent un moment au milieu de l'esplanade, frappés d'admiration, en embrassant d'un coup d'œil ces merveilleux détails, ces innombrables broderies de pierre dont ils ne soupçonnaient pas l'existence.

Le bon docteur, aussi triomphant que si le château lui eût appartenu, se frottait joyeusement les mains, s'écriant avec suffisance :

— Ce n'est rien encore... ce ne sont là que les bagatelles de la porte. Que sera-ce donc lorsque vous aurez pénétré dans l'intérieur de ce palais enchanté !

— Mon Dieu ! mère, disait Frédérik, vois donc cette colonnade à ogives, à côté du grand dôme, comme c'est léger, aérien !

— Et là-bas ces balcons de pierre, reprenait la jeune femme, on dirait de la dentelle... Et les sculptures des croisées du premier étage, quelle délicatesse ! quelle richesse de détails !

— Je déclare, dit le docteur avec une gravité comique, que nous ne serons pas sortis du château avant demain, si nous perdons tant de temps à admirer les murailles.

— Monsieur Dufour a raison, dit Marie en reprenant le bras de son fils; allons, viens...

— Et ces bâtiments, qui ont l'air d'un autre château relié au premier par des ailes circulaires, demanda l'adolescent au médecin, qu'est-ce donc, monsieur Dufour ?

— Ce sont les écuries et les communs, mon garçon.

— Des écuries ?.. dit madame Bastien, c'est impossible ; vous vous méprenez, mon cher docteur.

— Comment ? vous n'avez pas plus de foi que cela dans votre cicerone ! s'écria le docteur ; apprenez, Madame, que je ne me trompe pas... Ce sont si bien des écuries, que lorsque le maréchal de Pont-Brillant, le trisaïeul ou le quadrisaïeul du jeune marquis actuel, habitait le château, il faisait venir un régiment de cavalerie qu'il logeait tout entier, à ses frais, bêtes et gens, dans les écuries et aux communs du château, le tout pour se donner le plaisir de faire manœuvrer tous les matins, avant son déjeuner, cette cavalerie sur l'esplanade que vous voyez; il paraît que ça lui ouvrait l'appétit, à ce digne seigneur.

— C'était une fantaisie digne d'un grand capitaine comme lui, dit Marie, car tu te souviens, Frédérik... avec quel intérêt nous lisions cet hiver ses campagnes d'Italie.

— Si je me le rappelle? je le crois bien... dit Frédérik; après Charles XII, le maréchal de Pont-Brillant est mon héros favori.

En devisant ainsi, les trois visiteurs avaient traversé l'esplanade. Madame Bastien, voyant M. Dufour obliquer à droite au lieu de se diriger vers la façade du château, lui dit :

— Mais, docteur... on doit entrer, ce me semble, dans la cour intérieure par cette porte monumentale?...

— Certainement... les maîtres du château entrent par là... mais de pauvres diables comme nous, qui n'ont que la protection de *monsieur le chef des cultures,* sont bien heureux de passer par une petite porte des communs, répondit en riant le docteur; il ferait beau voir que monsieur le suisse se donnât la peine d'ouvrir pour nous, plébéiens indignes, cette grille armoriée.

— Je vous demande pardon de mon ambitieuse prétention... dit gaiement madame Bastien au docteur, tandis que Frédérik, faisant de loin un salut comique du côté de la grille, disait en riant :

— Madame la grille armoriée, nous reconnaissons très-humblement que vous n'êtes pas faite pour nous...

M. Dufour, ayant sonné à une porte des communs, demanda à parler à M. Dutilleul, *le chef des cultures* du château; le docteur fut introduit, et il donna son bras à madame Bastien.

Il fallait, pour arriver à la demeure de M. Dutilleul, traverser une partie des cours des écuries. Une trentaine de chevaux de selle, de chasse ou d'attelage, appartenant au jeune marquis, étaient arrivés la veille avec ses équipages; un grand nombre de palefreniers anglais allaient et venaient, ceux-là entrant et sortant des écuries, ceux-ci lavant des voitures armoriées, d'autres donnant à l'acier des mors et des étriers le lustre et le poli de l'argent bruni; le tout sous la surveillance attentive de *monsieur le chef des écuries*, Anglais d'un âge mûr, ayant la tournure d'un parfait *gentleman*, et qui, le cigare aux lèvres, le stick à la main, présidait à ces travaux avec un flegme tout britannique.

Parfois aussi, dans des bâtiments voisins, on entendait les formidables aboiements d'une meute considérable; plus loin, en passant auprès d'une sorte de galerie souterraine qui conduisait aux cuisines, les visiteurs aperçurent huit ou dix cuisiniers et marmitons occupés à décharger deux grands fourgons remplis d'ustensiles de cuivre qu'on aurait dit destinés à la bouche de *Gargantua*.

Soudain le docteur s'écria, en indiquant du geste une grande porte qui venait de rouler sur ses gonds :

— Comment, encore des chevaux qui arrivent!.. c'est un véritable régiment... On nous dirait revenus au temps du maréchal de Pont-Brillant. Voyez donc, ma chère madame Bastien!

En effet, vingt-cinq chevaux d'âge et de taille différents, complétement cachés sous des camails et des couvertures aux couleurs et aux armes du marquis, les uns montés, les autres tenus en main, commencèrent de défiler sous la voûte. Leurs housses et leurs genouillères poudreuses annonçaient qu'ils venaient de faire une longue route : une calèche attelée terminait la marche. Un jeune homme d'une tournure élégante en descendit, et donna quelques ordres en anglais à l'un des conducteurs de chevaux, qui l'écouta chapeau bas.

— Mon ami, dit le docteur à un domestique qui passait, ces chevaux qui viennent d'arriver sont encore à M. le marquis?

— Oui, ce sont les chevaux de course, les poulinières et les élèves de M. le marquis, car il va établir ici un haras.

— Et ce monsieur qui vient de descendre de calèche?

— C'est M. John Newman, l'*entraîneur* de M. le marquis.

Et le domestique passa.

Madame Bastien, son fils et le docteur, qui n'avaient pas idée d'un si nombreux service, regardaient avec ébahissement cette incroyable quantité de domestiques de toutes sortes.

— Eh bien! madame Bastien? dit en riant M. Dufour, si l'on apprenait à ce jeune marquis que vous, comme moi et comme tant d'autres, nous avons une ou deux pauvres vieilles servantes pour tout domestique, et que nous sommes encore passablement servis... il nous rirait au nez...

— Mon Dieu! quel luxe! reprit Marie, j'en suis étourdie... C'est un monde que ce château! et puis, que de chevaux!.. J'espère qu'ici tu ne manquerais pas de modèles, Frédérik, toi qui aimes tant à dessiner les chevaux, que tu as fait jusqu'au vénérable portrait de notre pauvre vieux cheval de charrette...

— Ma foi, mère, répondit Frédérik, je croyais que personne... sauf le roi, peut-être, n'était assez riche pour avoir un si grand nombre de domestiques et de chevaux. Mon Dieu! que de choses, que de bêtes, que de gens affectés au service ou aux plaisirs d'une seule personne!

Ces derniers mots furent prononcés par Frédérik avec un imperceptible accent d'ironie, dont madame Bastien ne s'aperçut pas, émerveillée, et, il faut le dire, très-amusée qu'elle était par la vue d'un spectacle si nouveau pour elle; aussi ne remarqua-t-elle pas non plus qu'à deux ou trois reprises les traits de son fils se contractèrent légèrement sous une impression pénible.

En effet, Frédérik, sans être fort observateur, avait été frappé de quelques manques d'égards auxquels le docteur et sa mère avaient été exposés au milieu de cette foule de domestiques bruyants et occupés : quelques-uns avaient, en passant, coudoyé les visiteurs, d'autres leur avaient grossièrement coupé le passage; plusieurs enfin, surpris de la rare beauté de Marie Bastien, l'avaient regardée avec une curiosité hardie, presque familière, incidents auxquels la jeune femme était d'ailleurs restée complétement indifférente, par distraction ou par dignité.

Il n'en fut pas ainsi de son fils : blessé dans sa délicate et tendre vénération filiale par les procédés des gens du jeune marquis, il comprit bientôt que sa mère, le docteur et lui recevaient un tel accueil de par le fait seul de leur entrée au château par la porte des subalternes en se recommandant d'un des principaux domestiques.

Frédérik sentit seulement dès lors son admiration naïve pour tout ce luxe se nuancer d'une légère amertume, amertume qui avait amené son observation ironique « sur le nombre de gens et de chevaux affectés aux plaisirs ou au service d'une seule personne. »

Mais bientôt la mobilité d'impressions, naturelle à son âge, la vue des magnifiques jardins qu'il eut à traverser pour accompagner sa mère et le docteur jusqu'aux serres chaudes, apportèrent à l'adolescent, sinon l'oubli, du moins la distraction de ces premiers sentiments.

Le personnel des jardiniers de Pont-Brillant était non moins considérable que celui des autres services ; après s'être informé auprès de plusieurs des subordonnés de monsieur *le chef des cultures*, qu'il n'avait pas rencontré chez lui, où se trouvait alors cet important personnage, le docteur et ses amis rejoignirent M. Dutilleul dans la serre chaude principale.

Cette immense rotonde vitrée, à toit conique, avait deux cents pieds de diamètre sur quarante de hauteur à son point le plus culminant ; cette serre gigantesque, construite en fer avec une hardiesse, une légèreté admirables, était plantée des plus beaux végétaux exotiques.

Ici, c'étaient des bananiers de toute taille et de toutes variétés, depuis les *musa* nains, chargés de fruits, jusqu'à des *paradisiaca* qui s'élevaient à trente pieds, et dont les feuilles avaient plus de trois mètres de longueur ; plus loin, les verts éventails des *dulliers* et des *lataniers* se mêlaient aux tiges élancées des cannes à sucre et des bambous ; tandis que, dans l'eau limpide d'un bassin de marbre, situé au milieu de la serre, se réfléchissaient les plus belles plantes aquatiques : *arums* de l'Inde aux feuilles énormes et rondes comme des boucliers, *cypirus* aux ondoyants panaches, *lotus* du Nil aux grandes fleurs bleu d'azur dont le parfum est si enivrant.

C'était un merveilleux mélange de végétation de toutes formes, de toutes grandeurs, de toutes nuances, depuis le vert pâle et marbré des *bégonias* jusqu'aux rayures tour à tour tendres et foncées des *marantha*, feuilles admirables, velours vert en dessus, satin pourpré en dessous; ici, les grands *ficus* noirâtres et charnus contrastaient avec les fougères du Cap, au feuillage si délicat, aux rameaux si déliés, que l'on dirait des brins de soie violette supportant une dentelle verte; là, le *strelizia*, dont la fleur ressemble à un oiseau aux ailes d'orange et à l'aigrette bleu-lapis, luttait de richesse et d'éclat avec l'*astrapea*, à l'énorme pompon cerise piqueté de jaune d'or; enfin, dans quelques endroits, les immenses feuilles des bananiers, formant une voûte de verdure naturelle, aux souples et transparents arceaux, cachaient si complétement le vitrage de la rotonde, que l'on aurait pu se croire transporté sur la terre tropicale.

A l'aspect de cette merveilleuse végétation, Marie Bastien et Frédérik échangeaient à chaque instant des exclamations de surprise et d'admiration.

— Dis, Frédérik, quel bonheur de voir, de toucher enfin, ces bananiers, ces dattiers, dont nous avons lu tant de fois la description dans les livres des voyageurs!.. s'écriait Marie.

— Mère... mère... disait à son tour Frédérik, en montrant à madame Bastien un arbuste aux feuilles dentelées et d'un vert d'émeraude, voici le *caféier*... et là, cette plante aux feuilles si épaisses, qui grimpe le long de cette colonne... c'est la vanille.

— Frédérik... vois donc ces immenses feuilles de latanier... comme l'on comprend bien que, dans l'Inde, cinq à six feuilles suffisent pour couvrir une cabane!

— Mère... regarde donc, voilà ces jolies grenadilles dont parle le capitaine Cook... Je les ai tout de suite reconnues à leurs fleurs : on dirait de petites corbeilles de porcelaine à jour... et nous qui accusions ce pauvre capitaine de s'amuser à inventer des fleurs impossibles !..

— Mon Dieu! Monsieur, dit Marie Bastien au *chef des cultures*, M. de Pont-Brillant, lorsqu'il est ici, ne doit pas quitter ce jardin enchanté?

— M. le marquis est comme feu M. le marquis son père, répondit le jardinier en soupirant, il n'est pas amateur; il préfère le chenil et l'écurie...

Madame Bastien et son fils se regardèrent stupéfaits.

— Mais alors, Monsieur, reprit ingénument la jeune femme, pourquoi donc avoir ces magnifiques serres?

— Parce qu'il n'y a pas de véritable château sans serres chaudes, Madame, répondit fièrement *monsieur le chef des cultures;* c'est un luxe qu'un véritable grand seigneur se doit à soi-même.

— Ce que c'est pourtant que le respect humain! dit tout bas Marie à son fils, avec un sourire doucement railleur. Tu vois, Frédérik, la dignité de soi-même vous oblige à posséder ces merveilles. Puis, elle ajouta à l'oreille de son fils : Dis donc, mon ange, dans l'hiver, quand les jours sont si courts... et qu'il neige, quelles heures délicieuses l'on passerait ici à narguer les frimas!..

Il fallut que le docteur vînt arracher la jeune mère et son fils à leur admiration inassouvie.

— Ma chère madame Bastien, nous en aurions pour deux jours seulement dans cette serre, si vous voulez tout voir en détail.

— C'est vrai, mon bon docteur... c'est vrai... répondit madame Bastien. Allons... ajouta-t-elle en souriant et soupirant de regret, quittons les tropiques... et allons dans une autre partie du monde sans doute... car, ainsi que vous le disiez, monsieur Dufour, c'est ici le pays des merveilles....

— Vous croyez plaisanter? eh bien! si vous êtes sage, dit en souriant le docteur, je vous conduirai tout à l'heure en Chine...

— En Chine?.. mon bon docteur, est-ce possible?

— Certainement, et s'il nous reste un quart d'heure, ma foi! nous ferons ensuite une petite pointe... jusqu'en Suisse...

— Aussi en Suisse? s'écria Frédérik.

— En pleine Suisse... Mais, auparavant, nous visiterons le château, et là, ce sera bien autre chose!

— Quoi donc encore, docteur?

— Oh! là, ce ne seront plus des pays divers que nous parcourrons, mais les âges... depuis l'ère gothique jusqu'au siècle de Louis XV... et le tout... en une heure au plus.

— Je vous crois, docteur; je suis décidée à ne plus m'étonner de rien, répondit madame Bastien, car, nous sommes ici dans le pays des fées. Viens-tu, Frédérik?

Et les visiteurs suivirent *monsieur le chef des cultures* qui, avec une certaine suffisance narquoise, souriait à part soi de l'étonnement bourgeois des amis de M. Dufour.

Un moment distrait de ses premiers sentiments par l'aspect saisissant de la serre chaude, Frédérik suivit sa mère d'un pas moins allègre que de coutume : il éprouvait un serrement de cœur singulier, en pensant à la dédaigneuse indifférence du jeune marquis de Pont-Brillant pour ces merveilles qui eussent fait la joie, les délices, l'attachante occupation de tant de personnes dignes d'apprécier et d'aimer ces trésors de la nature réunis à tant de frais.

IV

Monsieur le chef des cultures, en quittant la rotonde immense formant la serre chaude principale, introduisit les trois visiteurs dans d'autres serres qui s'étendaient latéralement; l'une d'elles, destinée aux ananas et renfermant toutes les espèces connues de ces fruits parfumés, aboutissait à une serre spéciale aux *orchidées*; il fallut encore que le docteur arrachât Marie Bastien et son fils à la surprise, à l'admiration où ils restaient plongés, malgré la température humide et étouffante de cette serre, à la vue de plusieurs *orchis* fleuris, fleurs bizarres, presque fantastiques, tantôt pareilles à des papillons diaprés de vives couleurs, tantôt à des insectes ailés d'une apparence fabuleuse.

Là se terminait le domaine de M. Dutilleul; cependant il voulut bien guider nos curieux sur les terres de son collègue *des cultures d'orangerie, de serre tempérée et de pleine terre.*

— Je vous avais promis la Chine, dit le docteur à ses amis, nous voici en Chine.

En effet, au sortir de la serre aux *orchidées* l'on entrait dans une galerie chinoise à piliers à jour, peints de rouge et de vert éclatant, et pavée de carreaux de porcelaine, pareils à ceux dont était revêtu un petit mur à hauteur d'appui servant de base aux colonnes; entre celles-ci étaient espacés de grands vases du Japon, bleu, blanc et or, contenant des camélias, des roses pivoines, des azalées, des citronniers, et autres arbustes de la Chine.

Cette galerie, vitrée pendant la mauvaise saison, conduisait à une véritable maison chinoise formant le centre d'un vaste jardin d'hiver.

La curieuse édification de cette demeure, qui avait coûté des soins et des sommes immenses, remontait au milieu du dix-huitième siècle, époque à laquelle la rage des *chinoiseries* était poussée à son comble. Témoin la fameuse *pagode* de *Chanteloup*, bâtiment fort élevé, construit tout en porcelaine.

La maison chinoise de Pont-Brillant ne le cédait en rien à la fameuse *Folie* de M. de Choiseul.

La disposition de cette demeure, composée de plusieurs pièces, ses tentures, ses ameublements, ses ustensiles de ménage, ses ornements, tout était rigoureusement authentique; et, pour compléter l'illusion, deux merveilleux magots de grandeur naturelle, habillés des plus riches étoffes, placés de chaque côté des portières du salon, les soulevaient à demi, semblant ainsi les ouvrir aux visiteurs qu'ils saluaient de minute en minute, grâce au balancier intérieur qui leur faisait remuer les yeux, et alternativement incliner et relever la tête.

Tout ce que la Chine offre de plus curieux, de plus chatoyant, de plus splendide en étoffes, laques, meubles, porcelaines, objets d'or, d'argent ou d'ivoire ciselés, était rassemblé dans cette espèce de musée, dont les trois fenêtres de bambou, aux transparents vitrages de pâte de riz, peinte de fleurs et d'oiseaux de couleurs étincelantes, donnaient sur le jardin d'hiver. Cette sorte de serre tempérée, plantée d'arbres et d'arbustes de la Chine et du Japon, se couvrait dès l'automne, au moyen de châssis vitrés, s'adaptant au rebord de la toiture de la maison.

— Est-ce un rêve? disait madame Bastien, en examinant ces merveilles avec autant de curiosité que d'intérêt, que de trésors de toutes sortes!.. Vois donc, Frédérik! C'est un livre vivant où l'on pourrait étudier les usages, les mœurs, l'histoire de ce singulier pays... car voici une collection de médailles, de monnaies, de dessins et de manuscrits.

— Dis donc, mère, reprit Frédérik, que de bonnes et longues soirées d'hiver l'on passerait ici en lisant un voyage en Chine... en suivant ainsi, pour ainsi dire sur nature... toutes les narrations du livre !

— Au moins, Monsieur, dit Marie à M. Dutilleul, M. de Pont-Brillant vient souvent visiter ce pavillon si curieux, si intéressant ?

— M. le marquis n'est pas non plus fou de chinoiseries, Madame ; il aime mieux la chasse. Feu M. le marquis, son arrière-grand-père, avait fait construire cette maison, parce que, dans ce temps-là... c'était la mode, voilà tout.

Marie ne put s'empêcher de hausser imperceptiblement les épaules, en échangeant un demi-sourire avec son fils, qui, de plus en plus rêveur et réfléchi, suivit sa mère à qui le docteur offrit son bras.

Les visiteurs eurent alors à traverser une allée sinueuse du jardin d'hiver conduisant à une grotte de rocaille... intérieurement éclairée par de gros verres lenticulaires bleuâtres, enchâssés dans les roches ; ces jours jetaient dans cette galerie souterraine, ornée de coquillages et de coraux, une pâle clarté semblable à celle qui se tamise dans les lieux sous-marins.

— N'allons-nous pas maintenant chez les ondines, bon docteur ? demanda gaiement madame Bastien en commençant à descendre un plan assez incliné ; quelque naïade ne va-t-elle pas nous recevoir au seuil de son humide empire ?

— Vous n'y êtes pas du tout, répondit le docteur ; ce passage souterrain, tapissé de nattes, comme vous voyez, et chauffé pendant l'hiver, conduit au château ; car vous remarquerez que tout ce que nous venons de voir se communique par des passages couverts, et qu'en hiver on peut ainsi voyager dans les différentes parties du monde sans crainte du froid ou de la pluie.

En effet, le souterrain aboutissait, par un escalier en spirale, à l'extrémité d'une longue galerie que l'on appelait *la salle des gardes*, et qui, dans les temps reculés, avait dû servir à cette destination.

Dix hautes fenêtres à ogives, garnies de vitraux coloriés et armoriés au blason des marquis de Pont-Brillant, éclairaient cette salle immense aux boiseries de chêne sculpté, au plafond bleu de ciel, divisé en caissons par des poutres de chêne ouvragées et rehaussées de dorure.

Dix guerriers, armés de toutes pièces, casque en tête, visière baissée, bouclier au bras, pertuisane au gantelet, épée au côté, espacés de l'autre côté de la galerie, faisaient face aux dix fenêtres, et les reflets irisés des vitraux jetaient çà et là des lueurs prismatiques sur l'acier des armures qui se détachaient étincelantes sur la boiserie sombre.

Au milieu de cette galerie, on voyait exhaussé sur une estrade un cavalier aussi armé de toutes pièces, dont le grand cheval de bataille, figuré en bois, disparaissait complètement sous sa carapace d'acier, et sous les plis traînants de sa longue housse mi-partie chamois et cramoisi, largement armoriée.

L'armure complète du cavalier, admirablement damasquinée d'or, était un chef-d'œuvre de ciselure et d'ornementation. *Monsieur le chef des cultures*, s'arrêtant devant l'estrade, dit aux visiteurs avec un certain orgueil domestique :

— Cette armure que vous voyez a été portée par *Raoul IV, sire de Pont-Brillant*, lors de la première croisade ; ce qui prouve, n'est-ce pas ? que la noblesse de M. le marquis ne date pas d'hier.

A ce moment, un homme âgé, vêtu de noir, ayant ouvert une des portes massives de la salle des gardes, M. Dutilleul dit au docteur Dufour :

— Tenez, docteur, voilà justement M. Legris, *le conservateur de l'argenterie* du château ; c'est un ami ; je vais vous confier à lui... il vous servira de guide ici mieux que moi...

Et, s'avançant vers le vieillard, M. Dutilleul lui dit à demi voix :

— Mon cher Legris, ce sont des amis à moi... qui voudraient voir le château, je vous les recommande... à charge de revanche lorsque vos connaissances voudront visiter mes serres.

— Les amis de nos amis sont nos amis, mon cher, répondit péremptoirement *monsieur le conservateur de l'argenterie;* puis, d'un geste de tête familier, il fit signe aux curieux de le suivre dans les appartements, qu'un nombreux domestique d'intérieur achevait de mettre en ordre.

Il serait trop long d'énumérer les merveilles de splendeur grandiose que renfermait le rez-de-chaussée de ce château ou plutôt de ce palais : depuis une bibliothèque que bien des grandes villes eussent enviée, jusqu'à une galerie de tableaux des plus grands maîtres anciens et modernes, sur lesquels les visiteurs ne purent jeter qu'un coup d'œil rapide, et qu'ils durent traverser presque à la hâte ; car, il faut le dire, malgré son obligeante promesse à M. Dutilleul, *monsieur le conservateur de l'argenterie* semblait assez impatient de se débarrasser de nos trois curieux.

Le premier étage, ainsi que l'avait annoncé M. Dufour à Frédérik et à sa mère, se composait d'une série de pièces offrant un spécimen de l'aménagement intérieur depuis le quatorzième siècle jusqu'au dix-huitième.

C'était un véritable musée, empreint d'un caractère tout particulier, grâce aux nombreux portraits de famille et aux antiquités de toutes sortes ayant appartenu aux différents membres de cette puissante et ancienne maison.

Dans une des ailes du premier étage, se trouvaient les appartements de la marquise douairière de Pont-Brillant. Celle-ci, malgré son grand âge, tenait à avoir un ameublement aussi frais aussi coquet, que lorsqu'elle faisait dans sa première jeunesse les beaux jours de la cour de Louis XV. C'était une éblouissante profusion de dorures, de dentelles, et d'anciennes étoffes des plus précieuses ; c'était un encombrement de meubles de bois de rose contournés et chantournés, de porcelaines de Sèvres et de Saxe. Rien n'était surtout plus charmant que la chambre à coucher, tendue en lampas rose et blanc, avec son baldaquin à la *duchesse*, chargé de touffes de plumes d'autruche. Quant à la *chambre de toilette*, c'était un ravissant boudoir tapissé de damas bleu tendre à gros bouquets de marguerites. Au milieu de cette pièce, meublée comme la chambre en bois doré, on voyait une magnifique *pompadour* à glace, ornée de housses et de rideaux de point d'Alençon, renoués par de gros nœuds de ruban, et couverte d'ustensiles de toilette, les uns en or émaillé, les autres en vieux Sèvres bleu de ciel.

Nos trois visiteurs venaient d'entrer dans cet appartement, lorsque parut un homme à la physionomie hautaine et bouffie d'importance. Ce personnage, qui portait un ruban rouge à la boutonnière de sa redingote, n'était rien moins que *monsieur l'intendant du château et des domaines*.

A la vue des trois étrangers, *monsieur l'intendant* fronça le sourcil d'un air à la fois très-surpris et très-mécontent.

— Que faites-vous ici? demanda-t-il à son subordonné, monsieur Legris, d'une voix impérieuse. Pourquoi n'êtes-vous pas occupé de votre argenterie?... Qu'est-ce que ce monde-là?

A ces inconvenantes paroles, madame Bastien devint pourpre de confusion, le docteur se redressa de toute la hauteur de sa petite taille, Frédérik rougit extrêmement et s'écria à demi voix en regardant sa mère :

— L'insolent !...

Madame Bastien prit vivement la main de son fils et haussa les épaules en lui montrant d'un regard de pitié le sot intendant.

— Monsieur Desmazures, répondit humblement M. Legris à son supérieur, ce sont des amis de Dutilleul ;... il m'a prié de leur montrer le château et... j'ai cru...

— Mais, c'est inconcevable, s'écria l'intendant en interrompant M. Legris, mais c'est d'un sans-gêne qui n'a pas de nom... cela ne se passerait pas ainsi chez des bourgeois de la rue Saint-Denis ! Introduire ainsi les premiers venus dans les appartements de madame la marquise !

— Monsieur, dit d'une voix ferme le docteur Dufour, en faisant deux pas vers l'intendant, madame Bastien, son fils et moi, qui suis le médecin de M. Dutilleul, nous ne croyions pas commettre et nous n'avons pas, en effet, commis la moindre indiscrétion... en acceptant l'offre que l'on nous a faite de visiter le château... J'ai été voir plusieurs demeures royales, Monsieur, et je crois bon de vous apprendre que j'y ai toujours été accueilli avec politesse... par les gens qui les gardaient.

— C'est possible, Monsieur, répondit sèchement l'intendant, mais vous vous étiez sans doute adressé à qui de droit pour obtenir la permission de visiter ces châteaux... Vous m'eussiez adressé votre demande... par écrit, à moi, l'intendant, le seul maître ici en l'absence de M. le marquis, que j'aurais vu ce que j'avais à vous répondre.

— Il nous reste à prier *monsieur l'intendant* de vouloir bien excuser notre ignorance des formalités, dit madame Bastien à cet important, avec un sourire moqueur, afin de montrer à son fils combien elle avait peu de souci de l'impolitesse de cet homme.

Et elle prit le bras de Frédérik.

— Si j'avais été mieux instruit des usages de l'administration de *monsieur l'intendant*, ajouta le docteur d'un ton sardonique, *monsieur l'intendant* aurait reçu ma supplique respectueuse afin d'obtenir de sa toute-puissante bonté la permission de visiter le château...

— Monsieur! s'écria l'intendant avec une hauteur courroucée, est-ce une plaisanterie?

— A peu près, Monsieur, reprit le docteur.

L'intendant fit un mouvement de colère.

— Pour ne pas terminer cet entretien par une plaisanterie, Monsieur, reprit madame Bastien, en s'adressant à l'intendant, permettez-moi de vous dire sérieusement, Monsieur, que j'ai souvent lu que l'on reconnaissait toujours la maison d'un grand seigneur à la parfaite urbanité de ses gens.

— Eh bien, Madame?

— Eh bien, Monsieur, il me semble que vous désirez confirmer la règle... par l'exception.

Il est impossible d'exprimer avec quelle finesse et quelle gracieuse dignité Marie Bastien donna cette leçon méritée à l'important personnage, qui se mordit les lèvres et ne souffla mot.

Marie, prenant alors le bras du docteur, lui dit gaiement à demi voix, ainsi qu'à Frédérik :

— Il ne faut pas nous étonner... ne savons-nous pas que dans les pays enchantés on rencontre parfois des génies malfaisants, mais presque toujours d'un ordre subalterne?... Sauvons-nous vite avec les souvenirs de ces merveilles que le vilain génie n'aura pu flétrir.

. . . .

Un quart d'heure après cet incident, madame Bastien, Frédérik et le docteur quittaient le château de Pont-Brillant par une des portes communes.

Marie, autant par bon esprit que par délicatesse pour le docteur, qui semblait peiné de la désagréable issue de cette excursion, dont il se reprochait d'avoir eu la malencontreuse idée, Marie prit parfaitement et très-gaiement son parti de leur commune mésaventure, et plaisanta la première sur la ridicule importance que se donnait M. l'intendant.

De son côté M. Dufour, fort au-dessus de l'impolitesse de cet homme, ne s'en était affecté qu'en raison du chagrin qu'elle pouvait causer à madame Bastien ; mais en la voyant bientôt oublieuse et insouciante de ce désagréable incident, le bon docteur, revenu à sa gaieté naturelle, rappela l'existence de certaine galette de ménage, enfouie avec d'autres provisions dans le fond de sa carriole, humble véhicule laissé sous la garde d'un enfant à l'entrée de l'avenue du château.

Au bout d'un quart d'heure de marche dans la forêt, les trois amis ayant trouvé une belle place gazonnée, abritée du soleil par un bouquet de chênes énormes, l'on s'y installa joyeusement pour déjeuner.

Frédérik, quoiqu'un peu contraint, parut partager la gaieté de sa mère et du docteur.

Marie, trop clairvoyante pour ne pas remarquer que son fils éprouvait quelque chose d'inaccoutumé, crut deviner la cause de ses préoccupations et le plaisanta doucement sur la gravité qu'il semblait attacher à l'impertinence d'un sot intendant.

— Allons, mon beau Cid... mon vaillant chevalier, disait-elle gaiement à son fils en l'embrassant avec tendresse, garde ta colère et ta bonne épée pour un adversaire digne de toi... Nous avons donné, le docteur et moi, à ce domestique mal appris, une excellente leçon. Ne songeons qu'à terminer gaiement cette journée et au plaisir que nous aurons pendant longtemps à nous entretenir des trésors de toute sorte que nous aurons vus et que nous emporterons par la pensée dans notre chère petite maisonnette.

Puis se mettant à rire, la jeune femme ajouta :

— Dis donc, Frédérik ?

— Mère.

— Tu n'oublieras pas de dire demain matin à M. le vieux père André, *chef de nos cultures à la belle étoile*, de nous faire un superbe bouquet de muguet des bois et de violettes des prés, tout ce que nous avons de plus rare enfin.

— Oui, mère, répondit Frédérik en souriant.

— Il ne faudra pas non plus oublier, ajouta la jeune femme, de prévenir *monsieur le chef de nos écuries* d'atteler dans l'après-dîner notre vénérable cheval blanc. Choisis celui-là... et pour cause; nous irons à la ville faire emplette de toile de ménage.

— Et moi, madame la rieuse, s'écria le docteur la bouche pleine, je vous dis, je vous prouve que votre vieille Marguerite, *le chef de vos cuisines*, a fait là une galette... oh ! mais... une galette...

Le bon docteur n'acheva pas, car il faillit étouffer.

Alors ce fut des rires sans fin, et Frédérik fit tous ses efforts pour partager l'hilarité de sa mère et du docteur.

En effet, le rire de l'adolescent était contraint; il éprouvait moralement un malaise étrange et croissant... De même que certains symptômes vagues, inexplicables, annoncent parfois l'invasion prochaine d'une maladie encore latente, de vagues, d'inexplicables sentiments, encore confus, mais douloureux, semblaient soudre et germer au plus profond du cœur de Frédérik... Le caractère de ces sentiments encore indéfini lui causait cependant une sorte de honte... tellement instinctive, que lui, toujours si confiant envers sa mère, redouta sa pénétration pour la première fois de sa vie, mit tout en œuvre pour la déjouer, et y parvint en affectant sa gaieté habituelle jusqu'à la fin de cette journée.

V

Quelques jours s'étaient passés depuis la visite de madame Bastien et de son fils au château de Pont-Brillant.

Frédérik n'était jamais sorti de la maison de sa mère, que pour aller chez quelques personnes d'une condition non moins modeste que la sienne; aussi resta-t-il d'abord sous l'impression d'éblouissement dont il avait été frappé à la vue des innombrables merveilles du château, de ce luxe royal, si nouveau pour lui.

Mais le lendemain, lorsque l'adolescent s'éveilla dans sa petite chambre, il la trouva triste et nue; allant ensuite, selon sa coutume, embrasser sa mère chez elle, involontairement il compara de nouveau l'élégance à la fois coquette et magnifique de l'appartement de la vieille marquise de Pont-Brillant à la pauvreté de la demeure maternelle, et en éprouva un grand serrement de cœur.

Le hasard rendit cette impression plus sensible pour Frédérik.

Lorsqu'il entra chez madame Bastien, la jeune femme, dans toute la fraîcheur matinale de sa beauté ravissante, tressait ses longs cheveux bruns devant une toilette de bois peint, recouverte d'une toile cirée bien luisante, et surmontée d'une petite glace à bordure noire.

Frédérik, se rappelant que le satin, la dentelle et l'or enrichissaient la splendide toilette de la marquise douairière de Pont-Brillant, ressentit pour la première fois la morsure aiguë de l'ENVIE, et se dit, contraignant d'autant moins l'amertume de sa réflexion qu'il ne s'agissait pas de lui, mais de sa mère :

— Ce boudoir si élégant, si somptueux, que j'ai vu au château, ne semble-t-il pas bien plutôt destiné à une charmante personne comme ma mère, qu'à cette marquise octogénaire, qui, dans sa ridicule coquetterie, se plaît à admirer sa figure décrépite dans ses miroirs encadrés d'or, de dentelles et de rubans?

Rêveur et déjà vaguement attristé, Frédérik se rendit au jardin.

La matinée était superbe : le soleil de juillet faisait étinceler comme autant de perles cristallines les gouttes d'abondante rosée suspendues au calice des fleurs. Jusqu'alors, l'adolescent s'était souvent extasié avec sa mère sur la fraîcheur, l'éclat et le parfum d'une rose, analysant, admirant dans un ravissement toujours nouveau ce trésor de coloris, d'élégance et de senteur. Le disque d'argent des *pâquerettes*, le velours miroitant des *pensées*, les grappes aériennes de l'acacia rose ou de l'ébénier, tout enfin, jusqu'à la bruyère des landes, jusqu'au genêt des bois, avait jusqu'alors excité l'intelligente admiration de Frédérik; mais ce matin-là, il n'eut pour ces fleurs simples et charmantes que des regards distraits, presque dédaigneux.

Il songeait à ces rares et magnifiques plantes tropicales dont étaient remplies les serres chaudes du château.

La futaie séculaire, pourtant si ombreuse et si égayée par le gazouillement des nichées d'oiseaux qui semblaient répondre au murmure de la petite cascade et du ruisseau, fut aussi dédaignée. Qu'étaient cette centaine de vieux chênes et ce filet d'eau limpide auprès des immenses ombrages du parc de Pont-Brillant, tantôt peuplés de statues de marbre blanc, tantôt réfléchis dans des bassins énormes, du milieu desquels naïades et tritons de bronze, verdis par les années, faisaient incessamment jaillir mille gerbes d'eau, dont l'humide poussière atteignait la cime d'arbres gigantesques?

Frédérik, de plus en plus pensif et attristé, eut bientôt atteint la lisière de la futaie.

L'âme oppressée, il jeta machinalement les yeux autour de lui.

Soudain il tressaillit et se retourna brusquement.

Il venait d'apercevoir, se dessinant à l'horizon et dominant l'antique forêt, le château de Pont-Brillant, que le soleil levant inondait d'une lumière dorée.

A cet aspect, Frédérik se rejeta dans l'ombre de la futaie, comme s'il eût voulu reposer sa vue d'un éblouissement douloureux. Mais, hélas! quoiqu'il fermât pour ainsi dire les yeux du corps devant cette vision resplendissante, la trop fidèle mémoire de ce malheureux enfant, rappelant incessamment à sa pensée les merveilles dont il avait été si frappé, l'amenait fatalement à de nouvelles et poignantes comparaisons qui devaient flétrir, empoisonner une à une les joies naïves du passé, jusqu'alors pour lui si pleines de charmes.

Ainsi, passant devant la porte entr'ouverte de l'écurie d'un vieux cheval de labour, hors de service, que l'on attelait seulement parfois à une sorte de carriole couverte, humble équipage de madame Bastien, Frédérik entendit hennir...: c'était le pauvre animal qui, habitué de recevoir chaque matin de son jeune maître quelques croûtes de pain dur, passait à travers la baie de la porte sa grosse tête débonnaire, à demi cachée sous une crinière ébouriffée, réclamant joyeusement sa *friandise* quotidienne.

à Frédérik, pour réparer son oubli, arracha une poignée d'herbe fraîche, et la fit manger dans sa main au vénérable *laboureur,* dont il caressait en même temps l'épaisse et rustique encolure; mais soudain, venant à se rappeler les magnifiques chevaux de course et de chasse qu'il avait vus au château, il sourit avec une expression d'humiliation amère, s'éloigna brusquement du vieux cheval, qui, surpris et tenant encore sa poignée d'herbe entre ses dents, suivit longtemps son maître d'un regard intelligent et doux.

Une autre fois, c'était une femme infirme et âgée à qui, chaque semaine, Frédérik, à défaut d'aumône en argent, donnait du pain et quelques fruits.

— Tenez, bonne mère, lui dit-il en lui faisant son offrande accoutumée, je voudrais vous venir mieux en aide, mais ma mère et moi nous n'avons pas d'argent.

— Vous êtes bien bon tout de même, monsieur Bastien, reprit la mendiante, mais bientôt je n'aurai plus rien à vous demander.

— Pourquoi cela?

— Ah! dame, monsieur Bastien, *monsieur le marquis* vient habiter le château, et ces grands seigneurs, ça fait quelquefois de grosses sommes en argent, et j'espère en avoir ma part.. Votre servante... monsieur Bastien.

Pour la première fois Frédérik rougit de l'humble aumône qu'il avait jusqu'alors faite avec un si doux contentement de cœur; aussi plus tard il répondit brusquement à un indigent qui l'implorait :

— Vous ririez de mon aumône, adressez-vous à *monsieur le marquis...* il doit être la providence de la contrée... lui! il est si riche!

L'âme du malheureux enfant s'assombrissait ainsi de plus en plus.

Ce qui naguère encore le charmait, prenait à ses yeux une teinte morne; triste et froid brouillard qui s'étendait peu à peu sur les gais horizons, sur les riantes perspectives de ses jeunes années jusqu'alors si heureuses.

Cette invasion de l'ENVIE dans le cœur de Frédérik semblera peut-être d'autant plus étrange que l'on connaît mieux le passé de l'adolescent.

Et cependant cette anomalie apparente est explicable.

Le fils de madame Bastien avait été élevé dans un milieu modeste, presque pauvre; mais le tact exquis, l'instinct délicat de la jeune mère avaient su donner à la simplicité de son entourage un rare caractère d'élégance et de distinction, et cela grâce à ces mille *riens* dont l'ensemble est charmant.

Ainsi, quelques branches de bruyères sauvages, mêlées de fleurs agrestes, arrangées avec goût, peuvent former une brillante parure. Mais la gracieuse main qui sait tirer si bon parti de la flore rustique serait-elle moins habile à nuancer l'éclat d'un bouquet aussi rare que magnifique? Non, sans doute.

Ce sentiment de l'élégance et du beau, développé, raffiné par l'éducation, par les habitudes, par la culture des arts, mettait donc Frédérik à même d'admirer, d'apprécier plus que personne les merveilles du château de Pont-Brillant, et fatalement de les envier en proportion du désir qu'elles lui inspiraient.

Frédérik eût au contraire vécu jusqu'alors dans un milieu vulgaire, entouré d'objets repoussants, que, façonné à une vie grossière, il eût, dans sa rudesse, été plus ébahi que charmé des trésors du château; et il ne les aurait sans doute pas enviés, ignorant les jouissances élevées qu'ils pouvaient procurer.

C'eût été encore la fable du *Coq et de la Perle*.

Et puis enfin, par l'éducation, par le cœur, par l'intelligence, par les manières, peut-être même par la grâce et par la beauté, Frédérik se sentait au niveau du jeune marquis, moins la naissance et la richesse, et, pour cela même, il lui enviait plus âprement encore ces avantages que le hasard seul dispense.

Madame Bastien, incessamment occupée de son fils, s'aperçut peu à peu du changement qui s'opérait en lui, et se manifestait par des accès de mélancolie fréquents. Le modeste *cottage* ne retentissait plus, comme par le passé, d'éclats de rire fous, causés par ces jeux animés et bruyants auxquels la jeune mère participait si joyeusement.

L'étude finie, Frédérik prenait un livre et lisait durant le temps de sa récréation; mais, plus d'une fois, madame Bastien s'aperçut que son fils, son front appuyé sur sa main, restait un quart d'heure les yeux fixement attachés sur la même page.

Lorsque, dans son inquiétude croissante, madame Bastien disait à son fils :

— Mon enfant... je te trouve... triste... préoccupé... taciturne... tu n'es plus gai comme par le passé...

— Que veux-tu, mère? répondait Frédérik en tâchant de sourire, je suis quelquefois surpris ainsi que toi... de la tournure plus sérieuse que prend mon esprit... Cela n'est pas étonnant... je ne suis plus un enfant... la raison me vient.

Frédérik n'avait jamais menti, et il mentait.

Jusqu'alors, enfant ou adolescent, avouant toujours loyalement ses fautes à sa mère, elle avait été la confidente de ses moindres pensées; mais à la seule idée de lui confier ou de la voir pénétrer les sentiments pleins de fiel éveillés en lui par sa visite au château de Pont-Brillant, l'adolescent éprouvait une honte écrasante, un effroi insurmontable. Plus il se savait adoré de sa mère, plus il redoutait de lui paraître dégradé; il n'eût pas reculé devant l'aveu d'une grande faute résultant d'un entraînement quelconque; il eût mieux aimé mourir que de lui avouer les tourments de l'ENVIE; aussi, mis en garde contre lui-même par l'inquiète sollicitude de madame Bastien, il employa toute la force, toute l'opiniâtreté de son caractère résolu, toutes les ressources de son esprit, à cacher désormais la plaie douloureuse qui commençait à le ronger; mais c'est en vain qu'il eût voulu se soustraire à la profonde sagacité de la tendresse de sa mère, si celle-ci n'eût pas été à la fois égarée et rassurée par le docteur Dufour.

« — Ne vous alarmez pas, lui dit d'ailleurs en toute sincérité le médecin, à qui elle avait confié le sujet de ses craintes, Frédérik subit l'influence de l'époque critique dans laquelle il se trouve. La dernière croissance et la puberté causent souvent, pendant quelques mois, de ces brusques et singuliers revirements dans le caractère des adolescents ; les plus expansifs, les plus gais deviennent parfois sombres, taciturnes; ils éprouvent alors d'indéfinissables angoisses, des mélancolies sans raison, de grands abattements, et un impérieux besoin de rêverie, de solitude... Encore une fois, ne vous alarmez donc pas de ce phénomène, toujours plein de mystère et d'imprévu... Surtout, n'ayez pas l'air de vous apercevoir du changement que vous remarquez chez votre fils ; il s'inquiéterait et pour vous et pour lui ; laissez faire le temps : cette crise, presque inévitable, aura son terme ; vous verrez alors Frédérik revenir à son caractère habituel ; seulement, il aura la voix mâle et vibrante. Tranquillisez-vous ; je réponds de tout ! »

L'erreur du docteur Dufour était d'autant plus excusable que les symptômes dont s'effrayait madame Bastien ressemblaient fort à ceux dont on remarque la présence chez beaucoup d'adolescents lors de l'âge de la puberté.

De son côté, madame Bastien devait accepter ces explications si vraisemblables, car elle n'avait pu deviner la cause réelle du changement de Frédérik.

Ce changement ne s'était pas manifesté immédiatement après la visite au château ; c'avait été, au contraire, peu à peu, par une progression presque insensible ; et quand vint le jour où madame Bastien commença de s'inquiéter, plus d'un mois s'était écoulé depuis l'excursion à Pont-Brillant : aucun rapport ne semblait donc pouvoir exister entre cette *joyeuse partie* et la sombre mélancolie de Frédérik, qui, d'ailleurs, mettait tous ses soins à cacher son secret.

Comment enfin madame Bastien pouvait-elle supposer que son fils, élevé par elle, et jusqu'alors d'un caractère si généreux, si noble, pût connaître l'envie ?

Aussi, rassurée par M. Dufour, en qui elle avait et devait avoir une entière confiance, voyant dans les symptômes dont elle s'était alarmée la conséquence d'une crise passagère et inévitable, madame Bastien, tout en suivant avec une tendre sollicitude les différentes phases de l'état de son fils, s'efforça de lui cacher la tristesse dont elle se sentait souvent accablée en le trouvant si changé, et attendit sa guérison avec résignation.

L'erreur si concevable du docteur Dufour, erreur partagée par madame Bastien, eut des suites funestes.

Frédérik, désormais à l'abri des incessantes questions et de l'inquiète sagacité de sa mère, put s'abandonner aveuglément au courant qui l'entraînait.

A mesure que son humble existence, que ses joies innocentes s'étaient flétries au souffle ardent d'une envieuse comparaison, Frédérik avait voulu chercher quelques distractions dans l'étude; mais bientôt l'étude lui devint impossible; son esprit était ailleurs, et puis, il se disait :

« — Quoi que j'apprenne... quoi que je sache, je ne serai jamais que *Frédérik Bastien*, un demi-paysan, voué d'avance à une vie obscure et pauvre... tandis que ce jeune marquis, sans avoir jamais rien fait pour cela, jouit de l'éclat d'un nom glorieux et illustré pendant des siècles ! »

Alors se retraçaient à la mémoire de Frédérik ces souvenirs féodaux de Pont-Brillant; ces galeries d'armures; ces portraits, ces blasons; preuves parlantes de la puissance et de la célébrité historique de cette ancienne et grande maison ; alors, pour la première fois, le malheureux enfant, cruellement humilié de la profonde obscurité de sa naissance, s'affaissait sous le poids d'un découragement invincible.

« — Pourquoi, se disait-il, ce jeune marquis, déjà las ou insouciant des magnificences dont il est comblé, de ces trésors de toutes sortes dont la millième partie ferait le bonheur de ma mère, le mien et celui de tant de gens, pourquoi, de quel droit ce jeune homme possède-t-il ces magnificences? Les a-t-il acquises par son travail? Non... non... Pour jouir, pour se rassasier de tout, il s'est seulement donné la peine de naître. Pourquoi tout à celui-là, rien aux autres? Pourquoi là-bas tant de superflus, tandis qu'ici ma mère est réduite à peser aux indigents le pain de l'aumône ? »

Ces réflexions de Frédérik, si amères, si douloureuses, sur l'effrayante disproportion des conditions humaines, avivant, envenimant encore son envie, l'exaltèrent bientôt presque jusqu'à la haine, et cette haine, de nouveaux événements devaient l'enraciner dans son cœur.

VI

La première période de l'ENVIE qu'éprouvait Frédérik avait été pour ainsi dire passive.

La seconde fut active.

Ce qu'il souffrit alors est impossible à exprimer; cette souffrance, cachée, concentrée au plus profond de son âme, n'avait pas d'issue et était toujours avivée par la vue incessante, fatale, du château de Pont-Brillant, que ses regards rencontraient presque toujours, de quelque côté qu'il les tournât, car l'antique édifice dominait au loin et partout l'horizon; plus Frédérik sentait l'âcreté des progrès de son mal, plus il sentait la nécessité de le dissimuler à sa mère, se disant, dans son morne désespoir, que de pareilles douleurs ne méritaient que mépris et aversion, et qu'une mère elle-même ne pouvait pas les prendre en pitié.

Toutes les affections morales ont leur réaction physique.

La santé de Frédérik s'altéra, il perdit le sommeil, l'appétit. Lui, autrefois si animé, si actif, répugnait à la moindre promenade ; il fallait, pour l'arracher à son apathie taciturne ou à ses sombres rêveries, la pressante et tendre sollicitation de sa mère.

Pauvre Marie! combien elle souffrait aussi... mais en silence, et tâchant de sourire toujours, de crainte d'alarmer son fils sur lui-même ; mais elle ne se décourageait pas, et attendait, avec un mélange d'angoisse et d'impatiente espérance, la fin sans doute prochaine de cette crise dont le docteur Dufour lui avait expliqué la cause.

Mais, hélas! combien cette attente semblait longue et pénible à la jeune femme! quel changement! quel contraste!... A cette vie naguère si délicieusement partagée avec un fils adoré... à ces études attrayantes, à ces jeux d'une folle gaieté, à ces entretiens débordant de tendresse, de confiance et de bonheur, succédait une vie morne, inoccupée, taciturne.

Un jour... vers le commencement d'octobre, par un ciel brumeux qui annonçait les derniers beaux jours de l'automne, madame Bastien et son fils étaient réunis dans la salle d'étude, non plus joyeux et jaseurs comme par le passé... mais silencieux et tristes.

Frédérik, pâle, abattu, accoudé sur sa table de travail, soutenait son front de sa main gauche, et de sa main droite écrivait lentement dans un cahier ouvert devant lui.

Madame Bastien, assise non loin de lui, et occupée, par contenance, d'un travail de tapisserie, tenait son aiguille suspendue, s'apprêtant à reprendre son ouvrage au moindre mouvement de l'adolescent, qu'elle regardait à la dérobée.

Une larme difficilement contenue brillait dans les yeux de Marie, frappée de l'expression navrante des traits de son fils; elle se souvenait que, peu de temps auparavant, à cette même table, les heures d'étude étaient pour elle et pour son Frédérik, des heures de fête, de plaisir... Elle comparait le zèle, l'entrain qu'il mettait alors dans ses travaux, à la pénible lenteur, au découragement qu'en ce moment elle remarquait en lui... car elle vit bientôt la plume de Frédérik tomber de ses doigts, et sa physionomie trahir un ennui... une lassitude invincibles...

L'adolescent, ayant à peine étouffé un soupir douloureux, cacha son visage dans ses mains, et resta ainsi absorbé durant quelques minutes...

Sa mère ne le perdait pas de vue un seul instant; mais quelle fut sa surprise, en voyant soudain son fils redresser la tête, et, les yeux brillant d'un sombre éclat, le visage légèrement coloré, les lèvres contractées par un sourire sardonique, reprendre vivement sa plume et écrire sur le cahier ouvert devant lui avec une rapidité fiévreuse...

L'adolescent était transfiguré. Naguère encore abattu, éteint, l'animation, la pensée, la vie, semblaient déborder en lui; on voyait, pour ainsi dire, les idées affluer sous sa plume insuffisante à la rapidité de l'inspiration; tandis que quelques brusques tressaillements du corps, quelques vifs battements du pied témoignaient d'une fougueuse impatience.

Ici quelques mots d'explication sont nécessaires.

Depuis quelque temps, Frédérik avait avoué à sa mère son dégoût, son incapacité de tout travail régulier; seulement parfois, pour condescendre aux désirs de madame Bastien, et aussi dans l'espérance de se distraire, il essayait quelque récit, quelque *amplification* sur un sujet donné... Mais en vain il sollicitait son imagination, autrefois brillante et féconde... en vain il aiguillonnait sa pensée dont sa mère avait souvent remarqué avec orgueil l'élévation précoce.

« — Je ne sais pas ce que j'ai, murmurait alors Frédérik morne et découragé; il me semble qu'un voile s'est étendu sur mon esprit; pardonne-moi, mère, ce n'est pas ma faute. »

Et madame Bastien de trouver mille raisons pour excuser et réconforter Frédérik à ses propres yeux.

Aussi, le jour dont nous parlons, la jeune mère s'attendait presque à voir Frédérik renoncer bientôt à son travail. Quel fut donc son étonnement, en le voyant pour la première fois depuis longtemps écrire avec animation et entraînement!

Dans ce retour subit aux habitudes du passé, madame Bastien crut trouver un premier symptôme de la cessation de cette crise dont son fils subissait l'influence ; sans doute son esprit commençait à se dégager du voile qui l'obscurcissait.

Madame Bastien, impatiente de savoir si elle ne se trompait pas, se leva, et, marchant sans bruit sur la pointe des pieds, profita de la préoccupation de son fils pour arriver près de lui à son insu ; alors, toute palpitante d'espoir, elle appuya ses deux mains sur l'épaule de Frédérik, et, après l'avoir baisé au front, elle se pencha pour lire ce qu'il écrivait.

L'adolescent tressaillit de surprise, referma vivement son cahier, et, se retournant vers sa mère, la physionomie impatiente, presque irritée, il s'écria :

— C'est indiscret... cela... ma mère.

Puis enlevant du cahier, en les lacérant, les feuilles qu'il avait écrites, il les froissa et les jeta dans la cheminée, où elles furent bientôt consumées par les flammes.

Madame Bastien, frappée de stupeur, resta un moment immobile et muette de douleur ; puis, comparant la brusquerie de Frédérik à la ravissante confraternité d'étude qui régnait autrefois entre eux, elle fondit en larmes.

Pour la première fois de sa vie, son fils la blessait au cœur.

A la vue des pleurs de Marie, Frédérik, éperdu, se jeta à son cou, la couvrit de caresses et de larmes, en murmurant d'une voix entrecoupée :

— Oh ! pardon... mère... pardon...

A ces mots, partis du fond de l'âme, à ce cri empreint d'un repentir déchirant, madame Bastien se reprocha la douloureuse impression qu'elle venait de ressentir, elle se reprocha jusqu'à ses larmes ; ne devait-elle pas tenir compte de la situation maladive de Frédérik, seule cause d'un mouvement de brusquerie dont il se repentait si amèrement ?

Aussi la jeune femme, couvrant à son tour Frédérik de baisers passionnés, à son tour aussi lui demanda pardon.

— Pauvre enfant, lui dit-elle, tu souffres... la douleur rend nerveux... irritable. J'ai eu tort de m'affecter d'une impatience involontaire, dans laquelle ton cœur n'était pour rien...

— Non... oh! non... mère... je te le jure...

— Je te crois, va... est-ce que je peux douter de toi, mon Frédérik?..

— J'ai déchiré ces pages... vois-tu, mère, reprit-il avec un certain embarras, car il mentait, j'ai déchiré ces pages... parce que... parce que... j'en étais mécontent; c'était plus mauvais que tout ce que j'ai essayé d'écrire depuis que... je ressens ce malaise... ce découragement sans cause...

— Et moi, mon enfant... en te voyant pour la première fois depuis longtemps... travailler avec animation... j'ai été si contente, que je n'ai pu résister au désir de lire bien vite ce que tu écrivais... Mais ne parlons plus de cela, mon Frédérik, bien que je sois certaine que tu as été trop sévère pour toi-même.

— Non... je t'assure...

— Je te crois... et puisque le travail te pèse... veux-tu que nous sortions un peu?

— Mère, répondit Frédérik avec accablement, le temps est si triste!... Vois... ce ciel gris!

— Allons, cher paresseux, répondit madame Bastien en souriant doucement, est-ce que pour nous il est des temps tristes? est-ce que pour nous le brouillard de l'automne... la neige de l'hiver... n'ont pas leur charme? est-ce que nous ne sommes pas habitués à gaiement affronter, bras dessus bras dessous, la brume et la froidure? Allons... viens!.. cette promenade te fera du bien... Depuis deux jours nous ne sommes pas sortis... C'est honteux! nous autrefois si intrépides marcheurs!

— Je t'en prie... laisse-moi là, répondit Frédérik, cédant à une insurmontable apathie, je ne me sens pas le courage de faire un pas.

— Et c'est justement cette dangereuse langueur que je veux combattre... Allons... mon pauvre cher indolent... un peu de résolution; viens du côté de l'étang, tu me feras faire une jolie promenade sur l'eau dans notre batelet. Cet exercice de la rame, que tu aimes tant, te fera du bien.

— Je n'en aurais pas la force... ma mère.

— Eh bien, tu ne sais pas? les bûcherons ont dit ce matin à André qu'il y avait un beau passage de vanneaux ; emporte ton fusil... nous irons du côté des bruyères de la *Sablonnière*... cela t'amusera... et moi aussi ; tu es si adroit que je n'ai jamais eu peur de te voir manier ton fusil !

— Je t'assure... que je n'aurais aucun plaisir à la chasse...

— Tu l'aimais tant !...

— Je n'aime plus rien, murmura presque involontairement Frédérik avec un accent d'abattement et d'amertume inexprimable.

La jeune femme sentit de nouveau les larmes lui venir aux yeux.

Frédérik, comprenant l'angoisse de sa mère, s'écria :

— Oh !... toi... je t'aime toujours.... tu le sais.

— Oui... je le sais... je le sens... mais tu ne peux t'imaginer avec quel accent désespérant tu as dit cela : *Je n'aime plus rien !*

Puis, se reprenant et tâchant de sourire, afin de ne pas attrister son fils, Marie ajouta :

— En vérité, je ne sais pas ce que j'ai aujourd'hui... pour m'affliger et... mon Dieu... pour t'affliger aussi à tout propos... Car voilà que tu pleures... mon enfant... mon pauvre enfant...

— Laisse, mère... laisse, il y a longtemps que je n'ai pleuré, il me semble que cela me fait du bien...

L'adolescent était resté assis ; sa mère, à genoux devant lui, étanchait silencieusement les larmes qu'il versait.

Il disait vrai... ces larmes le soulagèrent. Ce pauvre cœur, noyé de fiel, se dilata un peu ; et lorsque, après avoir levé au ciel ses yeux baignés de pleurs, Frédérik abaissa son regard sur l'adorable figure de sa jeune mère agenouillée à ses pieds... il vit ses traits angéliques empreints à la fois d'une douleur si touchante et surtout d'une bonté si infinie que, vaincu par l'expression de cette divine tendresse, il eut un instant la pensée d'avouer à Marie les ressentiments dont il était dévoré.

— Oui… oui… se disait-il, j'ai eu tort de redouter son mépris ou sa colère… Dans sa bonté d'ange, je trouverai pitié, mansuétude, consolation et secours…

A la seule idée de ce projet, Frédérik se sentit moins accablé… Cette lueur d'espérance lui rendit quelque courage; après un moment de silence, il dit à madame Bastien, qui le couvait des yeux :

— Mère… tout à l'heure, tu me proposais de sortir… tu avais raison… un peu de promenade me fera du bien…

Cette détermination, les larmes récentes de son fils, l'attendrissement qui semblait détendre sa physionomie navrée, parurent d'un bon augure à madame Bastien ; elle prit à la hâte son chapeau, un léger mantelet de soie, et gagna bientôt les champs, voulant que Frédérik s'appuyât sur son bras.

Ainsi que cela arrive souvent au moment d'un grave et pénible aveu, l'adolescent voulait en reculer l'heure; puis il sentait la difficulté d'entrer en matière sur un pareil sujet; il cherchait comment il s'excuserait auprès de sa mère de lui avoir pendant si longtemps caché la vérité… Enfin, il sentait que, restant à la maison, son entretien aurait pu être interrompu par quelque survenant, et qu'il trouverait plus de secret et de facilité dans l'intimité d'une longue promenade à travers la campagne solitaire.

Par un heureux hasard, le temps, d'abord brumeux et sombre, s'éclaircit peu à peu : bientôt un beau soleil d'automne rendit la nature d'un aspect plus riant.

— On croirait, mon Frédérik, dit madame Bastien tâchant d'égayer son fils, on croirait que ce radieux soleil sort de ses nuages pour te fêter comme un ami qu'il n'a pas vu depuis longtemps. Et puis… remarque donc sa coquetterie.

— Quelle coquetterie, mère ?

— Vois comme il caresse de ses rayons les plus dorés ce vieux genévrier, là-bas… au bout de ce champ, tu ne te souviens pas ?

Frédérik regarda sa mère avec surprise et en faisant un signe de tête négatif.

— Comment... tu as oublié que, pendant deux longues journées de cet été, je me suis assise à l'ombre de ce vieil arbre, pendant que tu achevais de défricher le champ de ce pauvre *écobueur* ?

— Ah! oui... c'est vrai, dit vivement Frédérik.

A ces souvenirs d'une action généreuse, il éprouva un nouveau soulagement... la pensée du triste aveu qu'il devait faire à sa mère lui sembla moins pénible.

L'espèce d'allégement de cœur qu'il ressentait se peignit si visiblement sur ses traits que madame Bastien lui dit :

— Avais-je raison... mon enfant, de t'engager à sortir... ta pauvre chère figure paraît déjà moins souffrante... on dirait que tu renais à ce bon air tiède... je suis sûre que tu te sens mieux.

— Oui... mère...

— Mon Dieu! mon Dieu! dit madame Bastien en joignant les mains dans une sorte d'invocation, quel bonheur... si c'était la fin de ton malaise... mon Frédérik!

La jeune femme, en joignant ainsi ses mains, fit, par la vivacité de son mouvement, tomber à terre et derrière elle, sans le remarquer, son léger mantelet de soie qu'elle avait jusqu'alors maintenu sur ses épaules dont il venait de glisser.

Frédérik ne s'aperçut pas non plus de la perte que venait de faire madame Bastien, et reprit :

— Je ne sais pourquoi... j'espère comme toi... mère... que c'est peut-être la fin de mes souffrances...

— Oh! si tu espères... aussi... toi... nous sommes sauvés, s'écria-t-elle joyeusement. M. Dufour me l'a bien dit... cet étrange et douloureux malaise causé par l'âge de croissance... disparaît souvent aussi subitement qu'il est venu... on sort de là comme d'un mauvais songe... et la santé revient par enchantement...

— Un songe! s'écria Frédérik en regardant sa mère avec une expression indéfinissable; oui, tu as raison, mère!... c'était un mauvais songe...

— Mon enfant... qu'as-tu donc? tu parais vivement ému...

mais cette émotion... est douce... n'est-ce pas?... oh! je le vois à ta figure.

— Oui... elle est douce... bien douce... si tu savais...

Frédérik ne put achever.

Un bruit croissant, que dans leur préoccupation Marie et son fils n'avaient pas jusqu'alors remarqué, les fit se retourner.

A quelques pas derrière eux, ils virent s'avancer à leur rencontre, sur le chemin gazonné, un cavalier, tenant à la main le mantelet de madame Bastien.

Arrêtant alors son cheval, qu'un domestique de sa suite s'empressa de venir prendre, ce cavalier mit lestement pied à terre, et s'avança vers la jeune femme; il tenait son chapeau d'une main et le mantelet de l'autre. S'inclinant alors respectueusement devant madame Bastien, il lui dit avec une grâce et une courtoisie parfaites :

— Madame... j'ai vu de loin ce mantelet glisser de vos épaules... je suis trop heureux de pouvoir vous le rapporter.

Puis, après un nouveau et profond salut, ayant le bon goût de se dérober aux remerciements de madame Bastien, le cavalier alla rejoindre son cheval, se remit en selle, et, par un raffinement de respectueuse déférence, faisant dévier sa monture de la route, au moment où il passa devant madame Bastien, il suivit la lisière d'un champ comme s'il eût craint d'effrayer la jeune femme par le voisinage de son cheval; puis il salua de nouveau en passant devant elle et poursuivit sa route au pas.

Ce cavalier, à peu près de l'âge de Frédérik, d'une jolie figure et de la tournure la plus élégante, avait montré tant de savoir-vivre et de politesse, que madame Bastien le suivit un instant des yeux et dit naïvement à son fils :

— Il est impossible d'être plus poli et de l'être avec une meilleure grâce... n'est-ce pas, Frédérik?

Au moment où madame Bastien adressait cette question à son fils, passait le petit groom en livrée qui suivait le cavalier, et qui, comme lui, montait un magnifique cheval de pur sang. L'enfant, sévère observateur de l'étiquette, avait attendu en place pour se remettre à la suite de son maître qu'il y eût entre eux une distance de vingt-cinq pas.

Madame Bastien fit au groom un signe de la main, signe auquel l'enfant s'arrêta :

— Voulez-vous, je vous prie, lui demanda la jeune femme, me dire le nom de votre maître ?

— *Monsieur le marquis de Pont-Brillant,* Madame, répondit le groom avec un accent anglais très-prononcé.

Puis, voyant de loin son maître prendre le trot, l'enfant s'éloigna rapidement à cette même allure.

— Frédérik, dit Marie en se retournant vers son fils, tu as entendu?... C'est M. le marquis de Pont-Brillant... Ne trouves-tu pas qu'il est charmant!... cela fait plaisir de voir la fortune et la noblesse si bien représentées... n'est-ce pas, mon enfant?... Être si grand seigneur et si parfaitement poli, c'est tout ce que l'on peut désirer... Mais tu ne me réponds rien, Frédérik?... Frédérik! ajouta madame Bastien avec une soudaine inquiétude, qu'as-tu donc ?

— Je n'ai rien, ma mère... dit-il d'un ton glacial.

— Je vois bien, moi, que tu as quelque chose... tu n'as plus la même figure que tout à l'heure... tu parais souffrir... Mon Dieu ! comme tu es devenu pâle !

— C'est que le soleil s'est caché... tout à l'heure... et... j'ai froid.

— Alors... rentrons... mon pauvre enfant, rentrons vite... Pourvu que le mieux que tu ressentais continue...

— J'en doute... ma mère.

— Tu en doutes?... De quel air tu me dis cela !

— Je dis... ce qui est...

— Mais tu te sens donc moins bien, mon cher enfant ?

— Oh! beaucoup moins bien... ajouta-t-il avec une sorte de farouche amertume, c'est une rechute... une rechute complète... je le sens... mais c'est le froid, sans doute...

Et ce malheureux, jusqu'alors d'une angélique bonté, et qui avait toujours adoré sa mère, se plaisait cette fois, avec une joie cruelle, à augmenter les inquiétudes de la jeune femme. Il se vengeait de la douleur atroce que lui avaient causée les louanges que, dans sa généreuse franchise, Marie venait de donner à Raoul de Pont-Brillant.

Oui, car la *jalousie*, sentiment jusqu'alors aussi inconnu de Frédérik que l'ENVIE l'avait été naguère, venait exaspérer ses ressentiments contre le jeune marquis.

. . . .

La mère et le fils regagnèrent leur maison.

Madame Bastien dans une angoisse inexprimable, Frédérik dans un morne silence, songeant avec une rage sourde qu'il avait été sur le point d'avouer à sa mère le honteux secret dont il rougissait... et cela au moment même où celle-ci accordait tant d'éloges au marquis de Pont-Brillant qu'il poursuivait déjà de sa haineuse ENVIE...

Cette dernière et sanglante comparaison, dans laquelle le fils de madame Bastien se sentait encore écrasé... changea en une haine ardente, implacable, l'aversion presque passive que lui avait jusqu'alors inspirée Raoul de Pont-Brillant.

VII

La petite ville de Pont-Brillant, ancienne mouvance féodale, est située à quelques lieues de Blois, non loin de la Loire.

Une promenade appelée *le Mail*, ombragée de grands arbres, borne Pont-Brillant au midi; quelques maisons sont bâties sur le côté gauche de ce boulevard, qui sert aussi de champ de foire à diverses époques de l'année,

Le docteur Dufour habitait une de ces maisons.

Environ un mois s'était écoulé depuis les événements que nous avons rapportés.

Vers le commencement du mois de novembre, le jour de la SAINT-HUBERT, patron des chasseurs (prononcez *Sain-Hubert*, si vous voulez paraître quelque peu *veneur*), les oisifs de la petite ville étaient rassemblés sur le Mail, vers les quatre heures de l'après-midi, afin d'assister à une espèce de cortége cynégétique ou de retour de chasse du jeune marquis Raoul de Pont-Brillant, qui depuis le matin fêtait le grand saint Hubert en forçant un cerf *dix cors* dans la forêt voisine; pour plus de solennité, les chasseurs devaient passer triomphalement par Pont-Brillant, pour retourner au château de ce nom, situé à peu de distance de la petite ville qu'il dominait au loin de sa masse imposante.

Lesdits oisifs, commençant à s'impatienter d'une assez longue attente, virent s'arrêter à la porte du docteur Dufour un large cabriolet de campagne, à la caisse d'une couleur douteuse, attelé d'un vieux cheval de labour aux harnais rustiques, çà et là rajustés avec des cordes.

Frédérik Bastien, sortant le premier de cette modeste voiture, dont il avait été le conducteur, offrit l'aide de son bras à sa mère qui descendit légèrement du marchepied.

Le vieux cheval, d'une sagesse éprouvée, fut laissé en toute confiance attelé au cabriolet, les guides sur le cou, et seulement rangé par Frédérik au long de la maison du médecin, chez qui madame Bastien et son fils entrèrent aussitôt.

Une vieille servante les précéda dans un salon situé au premier étage, et dont les fenêtres s'ouvraient sur la promenade publique de Pont-Brillant.

— M. le docteur Dufour peut-il me recevoir? demanda madame Bastien à la servante.

— Je crois que oui, Madame; seulement Monsieur est en ce moment avec un de ses amis qui loge ici depuis plusieurs jours, et qui doit ce soir partir pour Nantes... mais c'est égal, je vais toujours prévenir Monsieur que vous êtes là, Madame,

— Je vous serai très-obligée, répondit madame Bastien restée seule avec son fils.

L'envie, exaspérée par la jalousie (l'on n'a pas oublié les justes louanges ingénument données à la parfaite courtoisie du jeune marquis de Pont-Brillant par madame Bastien), avait depuis un mois fait de nouveaux et effrayants ravages dans le cœur de Frédérik; son état maladif avait tellement empiré depuis un mois qu'on l'eût à peine reconnu; son teint n'était plus seulement pâle, mais jaune et bilieux... Ses joues creuses, ses grands yeux renfoncés, brillant d'un éclat fébrile, le sourire amer qui contractait presque toujours ses lèvres, donnaient à ses traits une expression à la fois souffrante et farouche... Ses mouvements brusques, nerveux; sa voix brève, souvent impatiente, quelquefois dure, achevaient un pénible et frappant contraste entre ce que ce malheureux enfant était alors et ce qu'il avait été jadis.

Marie Bastien semblait profondément abattue, découragée; son visage, empreint d'une douloureuse mélancolie, rendait son angélique beauté plus touchante encore.

A la douce et joyeuse familiarité, à la tendresse expansive qui régnaient autrefois entre la mère et le fils, succédait une froide réserve de la part de Frédérik. Marie, brisée par de mortelles angoisses, s'épuisait à chercher la cause du malheur qui la frappait dans son enfant; elle commençait à craindre que M. Dufour ne se fût trompé en attribuant à une crise naturelle la perturbation, de plus en plus alarmante, qui se manifestait chez Frédérik au physique et au moral.

Aussi madame Bastien venait-elle consulter à ce sujet M. Dufour, qu'elle n'avait pas vu depuis assez longtemps, le digne docteur étant retenu à Pont-Brillant par les devoirs et les doux plaisirs d'une amicale hospitalité.

Après avoir tristement contemplé son fils, Marie lui dit presque avec crainte, comme si elle eût redouté de l'irriter :

— Frédérik, puisque tu m'as accompagnée chez notre ami M. Dufour, que je désirais consulter... pour moi... nous pourrions par la même occasion lui parler de toi?...

— C'est inutile... ma mère... je ne suis pas malade.

— Mon Dieu... peux-tu dire cela ?.. Cette nuit encore... n'a été pour toi qu'une longue insomnie, mon pauvre cher enfant... j'ai été plusieurs fois voir si tu dormais... je t'ai toujours trouvé éveillé, agité...

— Toutes les nuits je suis ainsi...

— Hélas !.. je le sais... et c'est cela et d'autres choses encore qui m'inquiètent beaucoup...

— Tu as tort de t'inquiéter, ma mère... cela se passera...

— Je t'en supplie, Frédérik, consultons M. Dufour... n'est-ce pas notre meilleur ami?.. dis-lui ce que tu ressens... écoute ses conseils...

— Encore une fois, je n'ai pas besoin de la consultation de M. Dufour, reprit l'adolescent avec impatience, je te déclare d'avance que je ne répondrai à aucune de ses questions...

— Mon enfant... écoute-moi...

— Mon Dieu... ma mère, quel plaisir trouvez-vous donc à me tourmenter ainsi? s'écria-t-il en frappant du pied, je n'ai rien à dire à M. Dufour... je ne lui dirai rien... Vous savez si j'ai du caractère...

La servante du médecin, entrant alors, dit à madame Bastien :

— M. le docteur vous attend dans son cabinet, Madame.

Après avoir jeté sur son fils un regard navrant, la jeune mère dévora ses larmes et suivit la servante du docteur.

Frédérik, seul dans le salon, s'accouda sur la barre de la fenêtre ouverte qui donnait, nous l'avons dit, sur la promenade de la petite ville; au delà des boulevards qui la bordaient, s'étageaient quelques collines baignées par la Loire, tandis qu'à l'horizon, et dominant la forêt dont il était entouré, s'élevait le château de Pont-Brillant, alors à demi voilé par les brumes de l'automne.

Après avoir machinalement erré çà et là, les regards de Frédérik s'arrêtèrent sur le château.

A cette vue l'adolescent tressaillit, ses traits se contractèrent, s'assombrirent encore, et, toujours accoudé sur l'appui de la fenêtre, il resta plongé dans une rêverie profonde.

Telle était la préoccupation du fils de madame Bastien, qu'il ne vit ni n'entendit entrer, dans la pièce où il se trouvait, un second personnage qui, un livre à la main, s'assit dans un coin du salon sans paraître non plus remarquer l'adolescent.

Henri David, c'était le nom de ce nouveau venu, était un homme de trente-cinq ans environ, d'une taille svelte et élevée ; ses traits, énergiquement accentués, depuis longtemps brunis par l'ardeur du soleil tropical, ne manquaient pas de charme, dû peut-être à leur expression de mélancolie habituelle ; son front grand et un peu dégarni, quoique encadré d'une chevelure brune et bouclée, semblait annoncer des habitudes méditatives ; ses yeux noirs, vifs, surmontés de sourcils bien arqués, avaient un regard à la fois pensif, doux et pénétrant.

David, au retour d'un long voyage, était venu passer quelques jours chez le docteur Dufour, son meilleur ami. Il devait repartir le soir même pour Nantes, où il allait s'embarquer, afin d'entreprendre une nouvelle et lointaine pérégrination.

Frédérik, toujours accoudé à la fenêtre, ne quittait pas des yeux le château de Pont-Brillant.

Assis dans le salon et continuant sa lecture, Henri David ayant posé son livre sur son genou, pour réfléchir sans doute, leva la tête, et, pour la première fois, remarqua l'adolescent, qu'il voyait de profil.

Aussitôt il tressaillit... On eût dit qu'un souvenir, à la fois cher et douloureux, déchirait de nouveau son cœur à l'aspect de Frédérik, car deux larmes brillèrent un moment dans le regard attendri de David... Puis, passant sa main sur son front, comme pour chasser d'accablantes pensées, il se prit à contempler l'adolescent avec un indéfinissable intérêt. D'abord frappé de la rare beauté de ses traits, il remarqua bientôt, non sans surprise, leur expression navrante et sombre.

Les yeux de Frédérik s'attachaient si obstinément sur le château, qu'à leur direction David devina sans peine l'objet qu'ils fixaient incessamment, et se dit :

— Quelles amères pensées éveille donc chez ce pâle et bel adolescent la vue du château de Pont-Brillant, qu'il ne quitte pas du regard?

Soudain l'attention de David fut distraite par un bruit de fanfares; ce bruit, d'abord assez éloigné, se rapprocha de plus en plus dans la direction du Mail.

Au bout de quelques instants cette promenade, où se trouvaient déjà un assez grand nombre de curieux, fut à peu près remplie d'une foule impatiente d'admirer le cortége de vénerie, hommage rendu à saint Hubert par le jeune marquis.

L'attente générale ne fut pas déçue, les sons éclatants des trompes devinrent de plus en plus bruyants, et une brillante cavalcade traversa le Mail...

La marche s'ouvrait par quatre piqueurs à cheval, en grande livrée à la *française*, de couleur chamois, à collet et parements cramoisi, galonnée d'argent sur toutes les tailles, tricorne en tête, couteau de chasse au côté; ces gens d'équipage sonnaient tour à tour les fanfares de la SAINT-HUBERT, du cerf *dix cors*, et enfin ce qu'on appelle en langue de vénerie *la retraite prise* (c'est-à-dire que l'animal que l'on a chassé a été forcé).

Puis venaient une centaine de grands chiens courants, superbes bâtards anglais, portant au cou, toujours en l'honneur de saint Hubert, de gros nœuds de rubans chamois et cramoisi (couleur de la livrée du maître de l'équipage), rubans quelque peu effilés ou déchirés par les ronces et les broussailles traversées durant la chasse.

Six valets de chiens, à pied, aussi en grande livrée, chaussés de bas de soie et de souliers à boucles d'argent, couteau de chasse en sautoir, suivaient la meute, et, la trompe en main, répétaient, en manière d'écho, les fanfares des piqueurs.

Un fourgon de chasse, conduit en Daumont, venait ensuite, servant de char funèbre à un magnifique cerf *dix cors* gisant sur un lit de feuillage, et dont les énormes andouillers étaient ornés de longs rubans flottants, aussi chamois et cramoisi.

Derrière ce fourgon s'avançaient les chasseurs, tous à cheval, les uns en redingote écarlate, les autres courtoisement vêtus d'un uniforme de vénerie pareil à celui du jeune marquis de Pont-Brillant.

Deux calèches, attelées chacune de quatre magnifiques chevaux, pleins de sang et d'ardeur, menées en Daumont par de petits postillons en veste de satin chamois, suivaient les chasseurs. Dans l'une de ces voitures se trouvaient la marquise douairière, ainsi que deux jeunes et charmantes femmes en habit de cheval, portant galamment sur l'épaule gauche une aiguillette de rubans aux couleurs de Pont-Brillant, car elles avaient suivi la chasse jusqu'à l'hallali du cerf.

L'autre calèche, ainsi qu'un phaéton et un élégant char à bancs, étaient occupés par des femmes non *chasseresses* et par plusieurs hommes qui, en raison de leur âge, avaient été simples spectateurs de la chasse.

Enfin des chevaux de main et de relais, aux couvertures richement armoriées, et conduits par des palefreniers à cheval, terminaient le cortége.

La tenue parfaite de cette vénerie, la race des chiens et des chevaux, la richesse des livrées, l'excellent goût des attelages, la tournure distinguée des chasseurs, la jolie figure et l'élégance des femmes qui les accompagnaient, eussent été partout très-justement remarqués; mais pour les *badauds* de la petite ville de Pont-Brillant, ce cortége était un véritable spectacle, une sorte de *marche d'opéra*, où rien ne manquait, ni musique, ni costumes, ni solennel appareil; aussi, dans leur admiration naïve, les plus enthousiastes, ou les plus *politiques* de ces citadins (bon nombre d'entre eux étaient fournisseurs du château), crièrent: *Bravo, monsieur le marquis!* et battirent des mains avec transport.

Malheureusement, cette pompe triomphale fut un moment troublée par un accident qui arriva presque sous les fenêtres de la maison du docteur Dufour.

L'on n'a pas oublié le vénérable cheval de labour qui avait amené madame Bastien dans une modeste voiture, et sur la sagesse duquel on avait cru pouvoir assez compter pour le laisser, tout attelé et les guides sur le cou, rangé au long de la maison du médecin.

Ce digne cheval méritait cette confiance; il l'eût comme toujours justifiée, sans la circonstance insolite du cortége de la Saint-Hubert.

Aux premières fanfares, le campagnard se contenta de dresser les oreilles, et resta paisible; mais lorsque le cortége eut commencé de défiler devant lui, le retentissement des trompes, les bravos des spectateurs, les cris des enfants, les aboiements des chiens, la vue de ce grand nombre de chevaux, tout enfin concourut à faire sortir le digne vétéran du labour de son calme et de sa sagesse habituels; hennissant soudain, comme aux plus beaux jours de sa jeunesse, il éprouva le malencontreux désir de se joindre à la troupe dorée qui traversait le Mail.

En deux ou trois bonds, le *laboureur* joignit en effet la brillante cavalcade, entraînant après soi le vieux cabriolet, et faisant refluer la foule sur son passage.

Une fois au milieu du cortége, le cheval se cabra violemment, et, se tenant un instant sur ses pieds de derrière, il se mit à *jouer*, comme on dit, de *l'épinette* avec ses pieds de devant, s'abandonnant à cette joyeuseté incongrue justement au-dessus de la calèche où se trouvait la marquise douairière de Pont-Brillant; celle-ci, épouvantée, se renversa en arrière, en agitant son mouchoir et en poussant des cris aigus, ainsi que ses compagnes.

A ces clameurs, le jeune marquis se retourna, fit faire une volte et un bond énorme à sa monture avec autant de grâce que de hardiesse ; puis, à grands coups de fouet de chasse, il eut bientôt fait sentir au vénérable et trop guilleret *laboureur* l'impertinence de ces familiarités, dure leçon qui fut accueillie par les éclats de rire et par les applaudissements de plusieurs spectateurs, charmés de la bonne mine et de l'aisance cavalière de Raoul de Pont-Brillant.

Quant au pauvre vieux cheval, sentant ses torts et regrettant sans doute l'indigne abus de confiance dont il venait de se rendre coupable, il revint de lui-même, et tout piteux, reprendre humblement sa place à la porte de la maison du docteur, au milieu des huées du public, pendant que le cortége de la Saint-Hubert finissait de traverser la promenade.

Frédérik Bastien, de la fenêtre où il se trouvait, avait assisté à cette scène.

VIII

Dès l'entrée du cortége sur le Mail, la contenance, la physionomie de Frédérik avaient subi une transformation si étrange, que David, d'abord attiré vers la croisée par le bruit des fanfares, s'était brusquement arrêté, ne songeant plus qu'à contempler avec une surprise croissante cet adolescent dont les traits, malgré leur rare beauté, étaient devenus presque effrayants.

En effet, au sourire amer qui, un instant auparavant, contractait les lèvres de Frédérik pendant qu'il regardait au loin le château, avait succédé, lors de l'apparition du cortége de la Saint-Hubert, une expression de douloureuse surprise; mais quand vit passer, au milieu des acclamations d'un grand nombre de spectateurs, Raoul de Pont-Brillant, vêtu de son élégant habit de vénerie galonné d'argent, et montant avec une grâce parfaite son superbe cheval de chasse noir comme l'ébène, les traits de Frédérik devinrent d'une lividité jaunâtre... tandis que, appuyées sur la barre d'appui de la fenêtre, ses deux mains se crispèrent si violemment, qu'un réseau bleuâtre de veines gonflées apparut sous la blancheur de l'épiderme.

On eût dit qu'un charme fatal, retenant ce malheureux enfant à cette croisée, l'empêchait de fuir un spectacle odieux pour lui.

Aucun de ces sentiments contenus ou violents n'avait échappé à David, qui devait à une longue expérience des hommes et à son esprit observateur une connaissance profonde de l'âme humaine ; aussi, sentant son cœur se serrer, il se dit, en jetant sur Frédérik un regard de commisération profonde :

— Pauvre enfant... déjà connaître la haine... car... je n'en doute pas... c'est de la haine qu'il éprouve contre cet autre adolescent qui monte ce beau cheval noir... Cette haine, d'où peut-elle naître ?

David faisait cette réflexion, lorsque arriva le burlesque incident du vieux cheval de labour, rudement châtié par le jeune marquis, à l'applaudissement des spectateurs.

En voyant battre son cheval, la figure de Frédérik était devenue terrible... ses yeux, dilatés par la colère, s'étaient injectés de sang ; enfin, poussant un cri de rage, il se fût dans sa fureur aveugle précipité par la fenêtre, pour courir sur le marquis, s'il n'eût pas été arrêté par David, qui le prit à bras-le-corps.

Cette brusque étreinte, causant à Frédérik une commotion de surprise, le rappela à lui-même ; son premier saisissement passé, il dit à David d'une voix tremblante de colère :

— Qui êtes-vous, Monsieur ?... pourquoi me touchez-vous ?

— Vous vous penchiez si imprudemment par cette fenêtre, mon enfant, que vous étiez sur le point de tomber, répondit doucement David ; j'ai voulu prévenir un malheur...

— Qui vous a dit que c'eût été malheur ? répondit l'adolescent d'une voix sourde.

Puis il s'éloigna brusquement, se jeta sur un fauteuil,

cacha sa tête entre ses mains, et se mit à pleurer en silence.

L'intérêt, la curiosité de David étaient de plus en plus excités... Il contemplait avec une muette et tendre compassion ce pauvre enfant, alors aussi accablé qu'il était naguère violemment surexcité.

Soudain la porte du cabinet du docteur s'ouvrit.

Madame Bastien parut, accompagnée de M. Dufour.

Les premiers mots que Marie, sans remarquer David, prononça en cherchant Frédérik des yeux, furent :

— Où est donc mon fils?

Madame Bastien ne pouvait, en effet, l'apercevoir; le fauteuil où il s'était jeté en pleurant se trouvait caché par la projection du battant de la porte.

A la vue de la touchante et angélique beauté de la jeune femme qui, nous l'avons dit, paraissait avoir vingt ans à peine, et dont les traits offraient une ressemblance extrême avec ceux de Frédérik, David resta un moment frappé de surprise et d'admiration, sentiments auxquels se joignait un intérêt profond, car il apprenait qu'elle était la mère de l'adolescent pour lequel il éprouvait déjà une commisération sincère.

— Mais... où est donc mon fils?... répéta madame Bastien en faisant un pas de plus dans le salon et commençant à regarder autour d'elle avec une sollicitude inquiète.

David, lui adressant alors un signe d'intelligence, l'invita par un geste significatif à regarder derrière la porte, ajoutant à voix basse :

— Pauvre enfant! il est là...

Il y eut dans l'accent, dans la physionomie de David, lorsqu'il prononça ces seuls mots : *pauvre enfant!...* quelque chose de si doux, de si ému, que, d'abord étonnée à la vue de cet étranger, elle lui dit, comme si elle l'eût connu :

— Mon Dieu! qu'y a-t-il? Est-ce qu'il LUI est arrivé quelque chose?

— Il ne m'est rien arrivé, ma mère... reprit soudain l'adolescent qui, pour essuyer et cacher ses larmes, avait profité du moment pendant lequel il n'était pas vu de madame Bastien.

Puis, saluant d'un air sombre et distrait le docteur Dufour, qu'il traitait jadis avec une si affectueuse cordialité, Frédérik, s'approchant de Marie, lui dit :

— Viens-tu, ma mère?...

— Frédérik... s'écria-t-elle en prenant les deux mains de son fils et le couvrant pour ainsi dire des yeux avec angoisse, tu as pleuré !

— Non... non... dit-il en frappant impatiemmnnt du pied et dégageant ses mains de celles de sa mère. Viens... partons.

— N'est-ce pas, Monsieur, qu'il a pleuré? s'écria-t-elle en interrogeant David d'un regard alarmé.

— Eh bien, oui, j'ai pleuré, répondit Frédérik avec un sourire sardonique, j'ai pleuré de reconnaissance, car Monsieur... (et il montra David) m'a empêché de tomber par la fenêtre... Maintenant, ma mère... tu sais tout... viens... sortons...

Et Frédérik se dirigea brusquement vers la porte.

Le docteur Dufour, non moins surpris et affligé que madame Bastien, dit à David :

— Mon ami... qu'est-ce que cela signifie?

— Monsieur, ajouta Marie en s'adressant à l'ami du docteur, confuse... désolée de la mauvaise opinion que cet étranger devait concevoir de Frédérik, je ne sais pas ce que veut dire mon fils... j'ignore ce qui est arrivé... mais je vous en supplie... Monsieur, excusez-le...

— Rassurez-vous, Madame, c'est moi qui ai besoin d'être excusé, répondit David avec un sourire bienveillant. Tout à l'heure, en faisant observer à M. votre fils... qu'il se penchait imprudemment à cette fenêtre... j'ai eu le tort de le traiter un peu en écolier... Que voulez-vous... Madame? ce cher enfant est tout fier de ses seize ans... et il a raison... car, à cet âge, reprit David avec une gravité douce, l'on est déjà presque un homme et l'on comprend mieux encore tout le charme... tout le bonheur de l'affection maternelle.

— Monsieur, s'écria impétueusement Frédérik, les narines dilatées par la colère, tandis que son pâle visage se couvrait d'une vive rougeur, je n'ai pas besoin de leçons...

Et il sortit rapidement.

— Frédérik! dit vivement Marie à son fils d'un ton de reproche, au moment où il quittait le salon ; puis tournant vers David sa figure angélique où brillaient, humides de larmes, ses grands et doux yeux bleus, elle reprit avec une grâce touchante :

— Ah !... Monsieur... encore pardon ; vos bienveillantes paroles de tout à l'heure me font espérer que vous comprendrez mes regrets... qu'ils me méritent du moins votre indulgence pour ce malheureux enfant.

— Il souffre... il faut le plaindre et le calmer, répondit David d'une voix attendrie ; tout à l'heure, j'ai été frappé de la pâleur de ses traits... de leur contraction douloureuse... Mais, tenez... Madame, il est sorti du salon ; ne le quittez pas...

— Venez, Madame... venez vite, dit le docteur Dufour en offrant son bras à madame Bastien.

Celle-ci, partagée entre la surprise que lui causait la bienveillance de l'étranger, et les inquiétudes dont elle était assaillie, suivit précipitamment le docteur afin de rejoindre Frédérik.

Resté seul, David s'approcha de la fenêtre.

Au moment où il s'y penchait, il vit madame Bastien, après avoir porté son mouchoir à ses yeux, s'appuyer sur le bras du docteur Dufour, et monter dans le modeste cabriolet où Frédérik l'avait précédée, au milieu des rires et des quolibets d'un assez grand rassemblement d'oisifs restés sur le Mail après le passage du cortège de la Saint-Hubert, et naguère témoins de la mésaventure du *laboureur*.

— Cette vieille rosse n'oubliera pas la bonne leçon que lui a donnée le jeune M. le marquis, disait l'un.

— Était-il farce, ce gros poussif, avec son cabas de cabriolet au dos, quand il est venu au milieu des superbes voitures de M. le marquis! ajoutait un autre.

— Ah! ah! reprenait un troisième, ce *dada*-là se souviendra de la Saint-Hubert.

— Oh! moi aussi, je m'en souviendrai!!! murmura Frédérik d'une voix tremblante de rage.

Ce fut à ce moment que madame Bastien, avec l'aide du docteur, remonta dans le cabriolet.

Alors Frédérik, exaspéré par les railleries grossières qu'il venait d'entendre, fouetta d'une main furieuse le vieux cheval, qui partit au galop à travers le rassemblement.

En vain madame Bastien supplia son fils de modérer l'allure du cheval, plusieurs personnes faillirent être écrasées ; un enfant ne se rangeant pas assez vite reçut de Frédérik un violent coup de fouet ; mais bientôt, tournant rapidement à l'extrémité du Mail, le cabriolet disparut au milieu des clameurs irritées de la foule, qui le poursuivit de ses huées menaçantes.

IX

Après avoir accompagné Marie Bastien jusqu'à sa voiture, le docteur Dufour remonta chez lui et trouva son ami toujours accoudé sur la barre de la fenêtre, où il demeurait pensif.

Au bruit de la porte qui se referma, David, sortant de sa rêverie, vint au-devant du médecin, qui lui dit tristement, en parlant de madame Bastien, et faisant allusion à la scène dont tous deux venaient d'être témoins :

— Ah! pauvre femme... pauvre mère!..

— Tu as raison, Pierre... reprit David, cette jeune femme me semble bien à plaindre...

— Oui... et plus à plaindre encore que tu ne le penses, car elle ne vit au monde que pour son fils... Juge ce qu'elle doit souffrir.

— Son fils?.. l'on dirait son frère! elle paraît avoir vingt ans à peine.

— Ah! mon cher Henri, les habitudes d'une vie agreste et solitaire, l'absence d'émotions vives (car les inquiétudes que lui cause son fils datent seulement de quelques mois), le calme d'une existence aussi régulière que celle du cloître... conservent longtemps dans toute sa fraîcheur cette première fleur de jeunesse qui te frappe chez madame Bastien.

— Elle s'est donc mariée bien jeune?

— A quinze ans...

— Mon Dieu, qu'elle est belle! reprit David après un moment de silence, mais belle surtout de cette beauté à la fois virginale et maternelle, qui donne aux *vierges mères* de Raphaël un caractère si divin.

— *Vierges mères?*.. tu ne crois pas si bien dire, Henri...

— Comment?

— En deux mots, voici l'histoire de madame Bastien; elle t'intéressera... et tu emporteras... du moins, un touchant souvenir de cette charmante femme.

— Tu as raison, mon ami... ce me sera dans mon voyage un doux sujet de méditation.

— *Marie Fierval*, reprit le docteur, était fille unique d'un assez riche banquier d'Angers; plusieurs opérations malheureuses le mirent dans une position de fortune assez précaire; il était alors en relations d'affaires avec un homme nommé *Jacques Bastien*, qui se livrait à une spéculation assez commune dans nos pays : il était *marchand de terres.*

— Marchand de terres?

— Il achetait, dans certaines localités, des lots de terre considérables, et les revendait ensuite en les fractionnant, afin de les rendre accessibles aux très-petits cultivateurs.

— Je comprends...

— Jacques Bastien est, comme moi, natif de cette petite ville; son père avait amassé une belle fortune dans son étude de notaire; Jacques était son premier clerc. A la mort de son père, Bastien se livra aux spéculations dont je te parle. Lors de la gêne de M. Fierval, chez qui il avait quelques fonds placés, il put, en lui laissant disposer de ces capitaux, lui rendre un grand service; Marie avait alors quinze ans, elle était belle... comme tu l'as vue, et élevée... ainsi que peut l'être la fille d'un avaricieux de province, c'est-à-dire habituée à se regarder comme la première servante de la maison... et à en accomplir à peu près tous les grossiers emplois.

— Ce que tu dis là me surprend beaucoup, Pierre. Rien de de plus facile que de juger en un instant de la distinction des manières d'une femme... Et chez madame Bastien...

— Il n'y a rien, n'est-ce pas, qui sente une éducation presque grossière?

— Non... et, bien plus, il est impossible de s'exprimer d'une façon plus touchante et plus digne que ne l'a fait cette jeune femme dans la position presque pénible où elle s'est trouvée tout à l'heure... vis-à-vis de moi...

— C'est vrai... et je m'en étonnerais comme toi... si je n'avais été témoin de bien d'autres métamorphoses chez madame Bastien... Elle fit donc, étant toute jeune fille, une assez vive impression sur notre marchand de terre pour qu'un jour il me dît :

« — J'ai envie de faire une grosse bêtise... celle d'épouser une très-jolie fille; seulement, ce qui pallie un peu ma bêtise, c'est que cette très-jolie fille est sotte comme un panier, mais ménagère du premier numéro. Elle va au marché avec la cuisinière de son père; elle fait les confitures dans la perfection, et n'a pas sa pareille pour repriser le linge et les bas. » Six semaines après, Marie, malgré sa répugnance, malgré ses prières, ses larmes, subissait l'inexorable volonté de son père... et devenait madame Bastien.

— Et M. Bastien savait la répugnance qu'il inspirait?

— Parfaitement; cette répugnance n'était d'ailleurs que trop justifiée, car Bastien, qui a maintenant quarante-deux ans, était et est encore au moins aussi laid que moi : mais il a ce que je n'ai pas, une constitution de taureau : c'est de ces gens formidables qui n'ont pas de cheveux, mais une crinière; non une poitrine, mais un poitrail... Figure-toi l'*Hercule Farnèse*, avec beaucoup d'embonpoint, car Bastien est un mangeur féroce; joins à cela une incurie de sa personne qui va jusqu'à la malpropreté. Voilà pour le physique. Quant au moral, c'est un gaillard retors et madré comme un homme de loi de province; il est possédé d'une idée fixe, incessante... faire une grosse fortune et devenir député, lorsqu'il ne sera plus, dit-il, bon à rien... qu'à cela... Sortez-le de ses spéculations, il est ignare, brutal, fier de l'argent qu'il amasse, et ne tarit pas en plaisanteries grossières, car s'il n'est pas précisément bête, il est prodigieusement sot... très-enclin à l'avarice... il se croit fort libéral envers sa femme en lui donnant une servante, un jardinier *maître Jacques*, et un cheval de labour hors de service pour la conduire à la ville. La grande et seule qualité de Bastien est d'être, les trois quarts du temps, en route et hors de chez lui pour ses achats de terres. Lorsqu'il revient dans sa demeure, ferme qu'il a été obligé de conserver ensuite d'une opération malheureuse, il s'occupe de ce *faire-valoir*, sort dès l'aube pour surveiller ses cultures, déjeune aux champs, revient à la nuit, soupe largement, boit comme un chantre, et souvent s'endort ivre sur la nappe.

— Tu as raison, Pierre, reprit tristement David, cette pauvre femme est plus malheureuse que je ne le croyais... Quel mari pour une si charmante créature! Mais ces gens qui, ainsi que M. Bastien, n'ont à peu près que les appétits de la brute, joints à l'instinct de la rapacité, ont au moins parfois l'amour excessif de la *femelle* et de leurs *petits*?... M. Bastien... aime-t-il du moins sa femme et son fils?

— Quant à sa femme... je t'ai dit que la comparaison de

vierge-mère... était, à ton insu, d'une singulière justesse... Voici pourquoi... Le surlendemain de son mariage, Bastien, qui m'a toujours poursuivi de sa confiance, me dit de son air de bœuf surpris ou courroucé : « Ah çà ! tu ne sais pas que si j'écoutais ma bégueule de femme, je resterais maintenant toute ma vie *mari garçon*... » Et il paraît qu'en définitive... il en a été ainsi... car, faisant allusion à sa première et unique nuit de noces, Bastien m'a souvent dit d'un air profond : « C'est bien heureux que j'aie eu un enfant cette nuit-là ; sans cela je n'en aurais jamais eu. » Puis, dans sa colère de se voir rebuté, il a voulu punir la pauvre Marie de l'invincible répugnance qu'il lui inspirait, et dont il n'avait pu triompher après avoir tout tenté... tout, entends-tu bien, Henri? tout... jusqu'à la brutalité... jusqu'à la violence... jusqu'aux coups... car, une fois ivre, cet homme ne se connaît plus.

— Ah !.. c'est infâme...

— Oui... et il répondait à l'indignation de mes reproches : « Tiens... c'est ma femme, j'ai mon droit... et la loi pour moi? je ne me suis pas marié pour rester garçon... ce n'est pas une *gringalette* comme ça qui me fera céder. » Et pourtant ce taureau sauvage a cédé, parce que la force brutale ne peut rien contre le dégoût et l'aversion qu'une femme éprouve... surtout lorsque cette femme est douée, comme Marie Bastien, d'une incroyable énergie de volonté...

— Au moins elle a su courageusement échapper à l'une des plus flétrissantes, des plus atroces humiliations que puisse imposer un pareil mariage ; et cet homme, dis-tu, s'est vengé de l'inexorable aversion qu'il inspirait?

— Voici comment. Il avait d'abord eu l'intention de s'établir à Blois ; la résistance de sa femme changea ses projets. « Ah! c'est comme cela, me dit-il, eh bien ! elle me le payera !.. J'ai une ferme délabrée près de Pont-Brillant. Cette sotte bégueule n'en sortira pas, elle y vivra toute seule... avec cent francs par mois... » Et il en a été ainsi... Remplie de courage, de résignation, Marie a accepté cette existence pauvre et solitaire... que Bastien lui rendit aussi pénible que possible, jusqu'au moment où il apprit la grossesse de sa femme ; alors ce brutal s'est un peu radouci... Il a toujours laissé Marie à la ferme... mais il lui a permis d'y faire quelques changements bien peu coûteux qui, cependant, grâce au goût naturel de madame Bastien, ont tranformé en un riant séjour l'habitation la plus désagréable du pays ; puis peu à peu la douceur angélique, les rares qualités de cette charmante femme ont eu quelque influence sur Bastien : quoique toujours grossier, il a fini par être moins brutal et par prendre son parti de sa vie de *mari garçon*. « Mon ami, me disait-il dernièrement, je suis né coiffé, ma femme vit, et je n'en suis pas fâché ; elle est douce, patiente, économe, car, excepté pour la dépense de la maison et son entretien, je ne lui donne pas un sou et elle s'en contente ; elle ne met pas le nez hors de la ferme, et ne s'occupe que de son fils ; après cela, ma femme mourrait que je n'en serais pas non plus fâché... car, tu conçois, être mari garçon, ça vous force d'avoir des *allures*, et ça coûte, sans profit pour le ménage...Ainsi, que ma femme vive où qu'elle meure, je n'aurai pas à me plaindre... c'est ce qui me faisait te dire que j'étais né coiffé. »

— Et son fils ? demanda David de plus en plus intéressé, l'aime-t-il ?

— Bastien est un de ces pères qui ne conçoivent la paternité que toujours rébarbative, colère et grondeuse... Aussi, dans ses rares séjours à la ferme, et quoiqu'il s'occupe beaucoup plus de l'*élève* de son bétail que de son fils... il trouve toujours le moyen de se courroucer contre son enfant. Qu'est-il arrivé ? c'est que Bastien ne compte pour ainsi dire pas du tout dans la vie de sa femme et de son fils... Et, à propos de l'éducation de ce Frédérik, il faut que je te cite une autre de ces métamorphoses admirables que l'amour maternel a opérées chez madame Bastien.

— Tu ne saurais croire... Pierre, dit David avec une curiosité croissante, tu ne saurais croire combien tout ceci m'intéresse.

— Et que diras-tu tout à l'heure ? reprit le docteur.

Et il poursuivit ainsi :

— Jeune fille de quinze ans... et élevée comme je te l'ai raconté, Marie Bastien n'avait reçu qu'une éducation incomplète, et même grossière ; tranchons le mot : la pauvre enfant, à l'époque de son mariage, était d'une ignorance complète... d'une intelligence non pas bornée... mais que rien jusqu'alors n'avait ouverte... Lorsqu'elle se sentit mère, une merveilleuse révolution s'opéra en elle... Devinant la grandeur des devoirs que lui imposait cette maternité, désormais sa seule espérance de bonheur, Marie, désolée de son ignorance, se donna pour tâche d'apprendre en quatre ou cinq ans tout ce qui lui serait nécessaire pour entreprendre elle-même l'éducation de son enfant, qu'elle ne voulait confier à personne.

— C'est admirable... de courage et de dévouement maternel, s'écria David. Et cette résolution ?...

— Cette résolution fut vaillamment accomplie, malgré mille obstacles ; ainsi, à quinze ans et demi qu'elle avait, Marie Bastien, pour s'instruire, senti la nécessité de prendre elle-même une institutrice ; aux premiers mots de ce projet, Bastien la traita de folle ; loin de se rebuter, elle insista, et finit même par trouver d'excellentes raisons à lui donner, entre autres celle de l'économie, disant que pour deux mille francs par an, elle aurait une institutrice qui lui enseignerait en peu d'années tout ce qui serait nécessaire à l'éducation d'une fille ou à l'éducation d'un garçon, jusqu'à l'âge de treize à quatorze ans ; sinon, comme elle était décidée, disait-elle, à ne pas se séparer de son enfant, il faudrait faire venir à la ferme des professeurs de Pont-Brillant, ou même de Blois, ce qui rendrait l'éducation fort coûteuse. Bastien, après calcul et balance de frais, trouva que sa femme avait raison, et se rendit à ses désirs. Heureusement, Marie trouva dans une jeune institutrice anglaise un trésor de savoir, d'intelligence et de cœur. Miss Hariett (c'était son nom), digne en tout d'apprécier ce rare exemple de dévouement maternel, se voua donc, corps et âme, à la mission qu'elle acceptait auprès de madame Bastien.

— Non... dit David ému jusqu'aux larmes par le récit du docteur, non, je ne sais rien de plus touchant que cette jeune mère de quinze ans, jalouse de donner elle-même à son enfant la vie de l'intelligence, se livrant ainsi opiniâtrément à l'étude.

— Que te dirai-je, mon ami? poursuivit le docteur. Admirablement servie par ses facultés naturelles, qui se développèrent rapidement après quatre ans de travaux, qu'elle poursuivit ensuite toute seule, en s'occupant constamment de son enfant, la jeune mère acquit des connaissances solides en littérature, en histoire, en géographie, devint assez bonne musicienne pour pouvoir enseigner la musique à son fils... connut assez la langue anglaise pour le familiariser avec cet idiome, et sut enfin ce qu'il fallait de dessin pour mettre Frédérik à même de dessiner d'après nature; il profita merveilleusement de ses leçons; car il est peu d'enfants de son âge qui aient un savoir plus solide, plus varié... Aussi, par son esprit, par son cœur, par son caractère, faisait-il l'orgueil et la joie de sa mère, lorsque soudain un changement étrange s'est manifesté chez lui...

L'entretien du docteur et de son ami fut interrompu par la vieille servante qui, s'adressant à son maître, lui dit :

— Monsieur, l'on vient vous avertir que la diligence pour Nantes doit passer à six heures, et l'on vient chercher les bagages de M. David.

— Bien... faites-les porter, je vous prie, répondit Henri David à la servante, et veuillez dire que l'on me fasse prévenir lorsque la voiture s'arrêtera pour relayer.

— Oui, monsieur David, reprit la servante.

Et elle ajouta avec une expression de naïf regret :

— C'est donc bien vrai que vous nous quittez, mon bon monsieur David?

Puis, se tournant vers le docteur :

— Et vous, monsieur le docteur, vous laissez donc partir votre ami?

— Tu l'entends? dit M. Dufour en souriant tristement, je ne suis pas seul à me chagriner de ton départ.

— Croyez-moi, Honorine, dit affectueusement David à la vieille servante, quand on quitte un ami tel que Pierre, et une hospitalité que vos soins ont rendue si bonne, c'est que l'on obéit à une impérieuse nécessité.

— A la bonne heure, monsieur David, dit la servante en s'éloignant, mais c'est bien triste tout de même, on s'habitue si vite aux braves gens comme vous!

X

Après le départ de la servante, David, encore sous l'impression de l'attendrissement que lui causaient les confidences de son ami au sujet de Marie Bastien, garda le silence pendant quelques instants.

Le docteur Dufour était, de son côté, redevenu triste et pensif.

La venue de sa servante lui avait rappelé que, pour des années peut-être, il allait être séparé de son meilleur ami.

David reprit le premier la parole.

— Pierre, tu avais raison... j'emporterai un délicieux souvenir de cette charmante madame Bastien. Bien souvent, ce que tu viens de m'apprendre sera pour moi le sujet de douces rêveries, auxquelles tu seras joint dans ma pensée, car je te devrai une des plus pures jouissances que j'aie goûtées depuis longtemps... Il est si bon de reposer son esprit, de se distraire de peines cruelles par la pensée de l'idéal... car c'est une créature presque idéale que madame Bastien...

— Henri... je te comprends... et pardonne-moi de ne pas y

avoir songé plus tôt, reprit le docteur en remarquant l'émotion de son ami; la vue de cet enfant de seize ans... a dû te rappeler...

Et comme le docteur hésitait à continuer, David reprit avec accablement :

— Oui... la vue de cet enfant m'a rappelé... celui que je ne peux oublier, mon pauvre Fernand! Il était de l'âge de Frédérik ! Aussi, ce bel enfant... m'a tout de suite inspiré un intérêt profond... et cet intérêt s'augmente de toute l'admiration que je ressens pour cette jeune mère si vaillante, si dévouée!... Va, mon ami, ce souvenir me sera bon et salutaire... Oui, crois-moi, au milieu de cette vie aventureuse que je vais recommencer, bien souvent, après une rude journée de marche dans le désert, je fermerai les yeux et j'évoquerai la suave apparition de cette charmante femme et de son fils. Ces pensées me reporteront en même temps vers toi, mon bon Pierre, mon évocation sera complète... son cadre sera ce petit salon où nous avons passé de si longues soirées dans les épanchements de notre vieille amitié.

— Et moi aussi, Henri, ce me sera une consolation, en te voyant partir, de te savoir un bon souvenir de plus, et de penser que, comme moi, tu t'intéresses maintenant à la plus noble femme que j'aie connue et aimée... Dieu veuille seulement qu'elle ne soit pas fatalement frappée... dans son fils, car, tu comprends, maintenant, son fils, c'est sa vie...

— Mais comment se fait-il qu'élevé par elle, et malgré les antécédents que tu m'as racontés de lui, il donne maintenant à sa mère de graves inquiétudes? Et ces inquiétudes, quelles sont-elles?

— Frédérik, que tu viens de voir pâle, amaigri, sombre, impatient et brusque, était, il y a peu de mois, plein de santé, de fraîcheur et de gaieté; alors, rien de plus charmant, de plus affectueux que ses manières; rien de plus généreux que son caractère... Je pourrais te citer de lui des traits qui te feraient battre le cœur.

— Pauvre enfant!... reprit David, avec une expression de

tendre compassion. Je te crois, Pierre. Combien il y avait de douleur, d'amertume sur son beau visage, pâle et contracté ! Non, non, il n'est pas méchant... il souffre de quelque mal inconnu, ajouta David pensif. Cela est étrange... en si peu de temps méconnaissable à ce point !

— Que te dirai-je, reprit le docteur, tout a été attaqué à la fois... le cœur et l'intelligence. Naguères rempli de zèle et d'ardeur, l'étude était un plaisir pour Frédérik; son imagination était brillante, ses facultés précoces. Tout a tellement changé, qu'il y a un mois, sa mère, désolée de l'incurable apathie d'esprit où il restait plongé, et espérant que peut-être de nouveaux travaux aiguillonneraient sa curiosité, s'est décidée à prendre un précepteur. Il devait donner à Frédérik les notions de quelques sciences à la fois curieuses, instructives, et toutes nouvelles pour lui...

— Eh bien?

— Au bout de huit jours, le précepteur, rebuté par le mauvais vouloir, la rudesse et la violence de Frédérik, a quitté la maison.

— Et ce changement, à quoi l'attribuer?

— Je crois encore, comme il y a quelques mois, que la sombre mélancolie de Frédérik, sa taciturnité, son dépérissement, son découragement, son dégoût de toutes choses, ses brusqueries, ont pour cause l'âge de puberté... Il y a mille exemples de pareilles crises chez les adoléscents lors de leur avénement à la virilité... C'est aussi à cet âge que généralement les traits saillants, arrêtés, du caractère se dessinent nettement, que l'*homme* enfin, succédant à l'adolescent, commence à se montrer tel qu'il doit être un jour; cette seconde éclosion cause presque toujours de graves perturbations dans tout le système. Il est donc probable que Frédérik se trouve maintenant sous l'influence de ce phénomène.

— Mais cette explication si vraisemblable a dû rassurer madame Bastien?

— Ah! mon pauvre Pierre, on ne rassure jamais complétement une mère... surtout une mère comme celle-là. Pendant quelque temps... les raisons que je lui ai données ont calmé ses craintes... mais le mal s'accroît, et elle s'alarme de nouveau... Tu ne peux t'imaginer avec quelle éloquence de l'âme... tout à l'heure encore, elle m'exprimait ses angoisses, avec quelle douloureuse amertume elle s'accusait elle-même en s'écriant : « Je suis sa mère, et je ne devine pas ce qu'il a... Je manque donc de pénétration et d'instinct maternel!.. Je suis sa mère... et il ne me confie pas la cause du chagrin qui le dévore! Ah! c'est ma faute... c'est ma faute!... je n'ai pas été véritablement bonne mère... Une mère a toujours tort... lorsqu'elle ne sait pas s'attirer la confiance de son fils!... »

— Pauvre femme, reprit David, elle se calomnie... au moment même où son instinct de mère... la sert à son insu.

— Que veux-tu dire?

— Certainement, son instinct l'avertit que, si plausible que soit l'explication que tu lui donnes de l'état de son fils... cependant... tu te trompes! car, malgré sa confiance en toi... malgré le besoin qu'elle a d'être rassurée, tes paroles n'ont pas calmé ses craintes...

Et après être resté quelques moments pensif, David dit à son ami :

— Ce grand château que l'on voit là-bas... à l'horizon, n'est-il pas le château de Pont-Brillant?

A cette question, qui semblait n'avoir aucun rapport à l'entretien, le docteur regarda David d'un air surpris et répondit :

— Oui, c'est le château de Pont-Brillant. Son propriétaire actuel, le jeune marquis, était parmi les chasseurs qui ont passé tout à l'heure. C'est à lui ce bel équipage de chasse; mais quel rapport?..

— Dis-moi... le fils de madame Bastien est-il reçu dans la famille de Pont-Brillant?

— Jamais... cette famille est très-fière, ils ne voient que la noblesse du pays, et encore une noblesse très-choisie...

— Et Frédérik connaît-il le jeune marquis?

— S'il le connaît, c'est tout au plus de vue... car, je le répete, le jeune marquis est trop hautain pour frayer avec le fils d'un petit bourgeois.

— Cette famille est-elle aimée? reprit David, de plus en plus réfléchi.

— Les Pont-Brillant sont immensément riches; presque toutes les terres leur appartiennent à six ou sept lieues à la ronde... Ils possèdent une grande partie des maisons de cette petite ville... où ils ont aussi tous leurs fournisseurs. Tu conçois qu'à défaut d'affection, l'intérêt d'un nombre considérable de personnes dépendantes de cette puissante famille commande du moins un semblant de respect et d'attachement; aussi, parmi les bravos, les vivats, que tu as peut-être entendus tout à l'heure sur le passage du marquis et de sa grand'-mère, bien peu, je crois, étaient désintéressés; du reste, il y a bon an, mal an, une somme fixe pour les pauvres, donnée par la famille. Le maire et le curé sont chargés de la distribution de cette aumône; mais le jeune marquis ne s'en mêle pas plus que sa grand'mère, dont la philosophie eût, dit-on, fait pâlir celle du baron d'Holbach. Figure-toi une grande dame de la régence, avec l'athéisme railleur et la parole cynique de cette époque; mais, encore une fois, mon ami, pourquoi ces questions au sujet du château et de la famille de Pont-Brillant?

— Parce que tout à l'heure, seul avec Frédérik, j'ai cru m'apercevoir qu'il éprouve une haine profonde contre ce jeune marquis.

— Frédérik! s'écria le docteur avec autant de surprise que d'incrédulité; c'est impossible... Encore une fois, je suis certain que de sa vie il n'a parlé à M. de Pont-Brillant. Allons donc... de la haine... contre ce jeune homme? et pourquoi? quelle en serait la cause?

— Je l'ignore... mais je suis certain de ce que j'ai vu.

— Et qu'as-tu vu?

— Le cheval qui avait conduit ici Frédérik et sa mère, s'étant détaché sans doute, s'est approché du cortége; le jeune marquis l'a fouaillé, et à ce moment, si je ne l'avais retenu,

Frédérik, livide de rage, s'élançait par la fenêtre, après avoir montré le poing à M. de Pont-Brillant.

— Et pour ne pas effrayer madame Bastien, tu nous as dit...

— Que Frédérik s'était imprudemment penché à la fenêtre... Encore une fois, Pierre... je te le répète, je n'ai pas perdu un geste, un regard, une nuance de la physionomie de ce malheureux enfant... C'est de la haine, te dis-je... qu'il ressent contre cet autre adolescent.

Un moment ébranlé par la conviction de David, le docteur reprit :

— Qu'en cette circonstance Frédérik ait cédé à la violence de caractère qui semble se développer en lui... soit; mais pense, mon ami, que ce changement qui effraye et désole sa mère date déjà de quelques mois. La scène de tantôt a pu un moment courroucer Frédérik, mais une haine assez puissante pour réagir si visiblement sur le physique et sur le moral doit avoir une cause terrible... et déjà ancienne; or, je te le répète, le fils de madame Bastien et Raoul de Pont-Brillant ne se sont jamais parlé, ils vivent dans des sphères absolument séparées, il n'y a entre eux aucun contact possible. D'où serait née la haine qui diviserait ces jeunes gens?

— Il est vrai... ton raisonnement est juste... je dois m'y rendre... répondit David en réfléchissant, et pourtant je ne sais quoi me dit que Frédérik subit l'influence d'une crise toute morale.

— Oh! quant à cela... je suis loin de regarder comme absolue l'explication que j'ai donnée à madame Bastien, dans l'espoir de la rassurer; je dis comme toi : Frédérik est peut-être sous l'influence d'une crise morale... Cette crise, quelle est-elle? hélas! il sera bien difficile de la découvrir, si la pénétration d'une mère a échoué... dans cette recherche... J'ai d'ailleurs engagé madame Bastien à tâcher de donner à son fils le plus de distractions possibles, et au besoin à le faire voyager pendant quelques mois... Peut-être le mouvement, le changement de lieux, auraient-ils sur lui une réaction salutaire...

— Tiens, maintenant, Pierre, reprit tristement David, après un moment de silence, je suis presque aux regrets d'avoir rencontré chez toi cette charmante femme... par cela même qu'elle et son fils m'inspirent un intérêt croissant.

— Que veux-tu dire?

— Franchement, mon ami, quoi de plus triste que d'éprouver une commisération aussi profonde que vaine?... Qu'y a-t-il de plus digne de sympathie et de vénération que cette jeune femme si atrocement mariée, et pourtant vivant longtemps heureuse dans une complète solitude, avec cet enfant, beau, sensible, intelligent comme elle! Et voilà que tout à coup cette double existence est attaquée d'un mal mystérieux... ce pauvre enfant s'étiole... sa mère voit avec une douleur croissante les progrès du mal inconnu dont elle s'épuise en vain à chercher la cause. Ah!.. de cette douleur... je devine toutes les angoisses... car, moi aussi, j'ai aimé mon pauvre Fernand avec idolâtrie, ajouta David en contenant à peine ses larmes, et ne pouvoir que plaindre cette double infortune, continuer son chemin en se demandant ce que deviendra un enfant de seize ans dont l'avenir paraît si sombre! Oh! cette impuissance forcée... fatale... devant le mal qu'on déplore, a toujours été un tourment... presque un remords pour moi!

— Oui... cela est vrai, reprit le docteur en prenant les mains de son ami avec émotion. Combien de fois ne m'as-tu pas écrit que la seule amertume de tes longs et pénibles voyages, entrepris dans un si noble but... était cette nécessité de constater froidement les faits les plus affreux, les coutumes les plus barbares, les lois les plus monstrueuses, et de reconnaître en même temps que, durant des années, des siècles peut-être, tant de maux devaient poursuivre paisiblement leur cours!... Oui, oui, je comprends ce que causent à des âmes comme la tienne, David... la vue du mal et l'impossibilité de le soulager.

Cinq heures trois quarts sonnèrent à l'horloge de Pont-Brillant.

— Mon pauvre ami! nous n'avons plus que quelques minutes, dit David en sortant de la rêverie où il était plongé, et il tendit la main au docteur.

Celui-ci ne répondit pas d'abord.

Deux larmes coulèrent lentement de ses yeux, et lorsque son émotion lui permit de parler :

— Hélas! mon pauvre Henri, je devrais être familiarisé avec la pensée de ton départ..... et, tu le vois..... le courage me manque...

— Allons, Pierre... avant deux ans... je te reverrai; ce voyage sera probablement le dernier que j'entreprendrai... et alors tu sais mes projets... je reviendrai m'établir auprès de toi...

Le docteur secoua mélancoliquement la tête.

— Je n'espère pas un pareil bonheur... je sais ce que tu cherches à oublier, au milieu de cette vie d'aventures, de périls, au-devant desquels tu te jettes avec une audace désespérée... car tes voyages, à toi, sont aussi chanceux que des batailles... Quels dangers n'as-tu pas déjà courus! et voici qu'à cette heure tu pars pour l'une des plus dangereuses excursions qu'un voyageur puisse tenter, une exploration dans l'intérieur de l'Afrique... et tu ne veux pas que je m'alarme!

— Aie confiance en mon étoile, mon bon Pierre, tu sais le proverbe : *Il est des malheureux dont la mort ne veut pas,* reprit David avec une résignation amère. Que cela du moins te rassure... Va, crois-moi... nous nous reverrons... ici... dans ce petit salon.

— Monsieur... Monsieur, la diligence de Nantes est en train de relayer, dit la vieille servante en entrant précipitamment, il n'y a pas un moment à perdre... venez... venez...

— Allons! adieu, Pierre, reprit David en serrant son ami dans ses bras. Écris-moi à Nantes un dernier mot, et n'oublie pas de me donner des nouvelles de madame Bastien et de son fils... Si je savais cette charmante femme moins inquiète, il me semble que cela serait d'un bon augure pour mon voyage... Allons, encore adieu, et à revoir, mon bon Pierre.

— À revoir ! que Dieu t'entende ! dit le docteur Dufour en embrassant une dernière fois son ami.

— Maintenant, Pierre, conduis-moi jusqu'à la diligence, je veux te serrer la main en montant en voiture.

. . . .

Quelques instants après, Henri David partait pour Nantes, où il devait rejoindre le brick *l'Endymion*, frété pour Gorée.

XI

Une dernière goutte fait déborder la coupe, dit le proverbe.

Ainsi la scène qui s'était passée le jour de la Saint-Hubert, sur le Mail de Pont-Brillant, fit déborder le fiel dont le cœur de Frédérik était gonflé.

Dans le châtiment infligé à son cheval par le jeune marquis, Frédérik vit une insulte, disons mieux, un prétexte qui lui permettait de manifester directement sa haine à Raoul de Pont-Brillant, dans l'espoir de tirer de lui-même une vengeance sauvage.

De retour à la ferme avec sa mère, et après une nuit passée dans de sombres réflexions, le fils de madame Bastien écrivit dès le matin ce billet :

« Si vous n'êtes pas un lâche, vous vous trouverez demain à la roche du *Grand-Sire*, avec votre fusil chargé à balle ; j'aurai le mien. Venez seul... je serai seul...

« Je vous hais, vous saurez mon nom lorsque je vous aurai dit en face la cause de ma haine.

« La roche du Grand-Sire est un endroit désert de votre forêt de Pont-Brillant : je vous y attendrai demain toute la matinée, tout le jour, s'il le faut; vous n'aurez pas ainsi de raisons pour manquer à ce rendez-vous. »

Cette provocation presque insensée ne s'expliquait que par l'effervescence de la haine et de l'âge de Frédérik, ainsi que par sa complète inexpérience des choses de la vie, et l'isolement où il avait jusqu'alors vécu.

Ce billet écrit, Frédérik y mit l'adresse de Raoul de Pont-Brillant, attendit l'heure où le facteur rural passait par la ferme, et celui-ci emporta la lettre destinée au marquis, afin de la mettre à la poste à Pont-Brillant.

Durant cette journée, l'adolescent, afin de dissimuler son dessein, feignit d'être plus calme que de coutume.

Le soir venu, il dit à madame Bastien que, se sentant fatigué, il désirait dormir pendant toute la matinée du lendemain, et qu'il désirait que l'on n'entrât pas dans sa chambre avant qu'il fût levé. La jeune mère, espérant que le repos calmerait son fils, s'empressa de se conformer à son désir.

Au point du jour, Frédérik ouvrit sans bruit la fenêtre de sa chambre, dans laquelle on ne pouvait arriver que par l'appartement de sa mère, prit son fusil, et sortit d'autant plus facilement que la croisée était au rez-de-chaussée; il n'avait à sa disposition que du gros plomb de chasse, il alla prier le vieux jardinier de lui fondre quelques balles, sous prétexte d'aller à l'affût aux sangliers avec un métayer dont ils ravageaient le champ.

La chose parut si croyable au jardinier, qu'au moyen de quelques débris de plomb il fondit une demi-douzaine de balles qu'il remit à son jeune maître; celui-ci se rendit alors en hâte à la roche du Grand-Sire, située dans une des parties les plus désertes de la forêt.

En approchant de l'endroit du rendez-vous qu'il avait donné au jeune marquis, le cœur de Frédérik palpitait d'une ardeur farouche, certain que, courroucé de l'outrage et de la provocation que renfermait le billet de son adversaire in connu, Raoul de Pont-Brillant s'empresserait de venger cette insulte...

« — Il me tuera... ou je le tuerai, se disait Frédérik. S'il me tue, tant mieux... A quoi bon traîner une existence à jamais empoisonnée par l'envie! Si je le tue... »

Et, à cette réflexion, il frissonna; puis, ayant presque honte de cette faiblesse, il reprit :

« — Eh bien! si je le tue... tant mieux encore, il ne jouira plus de ces biens qui font mon envie... Si je le tue... ajoutait ce malheureux enfant en cherchant à justifier à ses propres yeux cette sinistre résolution, son luxe n'insultera plus à ma pauvreté et à celle de tant d'autres encore plus à plaindre que moi. »

Absorbé dans ces noires pensées, Frédérik arriva bientôt à la roche du Grand-Sire.

On appelait ainsi, depuis des siècles, en commémoration de l'un des *sires* de Pont-Brillant, un amoncellement de blocs granitiques, situé non loin d'une des routes les moins fréquentées de la forêt.

Des châtaigniers et des sapins énormes s'élançaient au fond des crevasses des roches; c'était un lieu agreste et solitaire, plein d'une grandeur sauvage ; le soleil, déjà élevé, projetait çà et là, sur ces masses de granit grisâtres et couvertes de mousse, ses rayons vermeils à travers les arbres dépouillés de feuilles; la journée s'annonçait splendide, ainsi que cela arrive souvent vers la fin de l'automne.

Frédérik déposa son fusil dans une sorte de grotte naturelle, formée par une profonde excavation à demi voilée par un épais rideau de lierre, enraciné dans la fente d'un bloc supérieur. De cet endroit à une route dite du *Connétable*, il y avait quarante pas environ ; le marquis, s'il venait, ne pouvait arriver que par ce chemin, bordé d'un taillis où Frédérik se posta; de cet endroit, il embrassait au loin le chemin du regard, sans être aperçu.

Une heure, deux heures, trois heures se passèrent... Raoul de Pont-Brillant ne parut pas.

Dans sa fiévreuse impatience, ne pouvant, ne voulant pas croire que le marquis eût dédaigné son appel, Frédérik trouvait moyen de s'expliquer le retard de son adversaire : il ne devait avoir reçu sa lettre que dans la matinée ; il avait eu sans doute quelques précautions à prendre pour sortir seul... peut-être préférait-il attendre la fin de la journée.

Le temps s'écoulait parmi ces angoisses ; une seule fois Frédérik songea à sa mère et à son désespoir, se disant que, dans une heure... peut-être, il n'existerait plus...

Cette réflexion ébranla seule pendant quelques instants la sombre détermination de l'adolescent; mais il se dit bientôt :

« — Mieux vaut mourir... Ma mort coûtera moins de larmes à ma mère que ma vie... j'en juge par celles qu'elle a déjà versées... »

Pendant qu'il attendait ainsi l'arrivée du marquis, une voiture, partie du château de Pont-Brillant vers les trois heures de l'après-midi, arrivait à un carrefour où aboutissait l'allée du Connétable, non loin de laquelle se trouvait, on l'a dit, la roche du Grand-Sire.

Cet équipage, espèce de petit wourst très-large et très-bas, attelé de deux magnifiques chevaux, s'arrêta au poteau du carrefour ; deux grands valets de pied poudrés descendirent du siége de derrière où ils étaient assis, et l'un d'eux ouvrit la portière de la voiture, d'où la marquise douairière de Pont-Brillant descendit très-prestement, malgré ses quatre-vingt-huit ans ; une autre femme, qui semblait non moins âgée que la douairière, mit aussi pied à terre.

L'autre valet de pied, prenant sous son bras un de ces pliants portatifs dont se servent souvent dans leurs promenades les personnes valétudinaires ou âgées, se disposait à suivre les deux octogénaires ; mais la marquise lui dit de sa voix claire et un peu chevrotante :

— Reste avec la voiture, mon garçon ; que l'on m'attende ici ; donne le pliant à Zerbinette.

Le valet de pied s'inclina, remit le pliant à la compagne de la douairière, et toutes deux entrèrent de préférence dans l'allée du Connétable, qui, beaucoup moins fréquentée que les autres, était revêtue d'un tapis de mousse et de gazon.

L'octogénaire dont était accompagnée la marquise, et que celle-ci avait appelée Zerbinette, s'était donc chargée du pliant.

A quatre-vingt-sept ans, répondre à ce nom coquet et pimpant de Zerbinette... cela semble étrange; et cependant Zerbinette avait été, dans son printemps, plus que personne, digne de porter ce nom qui sentait d'une lieue sa soubrette de Crébillon fils : nez retroussé, mine effrontée, grands yeux fripons, sourire libertin, corsage provoquant, pied mignon et main potelée, tels avaient été autrefois les titres de la soubrette à être appelée Zerbinette, nom dont elle avait été baptisée lorsqu'elle entra (il y avait quelque soixante-dix ans de cela), comme aide-coiffeuse, chez sa sœur de lait, la charmante marquise de Pont-Brillant. Hélas ! nous la voyons douairière et grand'mère ; mais, à cette époque, la marquise, mariée au couvent à seize ans, était déjà plus que galante; aussi, frappée de l'esprit hardi de son aide-coiffeuse, de ses rares dispositions pour l'intrigue, fit-elle de Zerbinette sa première femme, et bientôt sa confidente.

Le diable sait les bons tours de ces deux jeunes et madrées commères, dans leur beau temps ! avec quel dévouement, avec quelle présence d'esprit, avec quelle merveilleuse ressource d'imagination, Zerbinette aidait sa maîtresse à tromper les trois ou quatre amants qu'elle avait à la fois, sans compter ce qu'on appelait alors

Les fantaisies,

Les occasions,

Les dettes de jeu,

Et les curiosités.

On allait en *curiosité* aux Porcherons, vêtue en grisette ou en marchande de bouquets.

L'on ne parle du défunt mari de la marquise que pour mémoire : d'abord, l'on ne se donnait pas alors la peine de tromper un mari, puis le « *très-haut et très-puissant seigneur Hector-Magnifique-Raoul-Urbain-Anne-Cloud-Frumence, et sire marquis de* Pont-Brillant *et autres lieux,* » était trop du monde et de son siècle pour gêner en rien madame sa femme.

De cet échange de confidences de la part de la marquise et de services de toutes sortes de la part de Zerbinette, il était résulté une sorte de liaison presque familière entre la soubrette et sa maîtresse ; elles ne s'étaient jamais quittées, elles avaient vieilli ensemble, et à quatre-vingts et tant d'années qu'elles avaient, elles trouvaient un grand plaisir à se rappeler les bons jours, les malins tours, les folles amours d'autrefois, et, il faut le dire, chaque jour avait son saint, si ce n'est davantage, dans ce calendrier libertin.

Quant à la licence de paroles, disons mieux, quant au cynique langage dont la marquise et Zerbinette avaient l'habitude dans leur tête-à-tête en parlant du temps jadis ou du temps présent, ce langage n'était ni plus ni moins crû que celui de la régence ou du règne de Louis le Bien-Aimé, et il avait parfois chez la douairière cette affectation de patois parisien, si cela se peut dire, que la plupart des grands seigneurs du milieu du dix-huitième siècle transportèrent des Porcherons à la cour, disant *m'sieu, c'te d'moiselle, què que vous m' voulez,* etc.

Quant aux expressions et aux tournures par trop marotiques ou rabelaisiennes de la marquise, nous les traduirons avec bienséance.

La douairière était une petite vieille, sèche et bien droite, mise avec une recherche extrême, et toujours parfumée *d'eau arménienne.* Elle portait ses cheveux crêpés et poudrés à la maréchale, et avait sur la joue une ligne de rouge qui doublait l'éclat de ses grands yeux noirs, très-hardis et très-brillants encore, malgré son âge. Elle s'appuyait sur une petite canne d'ivoire à pomme d'or, et puisait de temps à autre, une prise de tabac d'Espagne dans une tabatière ornée de chiffres et de médaillons.

Zerbinette, un peu plus grande que sa maîtresse et aussi maigre qu'elle, portait ses cheveux blancs en papillottes, et était vêtue avec une simplicité élégante.

— Zerbimette, dit la douairière après s'être retournée pour regarder celui des deux valets de pied qui avait abaissé le marchepied, *què que* c'est donc que c' beau grand garçon-là? *j' cràis bien n' l'avoir* point encore vu dans mon antichambre !

— Ça se peut, Madame... c'est un des derniers venus de Paris.

— Mais c'est qu'il est drûment et fièrement tourné, ce gars-là, reprit la douairière. Dis donc, Zerbinette, as-tu vu *c'te* carrure? c'est étonnant... Les beaux laquais, ça m' rappelle toujours... et la marquise s'interrompit pour prendre une pincée de tabac d'Espagne. Les beaux laquais, ça me rappelle toujours c'te petite diablesse de baronne de Montbrison...

— Madame la marquise fait confusion... c'étaient des gardes-françaises...

— T'as ma foi raison, ma fille... c'est si vrai, que le duc de Biron, leur colonel... Te rappelles-tu M. de Biron?

— Je le crois bien, Madame... c'est vous qui avez eu l'étrenne de sa petite maison du boulevard des Poissonniers... et, pour ce premier rendez-vous... vous aviez voulu vous habiller en Diane chasseresse comme dans votre beau portrait au pastel... et, sous ce costume... vous étiez jolie... ah! mais jolie à plaisir... quelle taille mince... quelles épaules blanches... quels yeux brillants !...

— C'est ma foi vrai, ma fille, j'avais tout ça... et j'ai fait *bon-user* de ce que le bon Dieu m'avait donné : mais, pour en revenir à M. de Biron... qui me trouvait si belle en Diane chasseresse, je ne sais pas si c'est le souvenir d'Actéon qui lui a porté... malheur à ce pauvre duc; mais, quinze jours après notre arrangement, les *sonneux* et les *piqueux* de mon petit-fils auraient pu s'y tromper et crier *taïaut* sur ce cher Biron : tant il y a que, pour en revenir à mon histoire, tu as raison, Zerbinette... au vis à vis de cette petite diablesse de baronne de Montbrison ; c'étaient si bien des gardes-françaises, que M. de Biron, leur colonel, s'est allé plaindre au roi de ce qu'on mésusait de son régiment. « Je n'entends point ça du tout, a répondu ce bon prince, je tiens à mes gardes-françaises, moi; Montbrison a eu bien assez d'argent de sa femme pour lui acheter un régiment... »

— Malheureusement, Madame, M. de Montbrison n'était pas capable de cette galanterie-là ; mais pour ce qui est des grands laquais, Madame voulait parler de la présidente de Lunel... de...

— *Lunel...*, dit vivement la douairière en interrompant sa suivante et en jetant les yeux autour d'elle comme pour rappeler ses souvenirs, *Lunel ?*... Dis donc, nous sommes bien ici dans l'allée du Connétable..., hein ! Zerbinette ?

— Oui, Madame...

— Pas loin de la roche du Grand-Sire ?

— Non, Madame...

— C'est ça même... Eh bien ! te rappelles-tu l'histoire de l'orfraie ?

— L'histoire de l'orfraie ? Non, Madame...

— De l'orfraie et de ce pauvre président de Lunel ?

— Tout ce que je me rappelle, c'est que M. le président était jaloux comme un possédé de M. le chevalier de Bretteville... et il y avait de quoi. Aussi, ça amusait toujours Madame de les inviter tous les deux ensemble au château...

— Justement, ma fille... voilà pourquoi je te parle de l'histoire de l'orfraie.

— Par ma foi, Madame, que je devienne chèvre, si je sais ce que vous voulez dire avec votre orfraie.

— Ah ! Zerbinette... Zerbinette, tu vieillis.

— Hélas !... Madame.

— Dis donc, ma fille, autant nous promener d'un côté que de l'autre... n'est-ce pas ? Allons du côté de la roche du Grand-Sire... De revoir cette pauvre chère vieille roche... ça me rajeunira de... Voyons, de combien, Zerbinette ? ajouta la marquise, en aspirant sa prise de tabac d'Espagne, car ce pauvre Lunel... et le chevalier, c'était en ?...

— Octobre 1779, dit Zerbinette, avec la précision de mémoire d'un comptable.

— Ça me rajeunira donc... comme qui dirait de soixante et quelques années, ça en vaut la peine. Allons à la roche du Grand-Sire.

— Soit, Madame, mais n'êtes-vous pas fatiguée?

— J'ai mes jambes de quinze ans, ma fille, et en tout cas tu portes mon pliant.

XII

Les deux octogénaires suivirent à pas lents la route qui conduisait à la roche du Grand-Sire.

Zerbinette, s'adressant à sa maîtresse :

— Ah çà! Madame, et l'orfraie?

— Tu te souviens combien le président de Lunel était jaloux du chevalier? Je lui dis un jour : « Sigismond, voulez-vous que nous jouions un fameux tour au chevalier? — J'en serais ravi, marquise. — Mais il faut pour cela, Sigismond, que vous sachiez imiter le cri de l'orfraie en perfection. «A ces mots, tu juges, ma fille, de la figure du président; il me déclare qu'il a bien, dans sa vie, outrageusement crié à la grand'chambre, où il a son *mortier*, mais sans prétendre pour cela imiter plus particulièrement un cri qu'un autre. «Eh bien! apprenez celui-là, Sigismond, et quand vous le saurez... nous rirons fort de ce pauvre chevalier. — Dès ce soir, marquise, reprend le président, je m'en vais étudier... Dieu merci! les orfraies ne manquent point dans ces bois. »

— Bien, Madame, dit Zerbinette, je commence à me rappeler, mais vaguement; je vous en prie, continuez...

— Quand le président est sûr de son cri, je prends jour avec le chevalier... je lui donne rendez-vous entre chien et loup... ma foi, tiens! quelque part par ici... je le devance, en compagnie du président, que je colloque dans une manière de caverne que tu verras là-bas, à la roche du Grand-Sire. «Maintenant, Sigismond, lui dis-je, écoutez-moi bien : le chevalier va venir ; vous allez compter *mille* pour lui donner le loisir de me soupirer son martyre... pendant le temps que je compterai *mille* comme vous... mais, dans les environs de neuf cent quatre-vingt-dix-huit, j'aurai l'air de m'attendrir à l'endroit du chevalier... C'est alors que vous pousserez vos cris d'orfraie. — Divin, marquise! divin! — Écoutez-moi donc, mauvais garçon... Ah! mon Dieu, la vilaine bête, que je dirai au chevalier, je suis superstitieuse à l'excès... Courez au château chercher un fusil pour tuer cet affreux oiseau, et après... nous verrons. Le chevalier s'en courra... et moi, cher Sigismond, je viendrai vous trouver... dans la grotte. — Marquise, vous êtes le démon le plus charmant... — Vite, vite, voici le chevalier,» et le pauvre Lunel de se colloquer dans son trou et de commencer à compter 1, 2, 3, 4, etc., pendant que je viens rejoindre le chevalier.

— Bon, Madame, dit Zerbinette en riant comme une folle, je vois d'ici la figure de ce cher président, comptant scrupuleusement 1, 2, 3, 4, etc., pendant que le chevalier était auprès de vous.

— Tout ce que je peux te dire, ma fille, c'est que j'étais convenue avec ce pauvre Lunel de ne m'adoucir pour le chevalier que dans les environs de 998... et, ma foi!... je n'avais pas compté 10... que je ne comptais plus du tout. Et, pendant ce temps-là, le président, qui avait fini son 1,000, faisait l'orfraie de toutes ses forces avec des cris si aigus, si étranges, si sauvages... que le chevalier m'en parut tout à coup si extrêmement incommodé, que je dis à ce pauvre garçon, pour le consoler de son inconvénient : *C'est la maudite orfraie!... c'est l'orfraie!*

Il est impossible de rendre l'accent avec lequel la douairière prononça ces derniers mots : *c'est l'orfraie!* en aspirant sa prise de tabac pendant que Zerbinette riait aux éclats.

« — Courez vite au château chercher un fusil, dis-je au chevalier, reprit la marquise, il me faut la vie de cette vilaine bête... de cette abominable orfraie, je veux la déchirer de mes propres mains... Courez, je vous attends. — Bon Dieu ! marquise, que voilà un étrange caprice ! et puis la nuit va devenir noire, vous aurez peur? — Bah! chevalier, je ne suis point poltronne... courez au château... et revenez tôt... » Il était temps, ma fille, car lorsque j'ai été retrouver ce pauvre président, la voix lui manquait, il commençait à crier comme une orfraie qu'on étrangle... Heureusement la voix lui est revenue vite...

— Quelle bonne histoire, Madame!.. et quand le chevalier est revenu ?

— Il nous a trouvés, le président et moi, à peu près à cette place où nous voici. « Arrivez donc, chevalier, lui ai-je crié de loin ; sans le président, que je viens de rencontrer par hasard, je mourais de peur. — Je vous l'avais bien dit, marquise, reprit ce bel *Alcandre;* et l'orfraie? s'écria-t-il en brandissant son fusil d'un air de farouche rancune, et l'orfraie? — Ma foi, chevalier, je crois bien que je lui ai fait peur, car elle s'est tue quand j'ai rencontré la marquise, répondit le président; mais à propos, mon cher chevalier, ajouta innocemment le pauvre Lunel, savez-vous que ce cri-là annonce toujours quelque inconvénient? et en disant ces mots d'un ton prodigieusement malicieux, le président me serra le coude gauche. — En effet, mon cher président, j'ai toujours ouï dire que ce cri pronostiquait fort mal, » riposta le chevalier d'un air non moins narquois en me serrant le coude droit. Plus tard, quand je me suis affolée de cet impertinent petit comédien de Clairville, nous avons bien ri de l'aventure avec le président et le chevalier, à qui j'ai tout dit alors... Aussi, bien longtemps, parmi les gens de notre société : *c'est l'orfraie!* est resté comme une manière de proverbe. Quand les hommes...

— Je comprends, Madame, mais, hélas!... du temps de *l'orfraie*... c'était le bon temps... alors.

— Laisse-moi donc tranquille, Zerbinette, avec tes *hélas!..* ça sera encore le bon temps.

— Et quand cela, Madame?

— Eh pardi! dans l'autre monde! C'est ce que je me tuais toujours à dire à ce gros joufflu d'abbé Robertin, qui, par parenthèse, était goulu comme une dinde, et se serait fait fouetter pour ces belles truffes blanches du Piémont que m'envoyait ma cousine Doria. « Allons, madame la marquise, me répondait l'abbé en s'empiffrant, vaut encore mieux croire à cette immortalité-là qu'à rien du tout. » C'est pour te dire, ma fille, qu'aux *Champs Élysiens* je retrouverai mes seize ans fleuris... *et tout ce qui s'ensuit*, pour m'en servir encore, et toujours ainsi jusqu'à la fin des siècles...

— Amen!.. et que le bon Dieu vous entende, Madame, reprit Zerbinette d'un air béat. Seize ans, c'est si joli.

— C'est ce que je me disais avant-hier, en regardant mon petit-fils... Pendant la chasse, quel entrain, quelle ardeur! Était-il animé! quelle belle jeunesse... hein! ma fille?

— Un vrai *Chérubin pour chanter la romance à Madame*, reprit Zerbinette, qui savait son Beaumarchais; aussi je crois bien que certaine vicomtesse...

— Zerbinette, s'écria la douairière en interrompant sa suivante, tiens, voilà la roche du Grand-Sire... C'est, niché dans ce trou-là... que ce pauvre président faisait l'orfraie.

— Pour Dieu! Madame, n'approchez pas davantage... c'est comme une caverne... il peut y avoir des bêtes là-dedans...

— J'aurais pourtant bien voulu y entrer pour me reposer.

— Vous n'y songez pas, Madame... ça doit être humide comme une cave...

— C'est vrai, ma fille... eh bien! place mon pliant... adossé à ce chêne... bien au soleil... c'est cela... à merveille. Et toi, Zerbinette, où t'assiéras-tu?

— Là... sur cette roche, Madame... c'est un peu près de la caverne, mais enfin...

— A propos... qu'est-ce que tu me disais donc de la vicomtesse ?

— Je disais, Madame, qu'elle voudrait, je crois bien, être la *belle marraine de Chérubin*

— De Raoul ?

— Ma foi... Madame, c'est toujours : monsieur Raoul, mon chapeau ; monsieur Raoul, mon ombrelle... toujours monsieur Raoul... Hier encore... quand on a voulu effrayer M. Raoul, c'est madame la vicomtesse qui s'est proposée pour lui faire peur... et j'ai bien vu...

— Tu as vu... tu as vu... que tu ne voyais rien du tout, ma fille... La vicomtesse veut tout bonnement, en paraissant s'occuper d'un enfant sans conséquence, donner le change à son imbécile de mari, pour qu'il ne s'effarouche ni ne se cabre point, lorsque M. de Monbreuil, l'amant de la vicomtesse, arrivera ici, car je l'ai invité, ce garçon ; il n'y a rien qui vous égaye un château comme quelques couples gentiment appareillés... aussi, moi, j'en invite tant que j'en trouve dans ma société ; ces amoureux... c'est gai, c'est chantant, c'est grouillant comme les pierrots au mois de mai... Rien qu'à les voir, ça me met la joie au cœur et le feu à mes souvenirs... Et ces bêtas de maris... ces figures !.. C'est pour te dire, ma fille, que tu as vu de travers à l'encontre de la vicomtesse.

— Je comprends... M. Raoul est pour elle... *un manteau.*

— Pas autre chose, et j'en ai prévenu mon petit-fils ; il aurait pu s'y laisser d'autant plus prendre, l'innocent, que la vicomtesse est charmante.

— Innocent !.. innocent ! reprit Zerbinette en hochant la tête, pas déjà tant, Madame ; car M. Raoul est comme Chérubin... son amour pour une belle marraine à ce *bel oiseau bleu* ne l'empêcherait pas de lutiner Suzette...

— Cher enfant ! Vraiment, Zerbinette ?... Est-ce que parmi les femmes de la vicomtesse il y a quelque chose, qui vaille... qu'on le regarde ?

— La vicomtesse a amené ici une grande blonde aux yeux

noirs, qui vous a un air... Avec ça, blanche comme un cygne, dodue comme une caille, et faite au tour.

— Et tu crois que Raoul?..

— Eh! eh! Madame, c'est de son âge...

— Pardi! s'écria la marquise en prenant sa pincée de tabac. Mais, à propos de ça, reprit-elle après un moment de réflexion, toi qui sais tout... quoi que c'est donc qu'une manière de petite bourgeoise ou de grosse fermière qui vit encoqueluchonnée comme une ermitesse... dans c'te bicoque isolée qu'est sur la route de Pont-Brillant? tu sais ben? La maison est treillagée comme un mur d'espalier, avec une manière de porche tortillonné en bois rustique dans le goût de la niche aux daims que mon petit-fils s'amuse à élever dans les palis. Tu n'y es pas? Mon Dieu! que t'es donc sotte, Zerbinette! Nous sommes passées là, devant, il y a huit jours...

— Ah! je sais... Madame.

— Eh bien, cette ermitesse... comment qu' ça se nomme?

— Madame Bastien, Madame.

— Què que c'est que ça, madame Bastien?

— Madame, dit vivement Zerbinette sans répondre à sa maîtresse, vous n'avez pas entendu?

— Quoi?

— Là... dans cette manière de caverne.

— Eh bien?

— On dirait qu'on a remué.

— Allons donc, Zerbinette, tu es folle; c'est le vent dans ces lierres.

— Vous croyez, Madame?

— Certainement; mais, réponds-moi donc, què que c'est que c'te madame Bastien?

— C'est la femme à un revendeur de propriétés, comme qui dirait un homme de la *bande noire*, ou approchant.

— Ah! le vilain gueux; c'est cette bande-là qui a mis le marteau dans mon pauvre châtelet de Saint-Irénée, en Normandie... un bijou de la renaissance; ils n'en ont pas laissé pierre sur pierre... Mais ma foi, heureusement, mon fils m'a donné le régal de bâtonner un de ces gredins-là !

— Un des hommes de la bande noire, Madame ?

— Certainement... figure-toi que nous allions visiter ma terre de Francheville, où je n'avais pas mis les pieds depuis six ans ; le marquis me dit : « Ma mère, passons donc par Saint-Irénée, nous verrons ce qu'il en reste. » (Les jacobins nous l'avaient confisqué, ce pauvre cher petit châtelet, et il était retombé dans le domaine national, comme disaient ces abominables scélérats.) Nous arrivons... à Saint-Irénée, et nous trouvons... table rase... sauf l'orangerie, où une de ces mauvaises bêtes de proie de démolisseurs s'était terrée... Son méchant sort veut qu'il se trouve là quand nous descendons de voiture sur l'emplacement du châtelet... Nous étions, comme tu le penses, mon fils et moi, dans le feu de notre colère. « Monsieur, dit le marquis à cet homme, pourriez-vous m'apprendre quelles sont les bêtes brutes qui ont eu l'infamie de raser le châtelet de Saint-Irénée, un des plus merveilleux monuments de la province ? — Ces bêtes brutes, c'est moi et mes associés, Monsieur... et vous... vous êtes un insolent de me parler ainsi, répond cet animal à mon fils avec un accent charabia qui empestait son Auvergnat d'une lieue. » Tu sais que le marquis était vif comme la poudre, fort comme un Turc et brave comme un lion ; il vous applique alors à mon démolisseur une volée de coups de canne... Ah ! ma fille, quels coups de canne jubilants ! Il me semble que j'ai la volupté de les entendre encore tomber et retomber sur le gros dos de ce charabia. » Nous allons nous battre à mort ! à bout portant ! criait cet imbécile en se frottant les reins. Vous avez été insolent, je vous ai donné des coups de bâton ; partant quitte, lui répondit le marquis. Quant à me battre avec vous, j'ai fait mes preuves, et je ne me commets point avec un drôle de votre espèce, » et là-dessus...

— Madame, s'écria Zerbinette en interrompant encore sa maîtresse, je vous assure qu'on a remué dans la caverne...

— Ah çà ! finiras-tu avec tes effrois ? tu m'impatientes à la fin.

— Mais, Madame...

— Que diable veux-tu qu'il y ait là dedans? des voleurs?

— Ma foi, Madame... cette forêt...

— Eh bien, ma fille, rappelle-toi la vieille chanson.

Et la marquise fredonna de sa voix chevrotante :

— *Cher voleur, disait Suzon.*

— *Cher voleur, disait Marton.*

XIII

— Mais va, ma fille, nous n'aurons pas cette aubaine, et pour en revenir à mon histoire de coups de bâton, je te dirai qu'après la bastonnade, mon fils et moi nous remontons en voiture, pendant que notre courrier et nos deux valets de chambre tenaient en respect ce mauvais homme de la bande noire, et puis, fouette, postillon... Les six chevaux de notre berline repartent comme le vent... et ni vu, ni connu... le charabia.

— Se battre... avec M. le marquis, dit Zerbinette, rassurée par le courage de sa maîtresse ; il n'était pas dégoûté, ce bourgeois.

— Ainsi, pour en revenir à notre ermitesse de la bicoque, son honnête mari est donc de la même et abominable séquelle que l'homme aux coups de bâton?

— Oui, Madame... mais on ne le voit presque jamais... il est toujours voyageant... de ci... de là...

— Ah!.. il n'est jamais chez lui?.. Mais sais-tu, Zerbinette, c'est que ça se trouverait joliment bien, ça! reprit la douairière en réfléchissant.

Puis elle ajouta :

— Dis-moi, ma fille... est-ce que c'est vrai qu'elle est jolie... cette petite... Comment l'appelles-tu ?

— Bastien...

— Cette petite Bastien ?

— Belle comme le jour, Madame... Tenez, vous vous rappelez madame la maréchale de Rubempré ?

— Oui... et cette petite...

— Est aussi belle... si ce n'est plus.

— Et ça a de la taille ?..

— Une taille de nymphe.

— C'est bien ce que Raoul m'a rabâché quand il l'a eu rencontrée dans les champs... Mais qu'est-ce que c'est qu'un grand dadais de garçon, jaune comme un coing, qui était avec elle ? A ce que m'a dit Raoul, quelque flandrin de frère, probablement ? Alors pour qu'il ne gêne point (et la marquise prit son tabac), on pourrait vous fourrer ça au château, dans les bureaux de l'intendant, avec douze ou quinze cents livres de gages.

— Ah !.. pour le coup, Madame... s'écria Zerbinette en se levant très-effrayée et regardant du côté de la caverne avec épouvante, on a remué... avez-vous entendu ?

— Oui, j'ai entendu, répondit l'intrépide douairière, eh bien, après ?

— Ah ! Madame... venez, sauvons-nous vite !..

— Laisse-moi donc tranquille.

— Mais, mon Dieu, Madame... ce bruit ?..

— Hé ! hé ! reprit la marquise en riant, c'est probablement l'âme de ce pauvre président qui revient compter 1, 2, 3, 4, etc. Allons, rassieds-toi là et ne m'interromps plus, ou sinon...

— Ah ! Madame... vous êtes toujours un vrai dragon pour le courage.

— Pardi ! beau courage ! quelque bête de nuit, quelque orfraie qui est à voleter dans ce trou...

— Enfin, Madame... ça n'est pas rassurant.

— Voyons, réponds-moi, qu'est-ce que c'est que ce flandrin de garçon que Raoul a rencontré avec cette petite Bastien... c'est un frère, hein?

— Non, Madame... c'est son fils.

— Allons donc, son fils ; mais alors...

— Elle s'est mariée très-jeune, et elle est si admirablement conservée qu'elle ne paraît pas avoir plus de vingt ans, Madame...

— C'est ça, Raoul y a été pris, car il m'a dit : « Grand'mère, figure-toi des yeux bleus longs de ça, une taille à tenir entre les dix doigts, une figure de camée... et vingt à vingt-deux ans au plus... Seulement, a ajouté ce cher enfant, elles sont si peu habituées aux gens de bonne compagnie, ces bourgeoises, que celle-là a ouvert ses grands yeux tout grands, ayant l'air de me regarder comme un phénomène, parce que je lui rapportais poliment son mantelet que j'avais ramassé. — Mais, innocent, ai-je dit à Raoul, puisqu'elle était si jolie, cette petite, et qu'elle te regardait avec de si grands yeux, au lieu de lui rendre son mantelet, il fallait le garder et aller le lui reporter chez elle... ça t'aurait fait entrée... de jeu. — Mais, grand'mère, m'a risposté ce cher enfant avec tout plein de bon sens, ce n'est qu'en lui rapportant son mantelet que j'ai vu qu'elle était si jolie. »

— C'est égal, Madame, M. Raoul aurait pu retourner chez la petite Bastien deux ou trois jours après... elle aurait été ravie de recevoir M. le marquis, quand ça n'eût été que pour faire crever de rage toute la *bourgeoiserie* du pays.

— C'est ce que je lui ai dit, à ce cher enfant !.. Mais il n'a pas osé.

— Un peu de patience, Madame... Il faudra bien qu'il ose.

— Dis donc, ma fille... reprit la douairière après un assez long silence et en aspirant lentement et d'un air méditatif sa prise de tabac d'Espagne, sais-tu que, plus je songe à cette petite Bastien, plus je trouve que, pour toutes sortes de raisons, ça serait charmant pour ce cher enfant, et que, si ça se pouvait, ça serait une fameuse trouvaille ?

— J'allais vous le dire, Madame.

— Aussi, ma foi, faut-il battre le fer pendant qu'il est chaud, répondit la douairière, après de nouvelles réflexions. Quelle heure est-il, Zerbinette?

— Quatre heures et demie, Madame, répondit la suivante en regardant à sa montre.

— Très-bien... nous aurons le temps. Ce matin, quand il est parti pour aller passer la journée à Boncour, chez les Mérinville, j'ai promis à Raoul d'aller au-devant de lui par l'étang des Loges... sur les cinq heures; allons, Zerbinette... en route, je veux tout de suite chapitrer Raoul à l'endroit de cette petite Bastien.

— Mais, Madame, vous oubliez que M. Raoul a renvoyé son palefrenier pour vous dire qu'en partant de Boncour il irait faire une visite au Montel, et qu'il ne reviendrait au château que sur les sept heures pour dîner.

— Tiens... c'est ma foi vrai, ma fille, je n'y pensais plus... car sa route, à ce cher enfant, pour revenir du Montel, est par la cavée de la Vieille-Coupe... J'aurais une peur de loup dans la descente... car je suis devenue poltronne en voiture, et puis d'ailleurs il n'est que quatre heures et demie... il faudrait aller trop loin au-devant de mon petit-fils... je le *sermonnerai* aussi bien ce soir au sujet de l'ermitesse...

— Et puis, Madame, le soleil baisse, et le froid du soir vous est mauvais.

— Allons, Zerbinette... ton bras... Mais laisse-moi donc encore une fois la regarder, c'te pauvre roche du Grand-Sire.

— Oui, Madame; mais, pour Dieu! n'approchez pas trop près!

Malgré la recommandation de Zerbinette, la marquise s'avança, et, jetant un regard presque mélancolique sur ce site sauvage, elle dit :

— Ah! les roches... ça ne change pas... La voilà bien comme il y a soixante et tant d'années...

Puis, après un moment de silence, et s'adressant gaiement

à Zerbinette, qui se tenait prudemment à l'écart, la marquise ajouta :

— Dis donc, ma fille?

— Madame?

— Cette bonne histoire de l'orfraie m'a mise en goût de me souvenir. J' crais ben que ça m'amuserait de griffonner comme qui dirait nos mémoires *..

— Ah! Madame, la bonne idée !

— Ça servirait à l'instruction de mon petit-fils, ajouta la douairière en riant aux éclats, hilarité que partagea Zerbinette.

Pendant quelques moments encore l'on entendit, au milieu du silence de la forêt, le bruit du rire chevrotant des deux octogénaires.

Lorsque le bruit eut cessé tout à fait, Frédérik, livide, effrayant, sortit des ténèbres de la grotte où il était caché, et d'où il avait entendu l'entretien de la marquise douairière de Pont-Brillant et de Zerbinette.

XIV

Frédérik, jusqu'alors pur et chaste, élevé sous l'œil maternel, avait plutôt pressenti que compris les odieux projets de la douairière et de sa suivante au sujet de madame Bastien, qu'elles voulaient, dans leur naïf cynisme, donner, si cela se

* Peut-être donnerons-nous un jour à nos lecteurs le *Don Juan féminin*, ou *Mémoires de la marquise de Pont-Brillant*.

pouvait, pour maîtresse à Raoul de Pont-Brillant; en effet, à leurs yeux, c'était *une fameuse trouvaille,* comme avait dit la marquise, que cette charmante et honnête bourgeoise, qui demeurait à proximité du château, dont le mari était presque toujours absent; sans compter que l'on pourrait, pour qu'il *ne fût point gênant,* placer le fils de la jeune femme dans les bureaux de l'intendant du château avec quelques bons gages.

L'impression que cet entretien laissait à Frédérik était donc la conviction plus instinctive que raisonnée qu'il s'agissait d'un dessein infâme dont sa mère se trouvait l'objet, et que le soir même le jeune marquis, devant avoir connaissance de ce projet, s'en rendrait nécessairement complice, pensait le fils de madame Bastien.

A ces nouveaux et redoutables sentiments se joignait, chez l'adolescent, le souvenir de cet homme exerçant la même profession que son père à lui, Frédérik, et qui, *bâtonné* par le jeune marquis, avait été dédaigneusement repoussé lorsqu'il avait demandé une réparation par les armes.

— Il en serait ainsi de moi, se dit Frédérik avec un sourire farouche; Raoul de Pont-Brillant aura méprisé ma provocation... à moins qu'il ne soit parti ce matin avant de l'avoir reçue... Heureusement la nuit approche... le marquis revient seul... et je connais la cavée de la *Vieille-Coupe.*

Et Frédérik, prenant son fusil, se dirigea rapidement vers une autre partie de la forêt.

La cavée de la Vieille-Coupe, route obligée de Raoul de Pont-Brillant pour se rendre chez lui en revenant du château du Montel, était une sorte de chemin creux, profondément encaissé, aux revers très-élevés et plantés d'énormes sapins d'Écosse, dont les cimes formaient, au-dessus de la cavée, un dôme si impénétrable, qu'en plein jour il y faisait très-sombre.

Ce soir-là, au moment où le soleil venait de disparaître, il régnait déjà dans ce ravin une grande obscurité : toute forme y paraissait indécise; deux hommes, se rencontrant face à face dans cet endroit, n'auraient pu de l'un à l'autre distinguer leurs traits.

Il était environ six heures du soir.

Raoul de Pont-Brillant, seul (il avait, on l'a dit, renvoyé son groom au château pour avertir la marquise d'un changement de projets), Raoul entra au pas de son cheval dans la cavée, dont les ténèbres lui furent d'autant plus sensibles qu'il venait de quitter une route encore éclairée des dernières lueurs crépusculaires.

Au bout de vingt pas, cependant, sa vue, déjà familiarisée avec les ténèbres, lui permit d'apercevoir vaguement devant lui une forme humaine debout, immobile au milieu du chemin.

— Holà! hé! cria-t-il, rangez-vous donc... d'un côté ou de l'autre de la route.

— Un mot! monsieur le marquis de Pont-Brillant, dit une voix.

— Que voulez-vous? répondit Raoul en arrêtant son cheval et se penchant sur sa selle, afin de tâcher de reconnaître les traits de son interlocuteur; mais, ne pouvant y parvenir, il reprit :

— Qui êtes-vous? Que voulez-vous?..

— Monsieur de Pont-Brillant, répondit la voix, avez-vous, ce matin, reçu une lettre qui vous donnait rendez-vous à la roche du Grand-Sire?

— Non... car j'ai quitté Pont-Brillant à huit heures... Mais, encore une fois, qu'est-ce que tout cela signifie? Qui diable êtes-vous?

— Je suis celui qui vous a écrit la lettre de ce matin.

— Eh bien! mon ami, vous pouvez...

— Je ne suis pas votre ami, interrompit la voix, je suis votre ennemi.

— Vous dites? s'écria Raoul avec surprise et une légère émotion.

— Je dis que je suis votre ennemi.

— Vraiment! reprit Raoul d'un ton railleur, sa première

surprise passée, car il était naturellement fort brave; ça devient amusant... Et comment vous nommez-vous, monsieur mon ennemi?

— Peu vous importe mon nom...

— Soit. Eh bien! donc, mon cher, pourquoi diable m'arrêtez-vous ainsi à la tombée de la nuit, au milieu de la route? Ah! mais, j'y pense, vous m'avez écrit?

— Oui.

— Pour me dire... quoi?

— Que vous seriez un lâche... si...

— Misérable!... s'écria impérieusement Raoul en interrompant Frédérik et en poussant son cheval sur lui.

Mais le fils de madame Bastien, frappant le chanfrein du cheval avec le canon de son fusil, le força de s'arrêter.

Raoul, d'abord un peu effrayé, mais surtout impatient de savoir où en voulait venir l'inconnu, se calma et reprit avec un sang-froid railleur :

— Vous disiez donc, monsieur mon ennemi, que vous m'aviez fait l'honneur de m'écrire?

— Oui, pour vous dire que, si vous n'étiez pas un lâche, vous vous rendriez aujourd'hui à la roche du Grand-Sire, seul, avec votre fusil chargé à balle, comme je viendrais seul avec le mien.

Après un nouveau mouvement de surprise, le marquis répondit :

— Et puis-je vous demander, mon cher, ce que nous aurions fait là, tous deux seuls, avec nos fusils?

— Nous nous serions placés à dix pas, et nous aurions fait feu l'un sur l'autre...

— Peste! comme vous y allez! Et dans quel but nous serions-nous livrés à cette distraction innocente, monsieur mon ennemi?

— Je vous aurais tué... ou vous m'auriez tué...

— Probablement... à dix pas... ou nous aurions été bien maladroits; mais ce n'est pas le tout que de vouloir tuer les gens, mon cher, il faut au moins leur dire pourquoi?

— Je veux vous tuer... parce que je vous hais.

— Ah bah !

— Ne raillez pas, monsieur de Pont-Brillant... ne raillez pas...

— C'est difficile... enfin... je vais tâcher. Allons, c'est dit, vous me haïssez, et pour quelle raison ?

— Mon nom vous importe aussi peu que le sujet de ma haine.

— Vous croyez ?

— Je le crois.

— A la bonne heure... Je suis, comme vous le voyez, bon prince, assurément... C'est donc convenu... vous me haïssez... Eh bien ! après ?

— Vous me tuerez... ou je vous tuerai...

— Ah çà ! mais... il paraît que... décidément... c'est une idée fixe ?..

— Monsieur de Pont-Brillant, c'est idée est tellement fixe, que je vais la mettre à exécution... à l'instant.

— Mon cher... ma grand'mère m'a promis de me conduire cette année au bal de l'Opéra pour la première fois... Eh bien! je suis sûr que je n'y serai pas aussi intrigué que je le suis par vous...

— Je vous disais, monsieur de Pont-Brillant, que nous allions nous battre à l'instant même.

— Ici... dans cette cavée ?

— Ici...

— Sans y voir clair ?

— Il n'y a pas besoin d'y voir clair.

— Et avec quoi, nous battre ?

— Avec mon fusil.

— Un seul fusil ?

— Oui.

— C'est curieux. Et comment cela ? voyons, mon cher ?

— Vous allez descendre de cheval.

— Et puis ?..

— Vous ramasserez quelques cailloux du chemin...

— Des cailloux ?.. reprit Raoul en éclatant de rire, comment, des cailloux?.. Ah çà! maintenant, c'est donc à coups de pierres que nous allons nous battre? Au fait... c'est moins tragique que le fusil..... c'est dans le goût du combat de David et de Goliath..... Vous possédez donc des frondes, vous, mon cher? Mais le dommage est que nous n'y verrons goutte!..

— Je vous disais, monsieur de Pont-Brillant, que vous ramasseriez deux ou trois cailloux du chemin... vous les mettrez dans votre main fermée...

— J'y suis : pour jouer à pair ou non?

— L'obscurité n'empêche pas de compter les cailloux... le gagnant prendra le fusil... l'appuira sur la poitrine de l'autre... et fera feu... Vous voyez bien, monsieur de Pont-Brillant, qu'il n'y a pas besoin de voir clair pour cela...

L'accent de Frédérik était si bref, si résolu, sa voix si altérée, que d'abord le marquis, sans pouvoir s'expliquer cette aventure étrange, l'avait regardée comme sérieuse ; puis, se rappelant un incident de la soirée qu'il avait passée la veille dans le salon de sa grand'mère, il partit d'un grand éclat de rire, et s'écria :

— Ah! ma foi!.. la plaisanterie est excellente, je comprends tout, maintenant.

— Expliquez-vous, monsieur de Pont-Brillant.

— C'est bien simple. Hier soir, chez ma grand'mère, on contait des histoires de voleurs, d'attaques nocturnes... on en est venu à me plaisanter sur mon courage, j'ai répondu très-haut de ma bravoure, en un mot, j'ai fait un peu le *crâne;* or, ceci est une épreuve arrangée... pour m'essayer, car l'on savait qu'en revenant du Montel je prendrais nécessairement cette cavée; vous pouvez donc dire à ceux qui vous ont payé pour cela... que je me suis, je l'espère, assez galamment tiré de l'aventure, car, foi de gentilhomme, j'ai d'abord pris la chose au sérieux... Bonsoir, mon brave, laissez-moi passer, il se fait tard... et c'est à peine si j'aurai le temps d'arriver à Pont-Brillant pour m'habiller avant dîner...

— Monsieur de Pont-Brillant, ceci n'est pas une plaisanterie, ceci n'est pas une épreuve... Vous ne passerez pas, et vous allez mettre pied à terre.

— Allons !.. assez !.. dit impérieusement Raoul, vous avez gagné votre argent, ôtez-vous de là... que je passe...

— Pied à terre ! monsieur de Pont-Brillant !.. pied à terre !

— Eh bien ! donc, tant pis pour vous... si je vous marche sur le corps ! s'écria Raoul.

Et il poussa son cheval en avant.

Mais Frédérik, se jetant à la bride de l'animal, lui donna une violente saccade qui le fit arrêter court sur ses jarrets.

— Tu oses toucher à mon cheval... gredin ! s'écria Raoul en levant sa cravache et frappant au hasard ; mais elle siffla dans le vide.

— Ce coup de cravache... cet outrage, je le tiens pour reçu, monsieur de Pont-Brillant... Maintenant, vous seriez un misérable lâche si vous ne mettiez pas pied à terre... à l'instant.

Le marquis avait dit vrai. D'abord confondu de l'aventure, il avait ensuite cru que c'était une épreuve dont il était l'objet ; mais en entendant la voix âpre et sourde de Frédérik qui palpitait de rage contenue, il revint à sa première pensée, et comprit que la rencontre était sérieuse.

Nous l'avons dit, Raoul était naturellement brave, déjà rompu au monde comme un homme de vingt-cinq ans, et façonné, par l'exemple de sa grand'mère, à une hardie et insolente raillerie ; aussi, quoiqu'il lui fût impossible de deviner quel était l'inconnu et pourquoi cet inconnu le haïssait et le provoquait avec tant d'acharnement, Raoul répondit sérieusement cette fois, et avec un bon sens et une fermeté précoces :

— Écoutez-moi, vous, dont je ne vois pas la figure et qui cachez votre nom... vous m'avez insolemment provoqué, vous m'avez traité de lâche... j'ai voulu vous châtier comme on châtie un vagabond qui vous insulte au coin d'un bois... Malheureusement la nuit a égaré mes coups, mais l'intention vaut le fait. Tenez-vous donc pour châtié. Maintenant, si cela ne vous suffit pas, vous savez qui je suis : envoyez, demain, au château de Pont-Brillant, deux hommes honorables, si vous en connaissez... ce dont je doute, d'après vos procédés... Ces personnes se mettront en rapport avec deux de mes amis, M. le vicomte de Marcilly et M. le duc de Morville ; vos témoins, s'ils sont acceptables, feront connaître aux miens votre nom d'abord, s'il vous plaît, et la cause de la provocation que vous m'avez, dites-vous, adressée ce matin. Ces messieurs décideront alors entre eux de ce qu'il y aura lieu de faire. Quant à moi, je serai prêt à me rendre à leur décision... Voilà comment les choses doivent se passer entre gens bien élevés. Mon cher, si vous l'ignorez, je vous l'apprends...

— Pas de mots... des faits, monsieur de Pont-Brillant, dit Frédérik d'une voix haletante ; voulez-vous vous battre... ici... à l'instant, oui ou non ?

— Encore votre duel aux petits cailloux et au fusil ? répondit Raoul en regardant autour de lui, et tâchant de percer l'obscurité comme pour bien reconnaître l'endroit où il se trouvait ; ça devient fastidieux.

— Vous refusez ?

— Pardieu ! répondit Raoul qui, cherchant le moyen de mettre fin à cette rencontre, voulait gagner du temps et distraire l'attention de Frédérik : j'ai dix-sept ans... j'aime la vie, j'adore les plaisirs... et j'irais, sans savoir pourquoi, risquer de me faire tuer la nuit comme un chien dans un chemin creux ? Allons donc... parlez-moi d'un beau duel, au grand soleil, l'épée à la main... à la bonne heure... mais un guet-apens... et pour mon premier duel encore ? Vous êtes fou !

— Monsieur de Pont-Brillant, vous êtes à cheval, je suis à pied, la nuit est noire, je ne peux vous frapper à la figure ; mais l'intention vaut le fait, vous l'avez dit ; maintenant, vous battez-vous ?..

— Venez me demander cela demain... chez moi, au grand jour... je vous répondrai ou je vous ferai jeter à la porte.

— Monsieur de Pont-Brillant, prenez garde.

— A quoi ?

— Il faut que vous ou moi... restions ici...

— Ce sera donc vous... Et sur ce, bonsoir, mon cher, dit Raoul.

Et en disant ces mots, il enfonça soudain et vigoureusement ses éperons dans le ventre de son cheval, qui fit un bond énorme en se portant en avant comme s'il eût franchi un obstacle, et, de son poitrail, heurta si violemment Frédérik qu'il l'envoya rouler à terre.

Lorsque le fils de madame Bastien, encore étourdi de sa chute, se releva, il entendit le galop du cheval de Raoul, qui s'éloignait rapidement.

Après un premier moment de stupeur, Frédérik réfléchit, poussa un cri de joie féroce, ramassa son fusil, gravit, en s'aidant du tronc des sapins, un des revers de la cavée, qui s'élevait presque à pic, et, courant avec rapidité, il s'enfonça dans la forêt, dont il connaissait tous les chemins et toutes les passées.

XV

Pendant que les événements précédents se passaient dans la forêt de Pont-Brillant, madame Bastien éprouvait d'horribles inquiétudes ; fidèle à la promesse que la veille elle avait faite à Frédérik, elle attendit longtemps avant d'entrer dans la chambre de son fils ; le croyant endormi, elle espérait qu'il trouverait quelque calme dans ce repos réparateur ; aussi, jusque vers environ une heure de l'après-midi, la jeune mère resta dans sa chambre, qui communiquait à celle de Frédérik, prêtant de temps à autre une oreille attentive, afin de tâcher de savoir si son fils dormait d'un sommeil paisible.

Marguerite, la vieille servante, entra chez madame Bastien pour lui demander quelques ordres.

— Parlez bas, et refermez bien doucement la porte, lui dit Marie à mi-voix, prenez garde d'éveiller mon fils...

— Monsieur Frédérik, Madame! répondit Marguerite ébahie, mais il est allé ce matin au point du jour chez le père André... avec son fusil.

Courir à la chambre de son fils et s'assurer de la vérité de l'assertion de sa servante... tel fut le premier mouvement de madame Bastien.

Frédérik en effet n'était plus là, et son fusil avait aussi disparu.

En rapprochant de cette dernière circonstance la mystérieuse disparition de Frédérik, la malheureuse mère sentit ses alarmes arriver à leur comble.

Évidemment, pensait-elle, son fils avait voulu se dérober aux explications qu'elle pouvait lui demander dans son étonnement de lui voir son fusil à la main ; et elle le savait trop accablé pour croire qu'il pût songer à la chasse.

Madame Bastien se rendit en hâte à la maison du père André, le jardinier, chez qui on avait vu entrer Frédérik au point du jour ; mais le jardinier était sorti depuis peu de temps.

Dans son ignorance du chemin qu'avait suivi son fils et de celui qu'il devait prendre à son retour, Marie se rendit à l'extrémité de la futaie, sur un petit tertre assez élevé, tâchant d'apercevoir au loin son fils dans la plaine au delà de laquelle commençait la forêt de Pont-Brillant.

Les heures s'écoulèrent, Frédérik ne parut pas.

L'on était, nous l'avons dit, dans les premiers jours de novembre.

Le soleil allait bientôt se coucher derrière de grandes masses de nuages brumeux, que de longues rayures rougeâtres séparaient du sombre horizon formé par le cime des bois déjà noyés d'ombre.

Madame Bastien, dont l'angoisse augmentait à mesure que le jour arrivait à sa fin, explorait en vain du regard les chemins sinueux et découverts qui serpentaient à travers les champs.

Soudain Marguerite, accourant vers la futaie, dit à sa maîtresse, du plus loin qu'elle l'aperçut :

— Madame... Madame... voici le père André, à qui M. Frédérik a parlé ce matin.

— Où est André ?

— Madame... je l'ai vu de loin... sur la route... où je guettais de mon côté.

Sans en entendre davantage, madame Bastien courut vers le chemin par où s'avançait le vieux jardinier, qui pliait sous le poids d'une énorme botte d'églantiers fraîchement arrachés.

Dès que madame Bastien fut à portée de voix du vieillard, elle s'écria :

— André... vous avez vu mon fils ce matin ?... Que vous a-t-il dit ? Où est-il ?

Avant de répondre à ces questions précipitées, André se déchargea péniblement de son faisceau d'églantiers qu'il déposa par terre; puis il répondit à sa maîtresse :

— En effet, Madame... ce matin, au point du jour, M. Frédérik est venu me trouver... pour des balles.

— Pour des balles ?

— Oui, Madame... pour me demander si j'avais du plomb pour fondre des balles... de calibre pour son fusil.

— Ah ! mon Dieu !... s'écria madame Bastien toute tremblante, des balles... pour son fusil ?

— Certainement, Madame ; et comme il me restait un bout de tuyau en plomb, j'ai fondu une demi-douzaine de balles pour M. Frédérik.

— Mais... dit la jeune mère d'une voix altérée en s'efforçant de chasser une idée folle... horrible, qui lui traversa l'esprit ; ces balles... c'était... c'était donc pour la chasse ?

— Bien sûr, Madame... car M. Frédérik m'a dit que Jean-François, vous savez, le métayer de la Coudraie?..

— Oui... oui, je sais... Ensuite?

— Jean-François a donc conté hier à M. Frédérik que voilà deux nuits de suite qu'un des sangliers de la forêt vient retourner de fond en comble son champ de pommes de terre... et comme ce soir la lune se lève de bonne heure, M. Frédérik m'a dit qu'il irait se mettre à un affût que Jean-François connaissait... et qu'il tuerait le sanglier.

— Mais c'est d'une imprudence horrible! s'écria madame Bastien qui ne faisait que changer d'appréhensions, Frédérik n'a jamais tiré de sanglier; s'il le manque, c'est jouer sa vie!

— N'ayez pas peur, Madame, M. Frédérik est bon tireur, et...

— Mon fils est donc à cette heure à la métairie de la Coudraie? demanda madame Bastien en interrompant le jardinier.

— Faut le croire, Madame, puisqu'il doit aller ce soir à l'affût avec le métayer.

Madame Bastien ne voulut pas en entendre davantage et s'éloigna précipitamment.

Le soleil baissait, déjà le disque rougeâtre de la lune, alors dans son plein, commençait de poindre à l'horizon...

La métairie de la Coudraie se trouvait à une demi-lieue; Marie s'y rendit en hâte, à travers champs, ne songeant pas, dans son inquiétude, à prendre même un châle et un chapeau.

A mesure que le soleil disparaissait, la lune, encore voilée par la brume du soir, s'élevait lentement au-dessus de la masse noire des grands bois, et jetait assez de clarté pour qu'on y vît presque autant qu'en plein jour.

Bientôt Marie aperçut à travers un taillis de *marsaules,* dont était entourée la métairie, une lumière annonçant que le fermier était de retour des champs.

Un quart d'heure après, la jeune mère, toute haletante de sa course précipitée, entrait chez le métayer.

A la lueur d'une *bourrée* qui brûlait dans l'âtre, Jean-François, sa femme et ses enfants étaient assis autour de leur foyer.

— Jean-François, dit vivement madame Bastien, conduisez-moi vite, je vous en supplie, à l'endroit où est mon fils.

Puis, elle ajouta d'un ton de triste reproche :

— Comment avez-vous pu laisser un enfant de cet âge s'exposer à un pareil danger?... Mais enfin, venez, je vous en prie... venez... il doit être temps encore... d'empêcher cette horrible imprudence.

Le métayer et sa femme se regardèrent d'abord avec ébahissement, puis Jean-François reprit :

— Madame... excusez... mais je ne sais pas ce que vous voulez dire.

— Comment... vous ne vous êtes pas plaint hier à mon fils... de ce qu'un sanglier venait ravager votre champ depuis deux nuits?

— Oh! oh! les sangliers trouvent trop de glands en forêt cette année pour sortir sitôt... Madame... et, Dieu merci! jusqu'à présent, ils ne nous ont point fait de ravage...

— Mais, mon fils, vous ne l'avez donc pas engagé à venir tirer ce sanglier?

— Moi, Madame? jamais, au grand jamais, je ne lui ai parlé de sanglier.

— Aujourd'hui, vous n'avez pas donné rendez-vous à mon fils?

— Non, Madame...

A cette révélation, Marie resta un moment muette, accablée d'épouvante; enfin elle murmura :

— Frédérik a menti à André... Mais alors... ces balles... ces balles... mon Dieu! pourquoi donc faire?...

Le métayer, s'apercevant de l'inquiétude de madame Bastien, se crut en mesure de la rassurer, et lui dit :

— Il est vrai, Madame, que je n'ai pas parlé de sanglier à M. Frédérik; mais, si vous venez le chercher, je crois savoir où il est.

— Vous l'avez donc vu ?

— Oui, Madame.

— Où cela ? quand cela ?

— Madame sait bien la montée si rapide... qui est à un quart de lieue de la cavée de la Vieille-Coupe... en allant vers le château de Pont-Brillant, par la forêt ?

— Oui... oui... ensuite?...

— Eh bien ! Madame... à la nuit fermée, mais claire encore, je revenais par cette montée, lorsqu'à vingt pas de moi... j'ai vu M. Frédérik sortir d'un fourré et traverser cette route en courant. Seulement... il s'est arrêté un moment au sommet de la montée... comme pour écouter dans la direction de la sortie de la cavée, et puis il a gagné le grand taillis qui borde la route de l'autre côté ; même que c'est le brillant du fusil de M. Frédérik qui me l'a fait remarquer à travers la nuitée... et je me suis dit : Tiens ! voilà M. Frédérik avec son fusil, dans les bois de M. le marquis... c'est étonnant...

— Et y a-t-il longtemps de cela ?

— Ma foi, Madame, il y a bien une demi-heure, car la lune ne faisait encore que de pointer.

— Jean-François, dit précipitamment la jeune mère, vous êtes un brave et digne homme... Je suis dans une inquiétude mortelle, il faut que vous me conduisiez à l'endroit où ce soir vous avez vu mon fils...

Après avoir regardé madame Bastien avec compassion, le métayer lui dit :

— Tenez... Madame... je vois ce qui vous tourmente... et, dame... vous n'avez peut-être pas tort d'être inquiète...

— Achevez... achevez.

— Eh bien ! voilà le fin mot : vous craignez que M. Frédérik ne soit à l'affût, ce soir, dans le bois de M. le marquis, n'est-ce pas ? Moi, je le crois comme vous, Madame, et, franchement, il y a de quoi s'alarmer, car M. le marquis est aussi déchaîné contre les braconniers et aussi jaloux de son gibier que feu son père... ses gardes sont méchants en diable... et s'ils trouvaient M. Frédérik à l'affût, ma foi ça irait mal...

— Oui, c'est cela que je redoute, reprit vivement madame Bastien, quoiqu'une appréhension tout autrement terrible, quoique vague encore, vînt l'assaillir. Vous le voyez, Jean-François, ajouta-t-elle d'un ton suppliant, il n'y a pas un moment à perdre... il faut qu'à tout prix je ramène mon fils; venez... venez...

— Tout de suite, Madame, dit avec empressement le métayer, et il se dirigea vers la porte. Nous n'avons qu'à prendre le petit sentier dans les blés noirs, nous couperons au court, et nous serons dans un quart d'heure à la forêt...

— Merci de votre bonté, Jean-François, dit madame Bastien avec émotion, oh! merci... Marchez... je vous suis; partons vite...

— Mais, notre homme, dit la métayère à son mari au moment où il sortait, en prenant la *sente*, il faudra traverser la tourbière... et cette chère Madame, qui est chaussée *fin*, se mouillera terriblement et pourra *amasser* du mal.

— Jean-François, je vous en conjure, ne perdons pas un instant, dit madame Bastien.

Et s'adressant à la métayère :

— Merci, bonne mère, le vous renverrai tout à l'heure votre mari.

XVI

Lorsque Marie Bastien et son guide sortirent de la métairie, la lune, ayant dissipé la brume, brillait d'un vif éclat.

L'on apercevait à peu de distance les grandes masses noires des arbres de la forêt se découpant sur le sombre azur du ciel étoilé.

Le silence était profond.

Sur la terre durcie, l'on n'entendait que le bruit sonore et hâté des sabots de Jean-François.

Il se retourna bientôt et dit à la jeune femme en modérant sa marche :

— Pardon, Madame... je vas peut-être trop vite?

— Trop vite?... non, non, mon ami... vous n'irez jamais trop vite... Marchez... marchez, je peux vous suivre...

Et après un moment de silence, elle reprit en se parlant à elle-même :

— Ces balles... pourquoi faire? pourquoi ce mensonge? peut-être Jean-François dit-il vrai... Frédérik aura voulu aller à l'affût dans ces bois, et il se sera caché de moi... et pourtant, toute la journée d'hier il a été si sombre, si concentré, que je ne puis croire qu'il songe à la chasse... Depuis si longtemps il n'avait pas touché un fusil!...

Au bout de quelques instants de marche, s'adressant de nouveau à son guide :

— Quand vous avez vu mon fils, vous n'avez pas remarqué sa figure?

Et comme le métayer se retournait pour lui répondre, madame Bastien lui dit :

— Parlez-moi en marchant, ne perdons pas une minute.

— Dame! de loin et à la nuitée, je n'ai pu remarquer la figure de M. Frédérik, Madame...

— Sa démarche ne vous a pas paru brusque, agitée?

— Je ne peux pas trop vous dire, Madame; il a traversé la montée en courant pour entrer dans le taillis, où il s'est sans doute mis à l'affût; ça n'a pas duré longtemps...

— C'est vrai... je fais des questions folles, se dit la jeune mère. Comment cet homme aurait-il pu remarquer cela?...

Elle reprit tout haut :

— Et ce taillis où est entré mon fils... vous pourrez le reconnaître, Jean-François?

— Oh! très-facilement, Madame : il est à dix toises en avant du poteau des *Quatre-Bras*, qui marque la grande route du château.

— Mon Dieu! Jean-François... que le chemin est long!... Nous n'arriverons donc jamais?

— Encore... un demi-quart d'heure, Madame.

— Un demi-quart d'heure... mon Dieu!... murmura la jeune mère. Hélas!... il se passe tant de choses... en un demi-quart d'heure!

Marie et son guide continuèrent de s'avancer d'un pas précipité.

Plusieurs fois la jeune femme fut obligée d'appuyer ses deux mains contre sa poitrine pour comprimer la violence des battements de son cœur, qu'augmentait encore cette course haletante.

Déjà l'on apercevait très-distinctement les arbres de la lisière de la forêt.

— Madame, dit le métayer en s'arrêtant, nous voici aux ourbières... prenez garde... il y a des meulières profondes... t dangereuses... Voulez-vous que je vous aide?...

— Allez, allez, Jean-François; hâtez le pas, s'il est possible... e vous occupez pas de moi.

Et, d'un pas rapide et sûr, Marie traversa de périlleuses ondrières, où elle n'eût pas osé s'aventurer en plein jour.

Au bout de quelques minutes, elle reprit :

— Jean-François, quelle heure peut-il être?

— D'après la lune... il ne doit pas être loin de sept heures... Madame.

— Et une fois entrés dans la forêt... serons-nous loin du taillis?

— A cent pas... au plus... Madame.

— Vous entrerez dans ce taillis d'un côté, Jean-François, moi de l'autre, et nous appellerons Frédérik de toutes nos forces... S'il ne nous répond pas... ajouta la jeune femme en frissonnant, s'il ne nous répond pas... nous chercherons plus loin... car nous ne pouvons pas manquer de le trouver, n'est-ce pas, Jean-François?

— Certainement, Madame ; mais si vous m'en croyez, pour plus de prudence, nous n'appellerons pas M. Frédérik.

— Pourquoi cela?

— Nous pourrions, voyez-vous, Madame, donner l'éveil aux gardes de ronde... ils doivent être tous sur pied, car un clair de lune pareil semble fait exprès pour les *affûtiers*.

— Vous avez raison... nous chercherons mon fils... sans rien dire, répondit Marie en tressaillant.

Puis, cachant sa figure dans ses mains pendant une seconde, comme si elle voulait échapper à une horrible vision, elle s'écria :

— Ah !... je deviendrai folle !...

Elle se remit à marcher sur les pas de son guide.

Soudain, prêtant l'oreille et s'arrêtant brusquement :

— Jean-François, avez-vous entendu?...

— Oui... Madame... c'est encore loin.

— Quel est ce bruit?

— Ça vient par la sortie de la cavée... C'est le galop d'un cheval dans la forêt... C'est peut-être le garde général de M. le marquis... Il inspecte sans doute si les gardes font leur tournée.

Le métayer, homme robuste, avait marché si vite que, lorsqu'il atteignit enfin la lisière de la forêt, il suait à grosses gouttes, tandis que Marie frissonnait ; il lui semblait que tout son sang refluait vers son cœur... et s'y glaçait...

— Maintenant, Madame, nous allons prendre ce sentier sous bois, qui nous raccourcit de beaucoup...; car il nous mène droit au poteau des Quatre-Bras... seulement, garez votre figure avec vos mains, Madame, faites bien attention, car, dans le fourré que nous allons traverser, il y a des houx terriblement forts et piquants.

En effet, à plusieurs reprises, les mains délicates de Marie, qu'elle étendait en avant, furent déchirées, ensanglantées par les pointes acérées des feuilles du houx...

Mais la jeune femme ne sentit rien.

— Ces balles, se disait-elle, pourquoi ces balles ?.. Oh! je ne veux pas y songer... je tomberais là... d'épouvante, et j'ai besoin de tout mon courage...

A ce moment le galop du cheval que l'on avait entendu au loin se rapprocha de plus en plus.

Puis il cessa soudain, comme si le cavalier se fût mis au pas pour gravir la rapide montée.

Le métayer et madame Bastien, sortant bientôt de l'épais fourré qu'ils venaient de traverser, se trouvèrent dans un large rond-point au centre duquel se dressait un poteau, dont chacun des bras correspondait à d'immenses allées qui se prolongeaient à perte de vue à travers la forêt ; leur sol, alternativement coupé par les ombres noires des arbres et par les blanches clartés de la lune, offrait d'étranges contrastes de lumière et d'obscurité.

— C'est à vingt pas d'ici, au sommet de la montée, que j'ai vu entrer M. Frédérik dans ce taillis qui borde la route, dit le métayer en indiquant à madame Bastien un fourré de jeunes chênes ; je vais prendre l'enceinte à revers... et nous ne pouvons manquer de rencontrer M. Frédérik, s'il est encore là... Dans le cas où je le retrouverais avant vous, je lui dirai que vous voulez qu'il abandonne tout de suite son *affût*... n'est-ce pas, Madame ? ajouta le métayer à voix basse.

Marie lui fit un signe de tête affirmatif et entra dans l'enceinte avec une terrible angoisse, pendant que Jean-François s'éloignait.

L'ENVIE.

L'on entendit alors résonner sur le pavé de la montée le pas d'un cheval.

Ce cavalier était Raoul de Pont-Brillant, qui avait dû prendre cette route en sortant de la cavée de la Vieille-Coupe.

Frédérik, connaissant les détours de la forêt, avait, en piquant droit à travers le bois, devancé le jeune marquis au passage de la montée, passage obligé pour regagner le château.

Raoul, prenant en gaieté les singuliers événements de la soirée, sifflait un air de chasse, pendant que son cheval gravissait très-lentement la côte, très-ardue en cet endroit.

Marie, dans une anxiété croissante, s'avançait toujours à travers le taillis. Elle arriva bientôt à une grande clairière éclairée par la lune.

Au milieu de cet espace s'élevait un chêne immense; une mousse épaisse et des détritus de feuilles qui jonchaient le sol amortissant le bruit des pas, la jeune femme put s'approcher sans avoir attiré l'attention de son fils, qu'elle aperçut à demi caché par l'énorme tronc du chêne.

Ce qui se passa ensuite fut si rapide qu'il serait impossible de donner une idée de la soudaineté de cette péripétie ; il faut donc se résigner à raconter longuement un incident aussi prompt que la pensée.

Frédérik, profondément attentif et absorbé, n'avait ni vu ni entendu s'approcher sa mère, dont la marche s'amortissait sur la mousse; tête nue, il appuyait un genou en terre et tenait son fusil à demi abaissé, comme s'il n'eût plus attendu que le moment extrême d'épauler et de tirer.

Quoiqu'elle eût tâché de fuir cette idée, la malheureuse mère... avait, en accourant à la forêt, parfois tressailli d'épouvante, pensant à la possibilité d'un suicide... crainte horrible, éveillée dans son esprit par divers incidents des journées précédentes. Que l'on juge de la joie folle de madame Bastien, lorsque, à la posture de son fils, elle crut les soupçons du métayer justifiés, et qu'il s'agissait seulement d'un dangereux braconnage.

Aussitôt, dans un aveugle élan de bonheur, de tendresse, la jeune femme se jeta d'un bond sur son fils avec une sorte de frénésie, sans prononcer une parole.

Et cela au moment même où Frédérik, abaissant son fusil, murmurait d'une voix sardonique et féroce

— Tiens... Monsieur le marquis!..

C'est qu'en effet Frédérik venait de voir, à dix pas de lui, s'avancer, éclairé en plein par la lune, et découvert jusqu'à mi-corps, grâce à une éclaircie du taillis, Raoul de Pont-Brillant, montant toujours la côte au pas de son cheval... et continuant de siffler indolemment son air de chasse...

Le mouvement de madame Bastien avait été si soudain, si impétueux, que le fusil de son fils s'échappa de ses mains au moment où il allait faire feu... et tomba sur la mousse.

— Ma mère!.. murmura Frédérik pétrifié.

Cette péripétie, rapide comme la foudre, s'était passée presque en silence.

La sonorité des pas du cheval de Raoul de Pont-Brillant, et le son de l'air de chasse qu'il sifflait avaient d'ailleurs en partie couvert le bruit causé par madame Bastien.

Cependant le jeune marquis, s'arrêtant court au delà de l'éclaircie qui l'avait mis en évidence, discontinua de siffler, se pencha sur sa selle, et dit d'une voix ferme :

— Qui va là ?

Puis il prêta de nouveau l'oreille.

Marie, qui venait de découvrir le terrible mystère de la présence de son fils dans la forêt, mit sa main sur la bouche de Frédérik en l'enveloppant de ses bras... et écouta... suspendant sa respiration.

Raoul de Pont-Brillant, ne recevant point de réponse, s'était dressé sur ses étriers afin de voir de plus haut et de regarder du côté du gros chêne, où il avait entendu un léger bruit.

Heureusement, l'ombre épaisse projetée par cet arbre énorme, et la hauteur des taillis qui bordaient la route au delà de l'éclaircie, déjà dépassée par le jeune marquis, l'empêchèrent de rien apercevoir.

Ayant encore écouté pendant quelques secondes, et ne se doutant pas que son ennemi inconnu l'eût devancé à ce passage, Raoul remit son cheval au pas et se dit :

— C'est quelque fauve qui aura bondi d'effroi à travers le fourré...

Puis la mère et le fils, muets, immobiles, glacés d'épouvante, serrés l'un contre l'autre, entendirent le jeune homme recommencer à siffler son air de chasse.

Ce bruit s'affaiblit de plus en plus et bientôt se perdit au loin dans le grand silence de la forêt.

XVII

Madame Bastien ne pouvait plus douter du projet de Frédérik...

Elle l'avait vu ajuster Raoul de Pont-Brillant en disant :
— Tiens ! monsieur le marquis.

Ce guet-apens paraissait à la fois si lâche, si horrible à la malheureuse femme, que, malgré l'évidence des faits, elle voulut encore douter de cette effrayante découverte.

Frédérik s'était brusquement relevé après le premier saisissement causé par la vue et par l'étreinte de sa mère ; debout, les bras croisés sur sa poitrine, les yeux fixes et sombres, les traits couverts d'une pâleur livide, que la clarté bleuâtre de la lune faisait ressortir encore, il restait muet, immobile comme un spectre.

— Frédérik, lui dit madame Bastien, dont les lèvres tremblaient si fort qu'elle mettait une pause entre chaque parole, que faisais-tu là... mon enfant?

L'adolescent demeura silencieux.

— Tu ne me réponds pas... tes yeux sont fixes... hagards... Tiens, vois-tu, mon pauvre enfant... la nuit dernière... je t'ai entendu... tu as été si agité... tu souffres tant depuis quelques jours, que tu auras été pris tout à coup d'un accès de fièvre chaude... d'une sorte de délire... et la preuve, c'est que tu ne sais pas seulement comment il se fait que tu te trouves ici... Tu es... comme si tu t'éveillais d'un songe, n'est-ce pas, Frédérik?

Madame Bastien, fermant volontairement les yeux plutôt que d'envisager une réalité terrible, tâchait de se persuader que Frédérik ne jouissait pas de sa raison.

— Oui, je suis certaine, reprit-elle, que c'est à peine si tu as conscience de ce qui s'est passé depuis ton départ de la maison, n'est-ce pas?.. Tu ne me réponds rien?.. Oh! je comprends... ta pauvre tête est encore troublée... Reviens à toi, mon enfant... calme-toi... Mon Dieu! tu ne me reconnais donc pas?.. C'est moi... ta mère.

— Je vous reconnais, ma mère.

— Enfin!

— J'ai toute ma raison...

— Ah!.. oui, maintenant... Dieu merci! mais pas tout à l'heure...

— Je l'ai toujours eue.

— Non, mon pauvre enfant, non.

— Je sais où je suis.

— Oui, à présent... tu te reconnais... mais pas tout à l'heure.

— Je vous dis, ma mère, que je sais pourquoi je suis venu ici... à dix pas du poteau des Quatre-Bras... me mettre à l'affût... avec des balles dans mon fusil.

— Ah!.. bien! c'est cela... alors, dit l'infortunée en feignant d'être rassurée. Jean-François le métayer ne s'était pas trompé, il me l'avait bien dit.

— Il avait bien dit... quoi ?

— Que tu venais te mettre à l'affût... car, à la nuit tombante, il t'avait vu entrer dans ce taillis avec ton fusil, et même il s'était dit : « Tiens ! voilà M. Frédérik, il va sans doute braconner dans les bois de Pont-Brillant. » Lorsque j'ai appris cela... juge de mon inquiétude... tout de suite je suis accourue... avec Jean-François... tu conçois... car... en vérité, tu es d'une imprudence folle... mon pauvre enfant... tu ne sais donc pas que les gardes de M. le marquis...

Ces mots de *monsieur le marquis* firent sortir Frédérik de son calme effrayant ; il serra les poings avec fureur, et s'écria, regardant sa mère en face avec une expression féroce :

— C'est à l'affût de monsieur le marquis que j'étais... entendez-vous, ma mère ?

— Non, Frédérik, répondit la malheureuse femme en frissonnant de tout son corps, non, je n'entends pas... et d'ailleurs est-ce que je comprends quelque chose... à vos termes de chasse... moi ?..

— Ah ! fit Frédérik avec un affreux sourire, je vais me faire comprendre : Eh bien ! sachant que *monsieur le marquis* devait passer par ici... ce soir, à la nuit tombante, j'ai mis des balles dans mon fusil, et je suis venu m'embusquer derrière cet arbre pour tuer *monsieur le marquis* lorsqu'il passerait. Comprenez-vous, ma mère ?

A ces épouvantables paroles, madame Bastien eut un moment de vertige ; puis elle fut héroïque.

Appuyant une de ses mains charmantes sur l'épaule de son fils, elle lui posa son autre main sur le front en se disant d'une voix calme... très-calme... et feignant de se parler à elle-même :

— Comme sa pauvre tête est brûlante... il est encore dans le délire de la fièvre... Mon Dieu ! mon Dieu ! comment le décider à me suivre ?

Frédérik, d'abord stupéfait du langage et de l'apparente tranquillité de sa mère, après le terrible aveu qu'il venait de lui faire dans l'exaspération de sa haine, s'écria :

— Je vous dis que j'ai toute ma raison, ma mère... c'est vous autant que moi que je veux venger, et ma haine, voyez-vous, est...

— Oui... oui, mon enfant, je te crois, dit madame Bastien en l'interrompant, trop épouvantée pour remarquer les dernières paroles de Frédérik; puis, le baisant au front, elle ajouta, de ce ton que l'on emploie lorsque l'on ne veut pas contredire les fous,:

— Oui, certainement, tu as ta raison... aussi tu vas revenir avec moi; il se fait tard, et il y a longtemps que nous sommes dans ces bois.

— La place est bonne, dit Frédérik d'une voix sourde, j'y reviendrai.

— Sans doute... nous reviendrons... mon enfant... mais, tu comprends, il faut d'abord commencer par nous en aller... n'est-ce pas?

— Mais, ma mère... ne me poussez pas à bout!

— Tais-toi... oh! tais-toi... dit soudain Marie avec effroi en mettant une main sur la bouche de son fils et écoutant attentivement.

— Entends-tu? reprit-elle, on marche dans le taillis... Oh! mon Dieu! on vient!

Frédérik ramassa son fusil.

— Ah!.. je sais, reprit la jeune femme dont l'alarme cessa après un moment de réflexion; je sais, c'est Jean-François... il devait te chercher d'un côté, moi de l'autre...

Puis, appelant à demi voix :

— Est-ce vous, Jean-François?

— Oui... madame Bastien, répondit le métayer que l'on ne voyait pas encore, mais que l'on entendait venir en écartant les branchages; je n'ai pas trouvé monsieur Frédérik.

— Rassurez-vous, mon fils est là.... Jean-François.

— Ah!.. tant mieux, madame Bastien, dit le métayer, car je viens d'entendre parler là-bas... du côté de l'étang... pour sûr, c'est une ronde des gardes de M. le marquis.

Ce disant, le métayer parut dans la clairière.

Frédérik, malgré l'audace de sa haine, n'osa pas, en présence d'un étranger, répéter les menaces qu'il avait proférées devant sa mère; il mit son fusil sous son bras, et toujours sombre, silencieux, il se disposa à suivre madame Bastien.

— Allons, allons, monsieur Frédérik, dit le métayer, il ne faut pas tenter le diable; les gardes de M. le marquis approchent; vous êtes dans un fourré... votre fusil à la main; il fait un clair de lune superbe pour les braconniers... c'est assez pour qu'on vous déclare procès-verbal...

Puis, s'adressant à madame Bastien :

— Je vas marcher devant Madame, je connais une petite *sente* qui nous conduira droit et vite hors de ce taillis et du côté opposé à celui où l'on entend les gardes.

Les forces de Marie étaient à bout; elle s'appuya sur le bras de son fils qui, toujours concentré, ne lui adressa pas une parole...

A son arrivée chez le métayer, la jeune mère, pâle, affaiblie, frissonnait de tous ses membres; Jean-François voulut absolument atteler son cheval à sa charrette pour reconduire Marie et son fils; elle accepta cette offre, car, brisée par tant d'émotions, elle eût été incapable de faire de nouveau à pied le long trajet qui séparait la métairie de sa maison, où elle arriva avec son fils vers neuf heures du soir.

A peine de retour, Frédérik chancela, perdit connaissance et tomba bientôt dans une violente attaque nerveuse qui porta l'effroi de sa mère à son comble; cependant, aidée de sa vieille servante, elle donna tous les soins possibles à son fils, qui fut transporté dans sa chambre et mis au lit.

Durant cet accès spasmodique, et bien que ses yeux fussent fermés, Frédérik versa des larmes.

Revenu à lui et voyant sa mère penchée à son chevet, il lui tendit les bras et la serra longtemps contre lui avec des sanglots déchirants. Puis, cette nouvelle crise passée, il dit se trouver plus calme et avoir surtout besoin de solitude et d'obscurité; se tournant alors vers la ruelle de son lit, il ne prononça plus une parole...

Marie, avec une rare présence d'esprit, avait, lors de son retour et pendant l'évanouissement de Frédérik, donné l'ordre de clouer en dehors les contrevents de la chambre où il couchait; l'on n'entrait dans cette chambre que par la sienne à elle, où elle se proposait de veiller toute la nuit, en laissant entr'ouverte la porte de communication...

Elle n'avait donc pas à redouter jusqu'au lendemain quelque nouvel égarement de la part de son malheureux enfant.

Elle n'était pas de ces femmes que la douleur paralyse et frappe d'irrésolution ou d'impuissance. Si épouvantable que fût la découverte qu'elle venait de faire, une fois seule, elle l'envisagea résolûment, après avoir voulu se persuader un instant que son fils n'avait pas sa tête à lui en préméditant un crime exécrable.

— Je n'en puis douter, se dit-elle, Frédérik éprouve une haine implacable contre le jeune marquis de Pont-Brillant... Les ressentiments de cette haine, longtemps concentrée sans doute, sont cause du changement qui s'est opéré en lui depuis quelques mois. Cette haine est arrivée à ce point d'exaltation que mon fils, après avoir tenté de tuer M. de Pont-Brillant, n'a peut-être pas renoncé à cette horrible pensée. Voilà les faits. Maintenant quelle circonstance mystérieuse a pu faire naître et développer chez mon fils cette rage contre un adolescent de son âge? Comment mon fils, élevé par moi et qui naguère me rendait la plus fière, la plus heureuse des mères, en est-il venu à concevoir l'idée... d'un tel crime? Tout ceci est secondaire; je chercherai plus tard à résoudre ces questions qui confondent ma raison et me font douter de moi-même... Ce qu'il faut d'abord, et à l'instant, c'est arracher mon fils à d'horribles tentations, et l'empêcher matériellement de commettre un meurtre... Voilà ce qui est imminent.

Et après avoir été, sur la pointe du pied, prêter l'oreille à la porte entr'ouverte de la chambre de Frédérik, qu'elle entendit pousser un gémissement douloureux, après quoi il retomba dans un morne silence, Marie se mit à sa table et écrivit la lettre suivante à son mari :

« A monsieur Bastien,

« Je vous ai déjà écrit, il y a quelques jours, mon ami, au sujet de la mauvaise santé de Frédérik et du départ de l'instituteur que vous m'aviez autorisée à prendre.

« L'état de mon fils s'aggrave, il me donne de sérieuses inquiétudes, il est urgent de prendre un parti décisif...

« Je suis allée avant-hier consulter encore notre ami le docteur Dufour. Il pense que l'âge et la croissance de Frédérik causent son état nerveux, inquiet, maladif; il m'a engagée à donner à cet enfant le plus possible de distractions, ou, ce qui serait de beaucoup préférable, à le faire voyager.

« C'est à ce dernier parti que je m'arrête ; dans la complète solitude où nous vivons, il me serait impossible de donner aucune distraction à Frédérik.

« Il n'est pas probable que vos affaires vous permettent de nous accompagner à Hyères, où je désire conduire mon fils ; en tous cas, je partirai avec lui ; Marguerite nous accompagnera. Notre voyage durera cinq ou six mois, peut-être moins ; cela dépendra de l'amélioration de la santé de Frédérik.

« Pour mille raisons trop longues à vous énumérer ici, j'ai fixé mon départ à *lundi prochain;* je serais partie demain si j'avais eu l'argent nécessaire ; mais j'ai employé, comme d'habitude, aux dépenses de la maison, la somme que votre correspondant m'a fait tenir pour cet usage à la fin du mois dernier ; et, vous le savez, sauf les cent cinquante francs que vous me donnez mensuellement pour mon entretien et celui de Frédérik, je n'ai pas d'argent.

« J'envoie cette lettre *ce soir* à Blois par un exprès : ainsi elle gagnera six heures, vous la recevrez *après demain matin;* je vous conjure de me répondre courrier par courrier, et de m'envoyer un mandat sur votre banquier de Blois ; je ne sais quelle somme vous fixer ; vous connaissez la simplicité de mes habitudes, calculez ce qu'il faut pour nous rendre à

Hyères avec Frédérik et Marguerite par la diligence; ajoutez à cela les petites dépenses imprévues du voyage, et de quoi vivre à Hyères pendant les premiers temps de notre séjour; je m'établirai là le plus économiquement possible, je vous écrirai ensuite combien nous aurons à dépenser par mois.

« Ordinairement la multiplicité de vos affaires, sans doute, vous empêche de me répondre, ou rend vos réponses très-tardives, il n'en sera pas ainsi de cette lettre... vous en comprendrez l'*excessive importance.*

« Je ne veux pas vous alarmer; mais, je dois vous le dire, l'état de Frédérik offre des symptômes d'une telle gravité que ce *voyage peut être et sera, je l'espère*... LE SALUT DE MON FILS.

« Je crois vous avoir donné, depuis bientôt dix-sept ans, assez de raisons de compter sur la solidité de mon caractère et sur la tendresse éclairée que je porte à Frédérik, pour être assurée d'avance que vous approuverez ce voyage, si soudain qu'il doive vous paraître; vous aiderez, n'est-ce pas, de tout votre pouvoir, à une résolution dictée par la plus *impérieuse,* la plus *urgente nécessité.*

« Je laisserai ici le vieil André; il gardera la maison et fera votre service lorsque vous viendrez; c'est un homme très-sûr, à qui je puis tout confier en mon absence... Ce voyage n'offre donc sous ce rapport aucun inconvénient.

« Adieu, je suis très-inquiète et très-triste.

« Je termine promptement cette lettre, afin de l'envoyer ce soir même.

« *Lundi matin*, au reçu de votre réponse, je vous écrirai, je porterai moi-même la lettre à Blois; j'y serai vers deux heures, afin de recevoir de votre correspondant l'argent nécessaire à notre voyage; je prendrai le soir même la voiture de Paris, où nous ne resterons que vingt-quatre heures, pour de là gagner Lyon, et continuer notre route vers le Midi.

« Encore adieu. MARIE BASTIEN. »

Ceci écrit, madame Bastien donna l'ordre d'atteler le cheval et d'aller aussitôt porter cette lettre à Blois.

Au retour, l'on devait passer par Pont-Brillant et y laisser un billet que Marie écrivit au docteur Dufour, afin de le prier de venir le lendemain, et pour l'instruire de la crise nerveuse dont Frédérik avait été atteint.

Restée seule, et après s'être plusieurs fois assurée de l'état de son fils qui paraissait céder à une sorte d'assoupissement mêlé d'agitation, madame Bastien réfléchit encore à la détermination qu'elle venait de prendre au sujet de ce voyage soudain, et le trouva de plus en plus opportun...

Elle se demanda seulement avec angoisse comment faire pour empêcher Frédérik de la quitter un seul moment jusqu'au jour de leur départ.

Minuit venait de sonner.

La jeune mère était plongée dans la plus navrante méditation lorsque, au milieu du profond silence de la nuit, il lui sembla d'abord entendre au loin le bruit du galop d'un cheval sur le chemin qui passait devant la ferme, puis, que ce cheval s'arrêtait à la porte de la maison.

Bientôt Marie n'eut plus de doute, l'on se mit à sonner violemment au dehors.

L'heure était si indue, que, s'imaginant que les gardes du marquis avaient connaissance du guet-apens tendu par Frédérik, et que l'on venait peut-être l'arrêter, madame Bastien se sentit saisie d'épouvante; terreur exagérée, terreur folle, mais, hélas! excusable dans l'état d'esprit où se trouvait la pauvre jeune femme; aussi, lorsqu'elle eut entendu sonner, cédant à un mouvement machinal, elle courut fermer la porte de la chambre de son fils, en cacha la clef, et prêta de nouveau l'oreille avec une angoisse profonde. Depuis quelques moments, un bruit insolite régnait dans la maison, l'on frappa à la porte de la chambre de madame Bastien.

— Qui est là? demanda-t-elle.

— Moi... Marguerite, Madame.

— Que me voulez-vous?

— Madame, c'est M. le docteur Dufour, il vient d'arriver à cheval.

Marie respira et rougit de ses folles craintes.

Marguerite continua :

— M. le docteur voudrait parler à Madame pour quelque chose de très-pressé, de très-important !

— Priez le docteur de m'attendre dans la bibliothèque... Faites-y tout de suite du feu, et mettez-y de la lumière.

— Oui, Madame.

Mais réfléchissant qu'ainsi elle s'éloignait de son fils, madame Bastien rappela vivement la servante et lui dit :

— Je recevrai M. Dufour ici, dans ma chambre; priez-le de monter.

— Oui, Madame...

— Le docteur ici... à une pareille heure ? se dit madame Bastien, profondément surprise, que peut-il vouloir? il est impossible qu'il ait déjà reçu ma lettre.

Presque aussitôt le médecin entra chez madame Bastien, précédé de Marguerite qui se retira discrètement. Les premiers mots de M. Dufour, à la vue de Marie, furent :

— Ah! mon Dieu!.. qu'avez-vous?

— Moi, docteur?.. mais rien...

— Rien!.. s'écria le médecin en regardant Marie avec une surprise douloureuse, car depuis la veille, et surtout ensuite des terribles émotions de la soirée, les traits de la jeune femme avaient subi une altération profonde, saisissante. Rien... répéta le docteur, vous n'avez rien?..

Madame Bastien, comprenant la pensée de M. Dufour à son accent et à l'expression de son visage, répondit avec une simplicité navrante :

— Ah! oui... je sais...

Portant alors un doigt à ses lèvres, elle ajouta à demi voix en montrant du regard la porte de la chambre de Frédérik :

— Parlons tout bas... je vous en prie, cher docteur, mon fils est là... il dort, il a eu ce soir une cruelle crise... je viens de vous écrire; je vous priais de venir demain... c'est le ciel qui vous envoie.

Remis de la pénible impression qu'il avait ressentie à la vue du changement des traits de madame Bastien, le docteur lui dit en baissant le ton de sa voix :

— Puisque je viens à propos, je n'aurai pas alors à vous prier d'excuser cette visite faite à une heure si avancée.

— Peu importe... mais de quoi s'agit-il donc?

— J'ai à vous entretenir de choses très-graves, qui ne peuvent souffrir aucun retard. C'est ce qui m'a forcé de venir chez vous presque au milieu de la nuit et au risque de vous inquiéter.

— Mon Dieu! qu'y a-t-il donc?

— Votre fils dort, n'est-ce pas?

— Je le crois...

— Mais s'il ne dormait pas, pourrait-il nous entendre?

— Non... si nous nous rapprochons de la cheminée et que nous parlions bas.

— Rapprochons-nous donc de la cheminée et parlons bas, reprit M. Dufour, car il s'agit de lui.

— De Frédérik?

— De Frédérik, répondit le docteur, en allant s'asseoir à côté de la cheminée, auprès de madame Bastien.

Et, en effet, grâce à l'éloignement et à l'épaisseur de la porte de sa chambre à coucher, Frédérik ne pouvait et ne put entendre un mot de l'entretien suivant.

XVIII

Ces mots du docteur Dufour : *Je viens vous parler de Frédérik*, étaient d'un si étrange à-propos, que Marie, sans trouver une parole, regarda le médecin avec une profonde surprise.

Il s'en aperçut et reprit :

— Oui, Madame... je viens vous parler de votre fils...

— Et... à quel sujet?

— Au sujet... du changement moral et physique que vous remarquez en lui, et qui vous donne de si cruelles inquiétudes...

— Oui... oh! oui... bien cruelles...

— Il s'agirait... de le guérir peut-être...

— Vous?.. mon bon docteur.

— Moi?.. non.

— Que voulez-vous dire?..

Après un moment de silence, le docteur tira une lettre de sa poche, et la remettant à madame Bastien :

— Ayez d'abord la bonté de lire cette lettre que j'ai reçue ce soir.

— Cette lettre! et de qui est-elle?

— Veuillez la lire...

Marie, de plus en plus étonnée, prit la lettre et lut ce qui suit :

« Mon cher Pierre, la diligence s'arrête durant une heure; je profite de cette occasion pour t'écrire en hâte.

« Après t'avoir quitté hier soir, le sujet de notre dernier entretien a occupé toute ma pensée, j'y comptais; ce que j'ai vu, ce que j'ai appris par ton récit, ne pouvait faire sur moi une impression éphémère...

« Cette nuit, ce matin encore, je n'ai songé qu'au pauvre enfant de madame Bastien. »

Marie, interrompant sa lecture, regarda le docteur avec un étonnement extrême et lui dit vivement :

— De qui est donc cette lettre?

— De mon meilleur ami, d'un homme du caractère le plus généreux, du cœur le plus noble qu'il y ait au monde.

— Le titre de votre meilleur ami disait tout cela pour moi; mais comment donc sait-il?..

— Vous rappelez-vous... le jour de la Saint-Hubert, chez moi... cet étranger?..

— A qui mon fils a répondu si... durement?

— Oui...

— Et vous avez dit... à cette personne?..

— Tout ce qu'il y avait... d'admirable dans votre dévouement maternel... Oui, j'ai commis cette indiscrétion... je m'en accuse... Veuillez, je vous en prie, continuer la lecture de cette lettre.

Marie continua et relut ces mots avec une attention marquée :

« ... *Cette nuit, ce matin encore, je n'ai donc songé qu'au pauvre enfant de madame Bastien.*

« *Tu le sais, Pierre, physionomiste exercé par de nombreuses observations, j'ai été rarement trompé par les inductions caractéristiques que je tirais de certaines physionomies.*

« *Aussi, en réfléchissant à mes remarques d'hier, à ce que j'ai vu, à ce qui est arrivé lors du passage de ce cortège de chasse, tout me donne la* CONVICTION *que le fils de madame Bastien est possédé d'une haine implacable... contre le jeune marquis de Pont-Brillant..* »

Marie, stupéfaite de la vérité de cette observation, que la scène de la forêt venait encore confirmer, tressaillit; à ce souvenir, qui réveilla ses terreurs, et cachant sa figure entre ses mains, elle ne put retenir un sanglot déchirant.

— Mon Dieu !.. qu'avez-vous? s'écria le docteur.

— Ah !.. reprit-elle en frissonnant, cela n'est que trop vrai.

— C'est de la haine que ressent Frédérik?

— Oui... reprit Marie d'une voix étouffée, une haine implacable !

Puis, frappée de la pénétration de l'ami du docteur Dufour, madame Bastien continua de lire avec un intérêt croissant :

« Cette haine admise... je n'ai pas cherché à en découvrir la cause... Pour y parvenir, il faudrait être journellement avec ce pauvre enfant; alors à force de patience, d'étude, de sagacité, l'on saurait sans doute ce secret... *découverte indispensable* à la guérison de Frédérik.

« A défaut de ce secret, je me suis demandé si cette haine devait être vivace, opiniâtre, et avoir ainsi fatalement de dangereuses conséquences, ou bien si ce n'était qu'un sentiment passager.

« Un examen attentif de la physionomie de Frédérik, dont j'ai conservé le souvenir le plus précis, l'angle de son front, le contour de son menton, me donnent la conviction qu'il n'est pas de caractère plus résolu... plus tenace que celui du fils de madame Bastien.

« Cette conviction bien établie qu'une haine implacable est déjà profondément enracinée dans le cœur de Frédérik, je me suis demandé d'abord par quelle apparente contradiction, élevé par une mère telle que la sienne, il pouvait être en proie à une si funeste passion?»

— Mais... mon Dieu ! dit vivement Marie, quel est donc cet homme qui semble connaître mon fils mieux peut-être que je ne le connais moi-même?.. cet homme dont la pénétration... m'effraye... car elle a été encore plus loin... encore plus avant... que vous ne pouvez penser...

— Cet homme, répondit le docteur avec mélancolie, cet

homme a beaucoup souffert, beaucoup vu et beaucoup observé... Là est le secret de sa pénétration.

Madame Bastien se hâta de continuer sa lecture :

« Tu m'as dit, mon ami, que Frédérik était arrivé à ce que tu appelles *un âge de transition,* époque de la vie souvent critique et signalée par de graves perturbations physiques.

« Frédérik peut, en effet, être soumis à l'action de cette crise; s'il en est ainsi, le voici donc, par son état, inquiet, nerveux, impressionnable, très-prédisposé à éprouver des sentiments d'autant plus puissants qu'ils sont nouveaux pour lui... et par cela même en dehors des prévisions de sa mère et de la salutaire influence qu'elle a jusqu'ici exercée sur lui.

« En effet, comment l'affection et la prudence de madame Bastien pouvaient-elles le prémunir contre un danger que ni lui ni elle ne soupçonnaient? Non, non, pas plus que son fils, elle ne devait s'attendre à ce brusque envahissement d'une passion violente et la conjurer à temps. Non, cette mère si éclairée n'a pas plus à se reprocher ce qui arrive aujourd'hui, qu'elle n'aurait eu de reproches à se faire si son fils enfant avait été atteint de la rougeole, ou, adolescent, d'une maladie de croissance.

« Il en est ainsi de cette accusation que madame Bastien porte contre elle-même :

« *J'ai failli en quelque chose à mes devoirs de mère, puisque je n'inspire pas à mon fils assez de confiance pour qu'il m'avoue ce qu'il ressent.*

« Eh! mon Dieu... je suis certain qu'avant ces tristes événements, jamais Frédérik n'avait manqué de confiance envers sa mère... »

— Oh! jamais... dit Marie en interrompant sa lecture, jamais...

— Eh bien! n'êtes-vous pas de l'avis de mon ami, demanda le docteur, quant au peu de justice des reproches que vous vous adressez?

— Oui... reprit madame Bastien pensive, je ne ferai pas de fausse modestie avec vous, bon docteur, j'ai la conscience d'avoir rigoureusement accompli ma tâche de mère. Il ne m'était pas humainement possible... je le reconnais, d'empêcher ou de prévenir le malheur qui m'accable dans mon fils...

— Est-ce que cela pouvait faire l'ombre d'un doute?

— Un mot seulement, mon cher docteur, reprit Marie après quelques instants de silence, votre ami a vu Frédérik quelques instants à peine... mais, hélas! suffisamment pour s'entendre adresser de blessantes paroles... Qu'un esprit généreux n'ait qu'indulgence et compassion pour l'emportement d'un pauvre enfant malade... je le conçois, mais entre ce bienveillant pardon... que jamais je n'oublierai... et l'intérêt profond, réfléchi... que votre ami montre pour Frédérik... il y a un abîme... Cet intérêt... qui a donc pu... le mériter à mon fils?

— La fin de cette lettre vous le dira... Je puis cependant dès à présent vous mettre sur la voie... Mon ami a eu un frère... beaucoup plus jeune que lui et dont il a été uniquement chargé après la mort de leur père à tous deux... Mon ami aimait passionnément cet enfant... c'était la seule affection de sa vie studieuse et solitaire. Ce jeune frère avait l'âge de Frédérik; comme lui il était beau; comme lui il était noblement doué... comme lui enfin il était idolâtré, non par une mère... mais par le plus tendre des frères.

— Et qu'est-il devenu? demanda Marie avec intérêt, en voyant les traits du docteur s'assombrir.

— Ce jeune frère... mon ami l'a perdu... voilà bientôt six ans.

— Ah! maintenant, je comprends, s'écria Marie, les belles âmes seules, loin de s'aigrir par la douleur, deviennent plus tendres, plus compatissantes encore.

— Vous dites vrai, répondit le docteur avec émotion, c'est une grande âme que celle de mon ami...

De plus en plus pensive, madame Bastien continua sa lecture :

« J'en suis presque certain, avant ces tristes circonstances, jamais Frédérik n'avait manqué de confiance envers sa mère... parce qu'il n'avait rien de coupable à lui dissimuler; aussi, plus il se montre à cette heure impénétrable, plus on doit craindre que le secret qu'il cache ne soit fâcheux.

« Maintenant que la maladie nous est connue, ainsi que tu dirais, mon ami, quels sont les moyens, les chances de guérison?

« Il faudrait, avant tout, *connaître la cause de la haine... de Frédérik*... remonter jusqu'à la source de ce sentiment, pour la tarir, ou du moins pour en détourner le dangereux courant. Cet important secret, essayera-t-on de le pénétrer?

« Essayera-t-on de l'obtenir par la confiance?

« Hélas! il en est souvent de la confiance et de la défiance, ou plutôt de la *non-confiance*, ainsi que de ces premières impressions d'où résultent des antipathies ou des sympathies invincibles.

« Frédérik aime tendrement sa mère, il est pourtant resté sourd à ses prières; il est donc presque certain, maintenant, que jamais il ne lui dira son funeste secret, soit par respect humain, soit pour ne pas compromettre le succès de sa vengeance... CONSÉQUENCE INÉVITABLE DE LA HAINE... lorsqu'elle est aussi opiniâtre, aussi énergique qu'elle paraît l'être chez Frédérik. »

En lisant ces mots, soulignés par Henri David dans le but de leur donner une plus grave signification... ces mots, hélas! trop justifiés par la scène de la forêt, les mains de madame Bastien frissonnèrent... et elle continua sa lecture d'une voix altérée :

« Il est donc à peu près démontré que madame Bastien doit renoncer à l'espoir d'obtenir, par la confiance, le secret de son fils.

« Emploiera-t-elle la pénétration?

« La pénétration? Mélange de froide observation... de dissimulation et de ruse... car, pour surprendre un secret obstinément caché... il faut employer mille moyens détournés...

« Tristes moyens, que leur but seul peut faire absoudre... Ainsi tu ne crains pas, mon ami, d'employer quelquefois de violents poisons pour la guérison de tes malades.

« Eh bien! penses-tu qu'une femme pénétrée de sa dignité maternelle veuille... et puisse s'abaisser à un pareil rôle?... ou plutôt... (une mère songe peu à sa dignité lorsqu'il s'agit du salut de son enfant) crois-tu... qu'une femme comme madame Bastien ait, non la *volonté,* mais le *pouvoir* de jouer un rôle si complexe, si difficile, si contenu, un rôle qui exige tant de sang-froid, et, je le répète, tant de dissimulation?

« Non, non, la pauvre mère... pâlirait, rougirait, se trahirait à tout moment... et, malgré sa résolution, elle hésiterait à chaque pas tenté dans cette voie souterraine... en sachant même que cette voie peut aboutir au salut de son fils. »

Madame Bastien baissa la tête avec accablement... ses mains, qui tenaient la lettre, retombèrent sur ses genoux... deux larmes coulèrent lentement de ses yeux fixes, alors voilés par la douleur... elle dit en soupirant :

— Il n'est que trop vrai, je reconnais mon impuissance!...

— Je vous en supplie... ne vous désolez pas ainsi! s'écria le docteur; vous aurais-je, mon Dieu! apporté cette lettre... et d'ailleurs, mon ami l'eût-il écrite s'il n'avait cru trouver... et, en effet, trouvé, je l'espère, le moyen de remédier aux périls, aux difficultés qu'il vous signale? Achevez... achevez de lire, je vous en conjure...

Marie secoua tristement la tête et poursuivit :

« Voici maintenant, selon moi, les deux seuls partis à prendre par madame Bastien pour conjurer les maux dont elle s'alarme avec raison :

« Suivre et développer la sage pensée qu'elle avait eue de s'adjoindre un précepteur.

« Je m'explique : il s'agirait, selon moi, bien moins d'intéresser pour le moment à de nouvelles études, que de lui enseigner des vérités pratiques : car il arrive une époque où la tendresse maternelle la plus éclairée est insuffisante pour la direction d'un fils.

« Il faut la science *de la vie des hommes* pour donner à un adolescent cette seconde éducation, cette éducation virile et forte qui l'arme contre ces rudes épreuves, contre ces dangereux entraînements dont une femme ne peut avoir l'expérience, et desquels il lui est donc bien difficile de sauvegarder son fils.

« Un père tendre et intelligent pourrait seul dignement accomplir cette tâche sacrée; mais puisqu'il paraît que les occupations de M. Bastien le retiennent toujours loin de chez lui, il faut à Frédérik un précepteur de science suffisante; mais, avant tout, *homme de cœur, d'honneur et d'expérience...* un homme enfin qui comprenne l'importance presque redoutable de cette mission : *façonner un adolescent à la vie de l'homme.*

« Ce précepteur tel que je le conçois, tel qu'il le faudrait, éclairé des lumières que lui donnerait madame Bastien sur le passé, aidé de l'influence qu'elle a dû, malgré tout, conserver sur son fils, un tel précepteur, à force de pénétration, de patiente étude, arriverait d'abord à connaître le secret de la haine de Frédérik, aiderait sa mère à combattre, à détruire cette haine dans le cœur de ce malheureux enfant, puis continuerait pour son éducation d'homme ce que madame Bastien avait si admirablement commencé; car enfin... son fils ne lui a pour ainsi dire échappé qu'alors qu'il eût fallu, pour le conduire, la main ferme et expérimentée d'un homme, au lieu de la main timide et délicate d'une femme. »

— Cela n'est que trop vrai, dit madame Bastien en s'interrompant, j'avais senti cette nécessité en pensant à donner un précepteur à mon fils... vous le savez, mon cher docteur... Désespérée de mon impuissance, je m'étais dit que peut-être ce précepteur, pris d'abord pour tâcher de ranimer le goût de l'étude chez Frédérik, m'aiderait ensuite à le diriger, puisque mon mari ne peut... ni ne veut s'occuper de son fils comme il le faudrait. Ce précepteur, vous le savez, était loin, sans doute, de réunir toutes les conditions que j'aurais désirées, mais il était suffisamment instruit... et surtout d'une patience, d'une douceur rares... Malheureusement, le mauvais vouloir, les emportements de mon fils l'ont rebuté. Maintenant, dans l'isolement où je vis, et, s'il faut tout vous dire, limitée à la modique somme que mon mari a consenti à grand'peine à affecter à cette dépense, pourtant la plus importante de toutes... où pourrai-je trouver un précepteur... tel que le dépeint votre ami? Et d'ailleurs, comment le faire accepter par Frédérik dans l'état d'irritation où il se trouve? Et puis enfin, plus un précepteur aura conscience de sa valeur, de son dévouement et de sa dignité, moins il voudra s'exposer aux violences de mon fils... Hélas! vous le voyez... il faut renoncer à ce moyen, dont je reconnais cependant toute la valeur.

Et la jeune femme poursuivit sa lecture.

« Si madame Bastien, par des motifs particuliers, ne désirait pas s'adjoindre un précepteur, il lui reste une ressource, qui peut-être ne guérira pas radicalement l'âme de Frédérik... mais qui du moins le distraira forcément de l'idée fixe dont il paraît dominé; il faudrait... que sa mère partît au plus tôt avec lui pour un long voyage... »

— Cette résolution... de partir avec mon fils, dit Marie en s'interrompant, je l'avais prise... Ce soir, et au moment où vous êtes arrivé... je venais d'écrire à mon mari pour le prévenir de ma détermination. Ah! du moins... je ne me suis pas trompée, cette fois, puisque sur ce point je me trouve d'accord avec votre ami... il me reste donc quelque espoir...

— Oui... mais selon... mon ami... et il a, je crois, parfaitement raison, un voyage n'est qu'un palliatif, ainsi que vous allez le voir...

En effet, madame Bastien lut ce qui suit :

« Je ne doute pas des bons effets momentanés d'un voyage sur l'esprit de Frédérik : d'abord l'éloignement de l'objet de sa haine, puis l'aspect de lieux nouveaux, les mille incidents de la route, la présence continuelle de sa mère, distrairont nécessairement Frédérik de ses funestes pensées... l'en distrairont... mais malheureusement ne les détruiront pas...

« Pour me résumer :

« L'assistance d'un précepteur *digne de cette mission* doit mettre madame Bastien à même de guérir Frédérik, et de le préserver du retour des passions mauvaises...

« Un voyage peut améliorer la situation morale de Frédérik et permettre, chose *très-importante*, d'ailleurs, *de gagner du temps*... un voyage enfin dépend absolument de la volonté de madame Bastien, et peut s'exécuter à l'instant.

« Il n'en est pas ainsi de la rencontre d'un précepteur. Je sais qu'il est difficile de trouver à l'instant un homme capable de comprendre cette mission, rendue plus difficile encore par la position exceptionnelle de Frédérik... Aussi, j'ai tellement conscience de ces difficultés... que si tu crois mon offre acceptable... et avant tout *convenable*... je serais heureux de m'offrir à madame Bastien pour être le précepteur de Frédérik. »

La stupeur de Marie fut si profonde qu'elle s'interrompit brusquement.

Puis, croyant avoir mal lu, elle relut tout haut cette ligne, comme pour bien s'assurer de sa réalité :

« *Je serais heureux de m'offrir à madame Bastien pour être le précepteur de Frédérik...* »

— Oui, dit le docteur avec émotion, et s'il le dit... c'est que cela est...

— Pardon, docteur, balbutia la jeune femme, presque étourdie de cet incident, pardon... mais le saisissement... que me cause cette offre inattendue... incompréhensible...

— Incompréhensible?... non... Quand vous saurez quel est

celui qui vous fait cette offre... mieux que personne vous apprécierez le sentiment auquel il obéit.

— Mais enfin... docteur... sans me connaître...

— D'abord... il vous connaît... car j'ai été, je vous l'ai dit, très-indiscret... et puis... tout autre précepteur qui se proposerait vous connaîtrait-il davantage?...

— Mais... votre ami n'a jamais été précepteur.

— Jamais... Cependant... d'après sa lettre... ne le tenez-vous pas pour un homme d'un esprit juste, généreux, éclairé? Quant à son savoir, je peux vous le garantir, il est rare en toutes choses...

— Je vous l'ai dit, docteur, cette lettre montre une profonde connaissance de l'âme, une rare élévation de sentiments... et par cela même je ne puis comprendre qu'un homme si éminemment doué puisse se résoudre à accepter les fonctions de précepteur, toujours regardées comme si subalternes.

— Il croirait, lui, au contraire, faire preuve d'outrecuidance en acceptant, sans être capable de les remplir, ces fonctions, qu'il regarde avec raison comme un sacerdoce...

Madame Bastien, en proie à une indéfinissable émotion, poursuivit sa lecture.

« Cette proposition t'étonnera peut-être, mon ami, car je t'ai quitté hier soir, afin de me rendre à Nantes, où je dois m'embarquer pour une longue traversée... Puis, je n'ai jamais été précepteur, et ma position de fortune me permet de ne pas chercher une ressource dans ces fonctions; enfin, madame Bastien ne me connaît pas, et je désire obtenir d'elle la plus grande preuve de confiance qu'elle puisse me donner : *me laisser partager avec elle la direction de Frédérik.*

« Ta première surprise passée, mon ami, tu te rappelleras que, tout en tâchant de donner un but d'utilité à mes voyages, j'ai surtout cherché, dans cette vie aventureuse, une distraction aux regrets éternels que me cause la mort de mon pauvre jeune frère... Mon excursion au Sénégal peut d'ailleurs être ajournée... sans dommage pour la cause que je désirais servir dans cette circonstance.

« Quant à ma capacité comme instituteur, je puis, tu le sais, offrir, scientifiquement parlant, toutes les sûretés désirables, quoique je n'aie jamais fait d'autre éducation que celle de mon bien-aimé Fernand.

« Maintenant, comment en quelques heures de réflexion me suis-je décidé à essayer la guérison morale de Frédérik, si elle m'était confiée?

« Rien de plus extraordinaire pour qui ne me connaît pas.

« Rien de plus simple pour toi qui me connais.

« Depuis la mort de Fernand, tous les enfants de son âge... m'inspirent un intérêt indéfinissable... Aussi, hier, à la vue de Frédérik, dont la rare beauté m'a d'autant plus frappé que l'expression de sa physionomie paraissait plus sombre, plus douloureuse, je me suis senti profondément ému; puis lorsque, à certains indices, j'ai cru deviner les cruels sentiments de ce malheureux enfant, j'ai éprouvé pour lui une compassion sincère. Ce que tu m'as ensuite appris de l'admirable dévouement de madame Bastien a porté mon intérêt à son comble, et, en nous séparant, je te disais que, cette fois encore, il m'était cruel de me résigner à une commisération stérile.

« Mais, cette nuit, après avoir beaucoup songé à la gravité de l'état moral de Frédérik, aux alarmes toujours croissantes de sa mère, et enfin aux obstacles qu'elle aurait à vaincre pour arriver à la guérison de son fils, j'ai entrevu, je le crois, les moyens d'arriver à cette guérison, et cette guérison... j'offre de la tenter...

« Que mon apparente générosité ne te surprenne pas, mon ami.

« Selon moi, *certaines infortunes* OBLIGENT *autant que certaines félicités...*

« Je croirais rendre un pieux hommage à la mémoire de mon pauvre Fernand, en faisant pour Frédérik ce que j'avais espéré faire pour mon frère ; ce me serait à la fois la plus salutaire distraction, la plus douce consolation de mes chagrins...

« Voilà, mon ami, tout le secret de ma résolution ; maintenant je suis certain qu'elle ne t'étonnera plus...

« Si mon offre est acceptée... j'accomplirai ma mission avec conscience...

« D'après ce que je sais de madame Bastien, elle doit, il me semble, comprendre mieux que personne le motif de ma démarche. Aussi, en y réfléchissant, je crois que tu peux lui communiquer cette lettre, d'abord seulement écrite pour toi.

« Tu compléteras verbalement les renseignements que madame Bastien pourra te demander sur moi; tu sais toute ma vie... En un mot, dis ce que tu croiras devoir dire pour prouver à madame Bastien que surtout *moralement, honorablement parlant*, je suis digne de sa confiance.

« Réponds-moi à Nantes; il est indispensable que j'aie, *d'aujourd'hui en huit*, une décision quelconque, car *l'Endymion* part le 14 courant, sauf les vents contraires ; il s'agit pour madame Bastien de prendre une détermination très-grave. Aussi ai-je désiré lui laisser un jour de réflexion de plus ; en t'écrivant d'ici, ma lettre gagne ainsi près de vingt-quatre heures.

« Si mon offre est refusée, j'accomplirai mon voyage.

« La voiture repart... Adieu en hâte, mon bon Pierre, je n'ai que le temps de fermer cette lettre et de te serrer la main.

« HENRI DAVID. »

XIX

Telle était la foi légitime et éprouvée du docteur envers son ami, telle était l'angélique pureté de l'âme de Marie, telle était enfin l'irrésistible sincérité de l'offre de David, qu'il ne vint pas, qu'il ne pouvait pas venir à l'idée de madame Bastien ou de M. Dufour que la proposition de David, spontanée comme tout premier mouvement d'un cœur généreux, mais surtout loyale, désintéressée, pût cacher quelque projet de séduction ; et bien plus, David en faisant son offre, Marie et le docteur en la commentant, ne songèrent pas un instant à ce qu'il pouvait y avoir de dangereux dans les rapports de confiance intime, journalière, qui devaient exister entre la jeune mère et le précepteur... Non, la sainteté de l'amour maternel inspirait à Marie une confiance remplie de sérénité... au docteur et à son ami un dévouement rempli d'admiration et de pieux respect.

. . . .

Madame Bastien, remettant au docteur, d'une main tremblante d'émotion, la lettre de David, s'apprêtait à parler, lorsque M. Dufour lui dit :

— Un mot, de grâce... je ne sais quelle sera votre détermination... mais, avant de la connaître, je crois devoir vous donner quelques renseignements sur Henri David... Alors, complétement édifiée sur lui, vous pourrez accepter ou refuser son offre. N'êtes-vous pas de cet avis ?

— Non... mon cher docteur... répondit madame Bastien après un moment de réflexion, je ne suis pas de cet avis.

— Comment ?..

— De deux choses l'une... ou j'accepterai l'offre de M. David... ou je serai obligée de la refuser... Si je l'accepte... il y aurait de ma part une sorte de défiance blessante, et pour vous et pour votre ami, à vouloir... être plus renseignée sur lui que je ne le suis. Cette lettre me prouve la justesse de son esprit, la générosité de son cœur. Enfin... moralement parlant, vous me répondez de votre ami... comme de vous-même, vous, mon cher docteur, vous pour qui je ressens l'estime la plus méritée... Que pourrais-je désirer de plus? Et puis, enfin, je vous rappellerai ce que vous me disiez tout à l'heure : parmi les précepteurs que je pourrais choisir... quel est celui qui m'offrirait les garanties que m'offre déjà M. David?

— Cela est juste... entre gens de bien on se croit sur parole.

— Si, au contraire, reprit tristement madame Bastien, je ne puis... ou je ne dois pas accepter l'offre de M. David, il y aurait une sorte d'indélicate curiosité de ma part à provoquer vos confidences sur la vie passée d'une personne... qui doit me rester étrangère, bien que la noblesse de son offre lui ait mérité ma reconnaissance éternelle.

— Je vous remercie pour David et pour moi de la confiance que vous nous témoignez, ma chère madame Bastien. Maintenant... réfléchissez... vous me ferez connaître votre résolution. J'ai désiré, suivant les intentions de David, vous communiquer sa lettre le plus tôt qu'il m'a été possible... Voilà pourquoi, au risque de vous inquiéter un peu par une visite insolite, je suis venu ce soir, au lieu d'attendre à demain, et...

Le docteur ne put achever.

Un éclat de rire violent, convulsif, retentit dans la chambre de Frédérik et fit bondir madame Bastien sur son siége...

Pâle... épouvantée... elle saisit la lumière et courut à la chambre de son fils, où elle entra suivie du docteur.

Le malheureux enfant, les traits décomposés, livides, les lèvres contractées par un sourire sardonique, était en proie à un accès de délire causé sans doute par la réaction des événements de la soirée ; à ses éclats de rire insensés succédaient çà et là des paroles incohérentes, bizarres, mais parmi lesquelles revenaient incessamment :

— Je l'ai manqué... mais patience... patience.

Ces paroles, malheureusement trop significatives pour madame Bastien, lui prouvait que telle était la persistance des idées de haine et de vengeance de Frédérik, qu'elles seules restaient lucides au milieu de l'égarement de son esprit.

Grâce à la présence presque providentielle du docteur Dufour chez madame Bastien, les soins les plus prompts, les plus efficaces furent prodigués à Frédérik.

Durant toute la nuit et la journée du lendemain, sauf une absence de quelques heures, pendant laquelle il se rendit à Pont-Brillant, le docteur ne quitta pas le malade, au chevet duquel madame Bastien veilla avec son courage et son dévouement habituels.

Vers le soir, une amélioration sensible s'opéra dans l'état de Frédérik, le délire cessa ; ce fut même avec une effusion inaccoutumée que ce malheureux enfant remercia sa mère de ses soins, et il versa des larmes abondantes.

Marie, passant du désespoir à une folle espérance, s'imagina que la violence de cette crise, ayant opéré dans l'esprit de son fils une révolution salutaire, il était sauvé. Vers les dix heures du soir, elle céda aux instances du docteur qui prouvait la sécurité où le laissait l'état du malade en retournant à Pont-Brillant, et elle consentit à se mettre au lit pendant que sa servante veillerait son fils. Brisée par la fatigue, par les émotions des dernières journées, la jeune mère goûta le calme réparateur d'un profond sommeil, après avoir exigé que la porte de son fils restât ouverte.

Le matin venu, la première pensée de madame Bastien, en se réveillant, fut d'aller voir Frédérik ; il dormait... Elle s'éloigna doucement, en faisant signe à Marguerite de la suivre, et lui demanda tout bas :

— Comment a-t-il passé cette nuit

— Très-bien, Madame ; il ne s'est réveillé que deux fois, et il m'a parlé bien raisonnablement, je vous l'assure.

— Et de quoi vous a-t-il parlé?

— Mon Dieu, Madame, de choses et d'autres; il m'a demandé, par exemple, en me priant de ne vous en rien dire, comme s'il y avait grand mal à cela, il m'a demandé où était son fusil...

— Son fusil? reprit madame Bastien en tressaillant d'une nouvelle anxiété.

— Et ce fusil, Madame, vous savez bien qu'avant-hier vous me l'avez fait cacher.

— Et... reprit madame Bastien avec angoisse, il n'a rien ajouté de plus?

— Non, Madame, seulement, quand je lui ai eu répondu que madame avait fait renfermer le fusil, il m'a dit : « Ah! c'est bien... mais je vous prie, Marguerite, de ne pas dire à ma mère que j'ai pensé à mon fusil; elle croirait que, faible comme je le suis, j'ai des idées de chasse, et cela pourrait l'inquiéter... »

A peine remis d'une crise cruelle, Frédérik était-il de nouveau sous l'empire de l'horrible préoccupation de sa vengeance?... idée fixe qui ne l'avait pas même abandonné pendant le trouble de son esprit.

Marie était plongée dans ces réflexions navrantes, lorsqu'on lui remit une lettre apportée par le facteur rural.

Madame Bastien reconnut l'écriture de son mari; c'était la réponse à la lettre dans laquelle elle le prévenait de sa résolution de faire voyager Frédérik.

Bourges, 5 novembre 1846.

« Je vous réponds *courrier par courrier,* comme vous le désirez, et pour vous demander :

« 1° Si vous êtes devenue folle;

« 2° Si vous me croyez assez *bonasse* pour me rendre bêtement complice du caprice le plus absurde qui soit jamais passé à travers la cervelle d'une femme désœuvrée?

« Ah! ah! madame ma femme, sous prétexte *de la santé de Frédérik*, il vous faut des voyages de luxe, avec suivante, ni plus ni moins qu'une grande dame... passer l'hiver dans le Midi, rien que ça, parce qu'il fait trop froid à la ferme probablement? et que vous vous y ennuyez à crever, je suppose? Ainsi vous voulez courir la pretentaine?

« Ah çà! mais, savez-vous que vous vous y prenez un peu bien tard, dites donc, pour faire la folichonne, la jeunette et l'évaporée?

« *Nous resterons à Paris vingt-quatre heures... au plus,* me dites-vous; mais moi qui suis un vieux renard, d'ici je vois le fil... c'est pas mal joué, mais j'ai un atout supérieur; je devine vos cartes, je vais vous les dire, moi.

« Comme toutes les provinciales, vous crevez d'envie de voir la capitale, et le moyen ne serait pas mal choisi, si j'étais aussi benêt que vous le supposez... Une fois à Paris, ça serait ceci, cela : *Mon fils est fatigué du voyage, nous ne trouvons pas de place à la diligence, je suis moi-même indisposée*, et autres fariboles... pendant lesquelles huit jours, quinze jours, un mois se passeraient, et vous vous régaleriez de la vie de Paris, en veux-tu, en voilà, le tout avec mon *saint frusquin*, et puis, à la fin de janvier, fouette, cocher, allons passer l'hiver dans le Midi. Si ça ne fait pas suer!

« Quand je vous le dis, faites donc la duchesse, la princesse! Ah! vraiment, monsieur mon fils a besoin de distractions pour sa santé? Eh bien, qu'il pêche à la ligne, il a trois étangs à sa disposition; qu'il chasse le lapin et le lièvre, il n'en manque pas dans les taillis du *Coudrai*. Il a besoin de voyager? qu'il voyage de la plaine des *Herbiers* à la bruyère du moulin *Grand-Pré;* qu'il fasse cet exercice-là six fois par jour, et je vous réponds qu'en trois mois il aura fait un voyage aussi long que celui d'ici à Hyères.

« Tenez, vous me faites pitié, ma parole d'honneur! A votre âge... avoir des idées aussi cornues... biscornues... et surtout me faire l'offense de me croire assez *serin* pour donner dans le panneau!

« Du reste, ceci me confirme dans l'idée que j'avais, que vous éleviez votre fils comme un monsieur... un damoiseau... Voyez-vous ça : il faut des distractions, des voyages à ce cadet-là? Est-ce qu'il n'aurait pas des vapeurs et des attaques de nerfs, par hasard !

« Soyez tranquille, j'y mettrai bon ordre, a ses vapeurs; comme je n'ai pas le temps de m'en occuper, j'ai consenti à vous le laisser jusqu'à dix-sept ans révolus et à lui donner dernièrement encore le ridicule d'un précepteur, ni plus ni moins que s'il était duc ou marquis. Je n'ai que ma parole, vous garderez encore votre fils et un précepteur quelconque pendant cinq mois, après quoi je vous flanque M. Frédérik *saute-ruisseau* chez mon compère Bridou, l'huissier, et, au lieu de faire des voyages de distraction dans le Midi, comme un grand seigneur, monsieur mon fils noircira ses belles mains blanches à grossoyer sur papier timbré, comme ont fait son père et son grand-père, car le *papier timbré*, voilà ma noblesse, à moi. Elle vaut bien celle des marquis. Monsieur mon fils entrera donc *page* dans *la noble maison de très-haut et très-puissant seigneur* Jérôme Bridou, mon compère, et c'est là que le jeune homme fera ses *premières armes ;* c'est donc pour dire que vos projets n'ont pas le sens commun, et que je ne vous donnerai pas un rouge liard pour faire vos escapades.

« J'écris *courrier par courrier* à mon banquier à Blois de se bien garder de vous avancer un centime, et j'écris aussi à mon ami Brossard, le notaire de Pont-Brillant, qui est une vraie gazette, de crier sur tous les toits que, en cas de demande d'argent de votre part, l'on ne vous prête pas un sou, vu que je ne payerai pas : *car toute dette contractée sans l'assentiment du mari est entachée de nullité, puisque la femme est considérée comme mineure...* Ruminez bien ceci... c'est la loi... une mineure de trente et un ans, c'est un peu mûr; mais enfin, puisque vous vous mettez en goût de batifoler comme une jeunesse, il faut vous brider haut et serré.

« Je vous préviens, en outre, que je viens de donner des

instructions et des pouvoirs tels à mon compère Bridou, que, si vous aviez l'audace de faire un coup de tête et d'entreprendre ce voyage, en empruntant de l'argent, je ne sais à qui, l'on *mettrait à l'instant la police à vos trousses pour vous faire réintégrer de force dans le domicile conjugal*, ainsi que j'en ai le droit ; car une femme ne peut quitter ledit toit conjugal sans autorisation de *son maître et seigneur*. Vous me connaissez et savez si je reculerai devant l'accomplissement de ma menace. Vous avez votre tête... vous me l'avez bien prouvé... Eh bien, moi aussi, j'ai la mienne...

« Ne vous donnez pas la peine de me répondre : je pars de Bourges ce soir pour descendre dans le bas pays, où je flaire une bonne opération ; le *revidage* et la vente en morcellement des lots de terre me retiendront jusque vers la mi-janvier au moins ; je reviendrai ensuite à la ferme pour songer à mes blés de mars, et vous laver un peu soigneusement la tête comme vous le méritez, ainsi qu'à monsieur mon fils.

« C'est dans cette espérance que je me dis votre mari fort peu content.

« Bastien.

« *P.-S.* Vous m'avez écrit, dans votre avant-dernière lettre, que votre précepteur était parti ; si vous voulez remplacer cet âne par un autre, faites comme vous voudrez, pourvu que le précepteur (*puisque précepteur* il y a pendant cinq mois encore) ne me coûte que la pâtée, le logement, et cent francs par mois comme l'autre (*sans blanchissage, bien entendu*). Je devrais, pour vous punir, vous rogner le précepteur ; mais je n'ai qu'une parole, et vous le laisse ; arrangez-vous donc comme vous voudrez, et surtout n'oubliez pas qu'à aucun prix je ne veux de ces cracheurs de latin-là à ma table quand j'y suis ; ça me gêne. Quand je viendrai chez moi, ledit précepteur mangera dans sa chambre, ou à la cuisine, s'il aime la société.

« Vous remettrez à maître Hurbin cette lettre relative à mes semailles d'octobre et au *curage* de ma belle sapinière de la route, que je conserve comme la prunelle de mes yeux. Vous direz à maître Hurbin de me faire savoir si mes portées de truies donnent de belles espérances, car je tiens à être médaillé pour l'élève de mes porcs : c'est pour moi une affaire d'amour-propre. »

Un quart d'heure après avoir reçu la grossière épître de son mari, *son seigneur et maître,* comme il disait plaisamment, madame Bastien écrivait les deux lettres suivantes, qui furent aussitôt portées à Pont-Brillant par un exprès.

« *A monsieur le docteur Dufour.*

« Mon bon docteur, veuillez, je vous prie, faire parvenir au plus tôt, à Nantes, la lettre ci-jointe, après l'avoir lue et cachetée : vous ne devez rester étranger à aucune de mes résolutions, dans la pénible et grave circonstance où je me trouve.

« Mon fils a passé une bonne nuit, *physiquement parlant...*

« Tâchez de me donner quelques instants aujourd'hui ou demain. Je vous dirai ce que je n'ai pas le temps de vous écrire, car j'ai hâte de faire partir cette lettre.

« A bientôt, je l'espère.

« Croyez à l'assurance de mon inaltérable amitié.

« Marie Bastien. »

La lettre du docteur Dufour contenait une enveloppe non cachetée dans laquelle on lisait ces lignes :

« Monsieur,

« J'accepte avec une profonde reconnaissance votre offre généreuse.

« L'âge et l'état moral de mon fils, les craintes que m'inspire son avenir, tels sont mes titres à votre intérêt, Monsieur; et je crois qu'à vos yeux ces titres-là sont sacrés.

« Daignez, Monsieur, mettre le comble à vos bontés en hâtant le plus possible votre arrivée ici... Vos prévisions au sujet de mon malheureux enfant ne sont pas seulement réalisées... elles sont, hélas ! encore dépassées...

« Mon seul espoir est en vous, Monsieur ; chaque heure, chaque minute... ajoute à mes angoisses. Je suis épouvantée de ce qui peut se passer d'un moment à l'autre, malgré ma sollicitude et ma surveillance infatigables.

« C'est vous dire, Monsieur, avec quelle impatience, avec quelle anxiété, j'attendrai votre secours.

« Soyez béni, Monsieur, pour la compassion que vous témoignez à une mère qui ne tient à la vie que par son fils.

« Marie Bastien. »

XX

Pendant le peu de jours qui précédèrent l'arrivée de Henri David chez madame Bastien, l'état de faiblesse qui, chez Frédérik, avait succédé à la fièvre nerveuse fut si accablant pour lui, qu'il ne put sortir de la maison maternelle... Le temps s'était d'ailleurs complétement *hiverné*, ainsi qu'on dit dans le pays ; une neige précoce couvrait la terre, tandis qu'un humide et épais brouillard obscurcissait l'atmosphère.

Ces circonstances, jointes à l'état d'atonie de son fils, avaient facilité la surveillance de madame Bastien, qui de toute la journée ne le quittait pas : la nuit venue, les volets de la fenêtre de Frédérik étaient solidement maintenus en dehors, et toute évasion lui était impossible, lors même qu'il aurait eu la force de la tenter.

Du reste, quoique toujours taciturne et concentré, l'adolescent s'efforçait de dissimuler ses sentiments, dans l'espoir de déjouer plus tard l'inquiète surveillance de sa mère ; deux ou trois fois, il lui manifesta même le désir de faire un peu de musique et quelques lectures, ce qui ne lui était pas arrivé depuis longtemps, et, malgré quelques moments de sombre préoccupation, où il retomba parfois, son esprit parut plus calme.

Un jour, il était avec sa mère dans le salon d'étude, occupé à placer, dans de petits pots de terre, quelques bulbes de jacinthes précoces, lorsque le vent apporta le son lointain des trompes et les aboiements des chiens : le jeune marquis chassait en forêt.

Madame Bastien observa son fils sans que celui-ci s'en aperçût ; pendant un instant une lividité jaunâtre s'étendit sur ses traits contractés, ses yeux étincelèrent, et ses mains se crispèrent si violemment qu'il brisa un fragile petit pot de terre qu'il tenait ; puis ses traits reprirent une apparente tranquillité, et il dit à sa mère, en tâchant de sourire et lui montrant les débris du vase :

— Il faut avouer que je suis un jardinier... bien maladroit.

Cette dissimulation, à laquelle Frédérik n'avait pas encore eu recours, annonçait un nouveau progrès, et pour ainsi dire une nouvelle période de sa funeste passion. Marie n'en attendit qu'avec plus d'anxiété l'arrivée de David.

Depuis la scène de guet-apens dans la forêt, il n'y avait eu entre la mère et le fils aucune explication, aucune allusion même à ce sinistre incident.

La jeune femme aurait été complice de Frédérik, qu'elle n'eût pas éprouvé des angoisses plus terribles lorsqu'elle arrêtait malgré elle sa pensée sur cette tentative homicide ; elle avait même caché cette triste révélation au docteur Dufour, son ami le plus éprouvé. Aussi se demandait-elle si elle aurait jamais le courage de faire à David cet aveu, dont elle sentait pourtant l'impérieuse nécessité.

D'autres pénibles préoccupations agitaient madame Bastien : se souvenant de la dureté hautaine avec laquelle son fils avait accueilli les bienveillantes paroles de David, le jour de la Saint-Hubert, elle ne pouvait songer sans inquiétude aux difficultés probables des relations de son fils et de son nouveau précepteur, dont la venue était encore un secret pour Frédérik. Madame Bastien s'était abstenue de prévenir son fils tant qu'elle n'avait pas la certitude absolue de l'arrivée de David.

Enfin elle reçut un mot du docteur Dufour, contenant ce billet de son ami :

« Je prends la poste pour gagner vingt heures, mon cher Pierre... j'arriverai donc chez toi dans le courant du jour où tu auras reçu ces lignes, et nous nous rendrons ensemble chez madame Bastien. »

Plus de doute, David arriverait dans quelques heures, Marie ne pouvait tarder davantage à instruire son fils de ses projets; elle se trouvait alors avec lui dans la salle d'étude.

Frédérik, poursuivant son plan de dissimulation, était assis à une table, s'occupant en apparence de traduire du français en anglais, travail à l'aide duquel il pouvait cacher la tension de son esprit, occupé ailleurs.

— Frédérik, lui dit sa mère, quitte un instant tes livres... et viens ici... près de moi... mon enfant, nous avons à causer.

L'adolescent se leva et vint s'asseoir auprès de sa mère, sur une espèce de canapé placé latéralement à la cheminée.

Madame Bastien, prenant les mains de son fils dans les siennes, lui dit avec une tendre sollicitude :

— Comme tes mains sont froides, mon enfant !... Vois-tu ? ta table de travail est trop éloignée du feu... Tu as voulu aller te mettre au bout de cette pièce... au lieu de rester là... voilà ce qui arrive...

— Je vais, si tu le veux, me rapprocher, ma mère.

— Oui, tout à l'heure... mais je te l'ai dit : d'abord... nous avons à causer...

— A causer ?... de quoi ?...

— De quelque chose de très-sérieux, mon cher enfant.

— Je t'écoute...

— Les raisons qui m'avaient engagée à te choisir un précepteur... existent toujours... quoiqu'il nous ait quittés... Il est des connaissances que tu dois acquérir, et que je ne puis malheureusement pas te donner...

— Je n'ai maintenant, tu le sais, ma mère... aucun gout pour le travail.

— Il faudrait au moins tâcher de prendre un peu sur toi... de vaincre cette langueur, cet ennui qui t'attriste... et me chagrine...

— Eh bien !... je tâcherai...

— Je te crois... mais il me semble que si tu avais quelqu'un auprès de toi pour t'encourager dans tes bonnes résolutions... pour te guider dans tes travaux... cela vaudrait mieux ; qu'en penses-tu ?

— Tu m'encourageras, toi... cela me suffit.

— Je t'encouragerai... à la bonne heure ; mais diriger tes nouvelles études, cela, je te le répète, me serait impossible ; aussi, ajouta madame Bastien en hésitant et interrogeant son fils d'un regard inquiet, j'ai pensé qu'il était à propos de remplacer auprès de toi le précepteur qui nous a quittés...

— Comment... le remplacer ?

— Oui... j'ai pensé à te donner un nouveau précepteur...

— Ce n'est pas la peine de songer à cela, ma mère, je ne veux plus de précepteur...

— Si cela était nécessaire... pourtant...

— Cela ne l'est pas...

— Tu te trompes, mon enfant...

— Je me trompe ?

— Je t'ai choisi un nouveau précepteur.

— Tu dis cela pour plaisanter ?

— Depuis longtemps... mon pauvre enfant, nous avons, toi et moi, perdu l'habitude de plaisanter... et quand je pense à notre gaieté d'autrefois... il me semble rêver... Mais enfin, pour revenir à ce que je te disais, ton nouveau précepteur arrive...

— Il arrive?...

— Aujourd'hui.

Frédérik devint pourpre, tressaillit, se leva brusquement, et frappant du pied avec colère, s'écria :

— Et moi... je ne veux pas de précepteur... entendez-vous, ma mère?...

— Mon enfant, écoute-moi, de grâce...

— Je vous dis que je ne veux pas de précepteur; renvoyez-le... il est inutile... de le prendre. Sinon... il sera de celui-ci... comme de l'autre...

Madame Bastien s'était montrée jusqu'alors tendre, presque suppliante avec son fils; mais, ne voulant pas que sa condescendance dégénérât en faiblesse, elle reprit d'une voix à la fois affectueuse et ferme :

— J'ai décidé, dans ton intérêt, mon enfant, que tu aurais un précepteur, et je suis certaine que tu respecteras ma volonté...

— Vous le verrez...

— Si tu entends dire par là que tu espères lasser, rebuter ce nouveau précepteur par ton mauvais vouloir et tes emportements, tu as doublement tort... d'abord, parce que tu m'affligerais beaucoup, et puis parce que M. David... c'est son nom, n'est pas de ces hommes qui se lassent et se rebutent.

— Peut-être...

— Non, mon enfant... car les dures paroles, les colères, loin de le blesser, lui inspirent une tendre commisération remplie de bienveillance et de pardon, ainsi qu'il te l'a déjà prouvé.

— A moi?

— A toi... mon enfant... car tu l'as vu chez le docteur Dufour...

— Comment... cet homme...

— Cet homme... est le précepteur que je t'ai choisi...

— C'est lui ?... dit Frédérik avec un sourire amer et sardonique. Après tout, tant mieux; je préfère lutter contre celui-là que contre un autre. De lui ou de moi nous verrons qui cédera...

Madame Bastien regarda son fils avec plus de chagrin que de surprise ; elle s'attendait presque à l'irritation de Frédérik, à l'annonce de l'arrivée d'un nouveau surveillant.

Mais quoique certaine de la longanimité de Henri David, qu'elle savait préparé d'avance à toutes les tribulations de la tâche difficile dont il désirait se charger, Marie, voulant épargner du moins à cet homme généreux un accueil blessant, qui ne l'irriterait pas sans doute, mais l'affligerait et refroidirait peut-être son intérêt pour Frédérik, Marie s'adressa directement à l'affection de son fils, dont jusqu'alors elle n'avait jamais pu douter.

— Mon cher enfant, reprit-elle après un moment de silence, je ne te dirai qu'une chose, et je suis bien certaine d'être entendue... C'est au nom de ma tendresse... et de mon dévouement pour toi... que je te prie d'accueillir M. David avec la déférence due à son caractère et à son mérite... Voilà tout ce que je te demande... plus tard... l'affection, la confiance, viendront, je n'en doute pas... je me fie pour cela... à ton bon cœur et aux soins de M. David ; mais si aujourd'hui tu ne te montrais pas envers lui tel... que je le désire... je croirais... oui, je croirais que tu ne m'aimes plus, mon Frédérik...

Et madame Bastien se jeta au cou de son fils en fondant en larmes ; car ces paroles, pourtant si simples : *je croirais que tu ne m'aimes plus,* exprimaient le doute le plus navrant qui pût déchirer son cœur.

L'envie, la haine, en aigrissant, en dénaturant le caractère de Frédérik, n'avaient pu altérer son amour pour sa mère ; mais la honte des mauvais sentiments dont il était possédé le rendait contraint, taciturne, et la conscience de n'être plus digne d'être aimé comme par le passé venait souvent arrêter sur ses lèvres l'expression de sa tendresse filiale...

Cependant, entraîné cette fois par l'accent, par l'étreinte passionnée de sa mère, des larmes de regret et d'attendrissement lui vinrent aux yeux ; mais songeant tout à coup que la

L'ENVIE.

jeune femme allait mettre entre elle et lui un étranger, la crainte d'être pénétré, la révolte contre une autorité autre que l'autorité maternelle, une sorte de jalousie d'affection glacèrent soudain Frédérik ; ses larmes se séchèrent, et il se dégagea doucement des bras de la jeune femme en détournant les yeux. Celle-ci, ignorant la cause de cette froideur, crut à l'indifférence de cet enfant qui l'avait tant aimée ; mais, voulant douter encore de cette révélation, elle s'écria, tremblante, éperdue :

— Frédérik... tu ne me réponds pas ; tiens, je... comprends pourquoi... oui... tu penses que j'exagère... n'est-ce pas ?.. quand je te dis que si tu fais un blessant accueil à ton nouveau précepteur... je croirai que tu ne m'aimes plus, mon Frédérik... En effet, maintenant j'y réfléchis... tu dois penser que j'exagère, mais tu vas me comprendre tout de suite... L'arrivée de ce nouveau précepteur... c'est, selon moi, ton salut et le mien... Vois-tu ?.. c'est la fin de tes peines, qui, tu le sais bien, sont les miennes, c'est une nouvelle ère d'espérance et de bonheur qui va commencer pour nous deux... C'est à cause de cela que je te dis que si tu t'exposais à compromettre ton salut, que je regarde comme notre salut à tous deux, par ton blessant accueil envers M. David, je croirais que tu ne m'aimes plus... parce qu'enfin ce n'est pas aimer sa mère que de la vouloir à jamais malheureuse et désolée... Tu le vois, mon enfant bien-aimé, c'est grave... ce que je te dis là... Je n'exagère rien... n'est-ce pas ?. Mais, mon Dieu !.. Frédérik !.. Frédérik !.. tu détournes encore les yeux... Mais alors, tu veux donc que ce soit vrai, cet horrible doute que j'avais de ta tendresse ?... Et encore, je n'osais l'exprimer que sûre d'avance que tu ne me laisserais pas achever... que tu t'indignerais contre moi d'avoir seulement pu supposer que tu ne m'aimais plus... Et rien... rien... pas un mot qui me rassure... un silence glacial... Toi... toi... autrefois si tendre et toujours pendu à mon cou... Mais, au nom du ciel, qu'as-tu contre moi ?.. que t'ai-je fait ? Depuis ce changement qui me tue, ai-je été assez patiente, assez résignée, assez malheureuse ?

A cette expression déchirante de la douleur maternelle, Frédérik fut encore sur le point de céder; mais ressentant plus vivement encore la morsure de cette jalousie d'affection, inséparable de toute tendresse, il dit avec amertume :

— Eh bien!.. vous devez être rassurée, maintenant que vous avez appelé un étranger à l'aide contre moi, ma mère...

— Mon Dieu! mon Dieu! voilà que tu t'irrites de ce que j'appelle un étranger!.. mais, voyons, sois juste. Que veux-tu que je fasse, que je pense, que je devienne... lorsque je te vois... rester là devant moi... indifférent ou sardonique, après tout ce que je te dis?.. Mon Dieu! il est donc vrai... en quelques mois, j'ai perdu toute influence sur toi... tout, jusqu'à l'autorité des larmes et de la prière... Et tu veux que, impuissante à te sauver, je ne crie pas au secours... que je n'appelle pas quelqu'un à l'aide?.. Mais, malheureux enfant... tu n'as donc plus conscience du bien ou du mal?.. rien de bon, de généreux ne vibre donc plus en toi?.. Voilà donc ma dernière espérance évanouie! il ne me reste donc plus qu'à envisager une réalité terrible! Car enfin, puisque tu m'y forces... ajouta Marie, pâle, éperdue, et d'une voix d'abord si altérée, si basse qu'on l'entendait à peine, puisque tu m'y forces... il faut bien te la rappeler... cette horrible scène dont le souvenir, à cette heure, me glace encore d'épouvante... L'autre soir... dans cette forêt... enfin... dans... cette forêt... tu as... tu as... voulu... enfin... tu as voulu tuer... lâchement tuer... Oh! mon Dieu!... mon fils... mon fils... un *assassin!*

Cette dernière parole fut accentuée avec un si effrayant désespoir, accompagné d'une explosion de sanglots si déchirants, que Frédérik pâlit et frissonna de tout son corps.

A ce cri accusateur sortant de la bouche d'une mère : Assassin!... à ce mot terrible, vengeur, dont il s'entendait poursuivi pour la première fois, Frédérik eut conscience de la grandeur du crime qu'il avait voulu commettre.

La lumière se fit soudain dans ce malheureux esprit depuis si longtemps obscurci par les noires et enivrantes vapeurs de l'envie, de la haine et de la vengeance exaltées jusqu'à leur dernière puissance par la jalousie... Car les louanges données par Marie Bastien au jeune marquis de Pont-Brillant avaient exaspéré les ressentiments de Frédérik.

Oui, la lumière se fit dans l'esprit de cet infortuné... triste lumière, hélas! qui ne lui montra que la profondeur de ses maux incurables... triste lumière à laquelle l'adolescent se reconnut... se vit *assassin,* sinon par l'accomplissement, du moins par la pensée du crime.

— Je le sens, mes jours sont à jamais empoisonnés par l'envie, pensa-t-il. Aux yeux de ma mère... je suis... je serai toujours un lâche qui a voulu se venger par un assassinat. Dans sa pitié, elle feint encore de m'aimer... mais elle ne peut avoir pour moi que de l'horreur.

Marie, remarquant le morne silence de son fils, son accablement mêlé d'effroi, l'expression de désespérance écrasante qui remplissait son sourire contraint et sardonique, se demandait, dans une anxiété croissante, si la réaction de cette scène cruelle serait pour Frédérik funeste ou salutaire.

A ce moment, Marguerite entra et dit à sa maîtresse :

— Madame, M. le docteur vient d'arriver avec un autre Monsieur; ils désirent vous parler... Les voici.

— Frédérik! s'écria la jeune femme en se hâtant d'essuyer les larmes dont ses joues étaient baignées, mon enfant... c'est ton nouveau précepteur, M. David... Je t'en supplie...

Marie ne put achever, car le docteur Dufour entrait, accompagné de Henri David.

Celui-ci salua profondément madame Bastien, et, en se relevant, il aperçut des traces de larmes récentes sur la figure de la jeune femme; il remarqua aussi la pâleur livide de Frédérik, qui le regardait d'un air défiant et sombre.

Le nouveau précepteur aurait tout deviné, lors même qu'un regard suppliant de madame Bastien ne fût pas venu l'éclairer sur la scène qui avait dû se passer entre la mère et le fils.

— Madame, dit M. Dufour, désirant venir en aide à la jeune femme, j'ai l'honneur de vous présenter... mon ami... monsieur Henri David.

Madame Bastien était si brisée par l'émotion, qu'elle ne put que se soulever de son siége, où elle retomba après avoir salué David, et lui dit :

— Je tâcherai, Madame... de me rendre digne de la confiance... que vous voulez bien avoir en moi.

— Mon fils, dit madame Bastien à Frédérik d'une voix qu'elle tâcha de rendre ferme et assurée, j'espère que vous répondrez aux soins de M. David, qui veut bien se charger de de la direction de vos études.

— Monsieur, dit Frédérik en regardant David en face, vous entrez ici malgré moi... vous en sortirez à cause de moi.

— Oh!.. mon Dieu!.. murmura madame Bastien avec un sanglot déchirant.

Et écrasée de confusion, de douleur, ne trouvant pas une parole, elle n'osait pas même lever les yeux sur Henri David.

Celui-ci, jetant sur Frédérik un regard rempli de mansuétude, lui répondit avec un accent d'angélique bonté et d'irrésistible conviction :

— Pauvre enfant!.. vous regretterez ces paroles... lorsque vous commencerez à m'aimer.

Frédérik sourit d'un air sardonique et sortit violemment.

— Docteur... je vous en conjure... ne le laissez pas seul... s'écria la jeune mère en étendant vers le médecin ses mains suppliantes.

Elle n'avait pas achevé ces mots que M. Dufour, lui faisant un signe d'intelligence, suivait les pas de Frédérik.

XXI

Resté seul avec madame Bastien, David garda quelques moments le silence, comme pour se recueillir, puis il dit à la jeune femme d'une voix pénétrée :

— Madame, veuillez voir en moi un médecin qui se voue à une cure peut-être très-difficile... mais, nullement désespérée. J'attends de votre confiance un récit détaillé de tous les événements, des plus puérils aux plus importants, qui ont eu lieu depuis que vous avez remarqué dans le caractère de Frédérik ce changement qui vous désole... Notre ami, le docteur Dufour, m'a déjà donné quelques renseignements; mais ce que vous pouvez m'apprendre, Madame, m'éclairera sans doute davantage.

Ce récit, que Marie fit avec sa sincérité habituelle, touchait à sa fin, lorsque le docteur Dufour rentra.

— Eh bien!.. et Frédérik?.. demanda vivement la jeune femme.

— En sortant d'ici, répondit le médecin, il a gagné la futaie... Je l'ai suivi; il m'a parlé peu, mais avec une douceur mêlée d'abattement; puis, après plusieurs tours de promenade, il est rentré chez lui; comme il ne peut en sortir sans être vu de Marguerite, elle viendrait vous prévenir. Du reste, voici bientôt la nuit, aussi faut-il que je retourne à Pont-Brillant. Allons, ma chère madame Bastien... courage!... je vous laisse le plus sûr... le meilleur des auxiliaires.

Puis, s'adressant à David :

— Adieu, Henri, il n'y aurait pas de justice au ciel si ton

dévouement n'était récompensé par le succès; et il faut qu'elle existe, cette justice, pour que les mères comme madame Bastien finissent pour être aussi heureuses qu'elles le méritent.

Restée seule avec David, Marie acheva son récit; mais lorsqu'elle en vint à l'aveu de la scène de la forêt, elle hésita, pâlit, et son trouble devint si visible, que David lui dit avec intérêt :

— Mon Dieu! Madame... qu'avez-vous?.. Cette émotion... ces larmes à peine contenues?..

— Ah! Monsieur... je serais indigne de votre généreux appui si je vous dissimulais une partie de la vérité... si terrible qu'elle soit!

— Que voulez-vous dire, Madame?

— Eh bien, Monsieur, murmura madame Bastien les yeux baissés et comme anéantie par cette effrayante confidence, Frédérik, saisi d'un accès de fièvre chaude... de délire, que sais-je!.. car... il n'avait plus la tête à lui, est allé... le soir...

— Le soir?..

— Dans la forêt... voisine.

Et madame Bastien s'interrompant encore toute frémissante, David répéta :

— Dans la forêt... voisine?..

— Oui, reprit madame Bastien d'une voix tremblante, entrecoupée, oui... dans la forêt... s'embusquer... pour tirer sur M. de Pont-Brillant...

— Un meurtre! s'écria David en pâlissant et se levant par un mouvement involontaire, un meurtre!

— Grâce, Monsieur, dit Marie, en étendant vers David ses mains suppliantes, grâce pour mon fils, c'était du délire!..

— A seize ans! murmura David.

— Oh! ne l'abandonnez pas, s'écria la jeune femme avec un accent déchirant, car elle craignait que cette révélation ne fît renoncer David à son œuvre généreuse. Hélas! Monsieur, plus mon malheur est grand, plus il est désespéré, plus il doit vous faire pitié... Oh! encore une fois, je vous en supplie à maintes jointes, n'abandonnez pas mon fils,.. Mon dernier espoir est en vous! que deviendrai-je, que deviendrait-il? et puis, voyez-vous, j'en suis sûre, il n'avait pas la tête à lui... c'était du délire, c'était de la folie!

La première stupeur passée, David resta pensif pendant quelques instants, puis il reprit :

— Rassurez-vous, Madame : loin de décourager mon dévouement, les difficultés le stimuleront encore. Mais, ne vous abusez pas... Frédérik... avait toute sa raison... Tôt ou tard, la vengeance devait être la conséquence de sa haine.

— Oh! mon Dieu... mon Dieu!.. non... non, je ne puis croire...

— Croyez... au contraire... Madame... que Frédérik a agi avec toute sa raison; cette conviction, loin de vous alarmer, doit plutôt vous rassurer...

— Me rassurer?

— Sans doute... Qu'attendre d'un insensé? quels moyens d'action a-t-on sur lui? aucun... tandis qu'un esprit sain... dans ses plus redoutables emportements, peut encore être accessible à l'influence de certains sentiments.

— Ah! Monsieur... je vous crois... Hélas! dans le malheur, on s'abandonne à la plus faible espérance...

— Et puis, enfin... Madame, la haine de Frédérik atteint son paroxysme; et si nous savons toute l'étendue du mal, nous savons aussi qu'il ne peut faire de nouveaux progrès...

— Hélas! Monsieur, quel a pu être le point de départ... le germe de cette horrible pensée?.. par quel mystérieux enchaînement Frédérik, autrefois si bon, si généreux, a-t-il été conduit à cette effrayante résolution?

— Là, Madame, est toujours le mystère, et conséquemment le danger; car votre récit des événements passés ne m'a apporté à ce sujet aucune nouvelle lumière... nous voyons des effets dont la cause nous échappe; mais une fois le motif de la haine de Frédérik connu, ce qui nous semble à cette heure à la fois effrayant et plein de ténèbres prendra peut-être un autre aspect à nos yeux... C'est donc à pénétrer ce secret que j'appliquerai tous mes soins. Hélas! Madame, dit David, je ne veux ni vous décourager, ni vous donner de fol espoir... j'étudierai... j'observerai... je tenterai...

Puis remarquant l'abattement qui, chez la jeune femme, succédait à un élan d'espérance involontaire, il ajouta d'une voix émue :

— Allons, Madame, courage, courage!.. attendez tout de votre affection pour votre fils et de mon dévouement à l'œuvre que vous me permettez d'entreprendre. Bien des chances sont pour nous, l'âge encore si tendre de Frédérik... ses antécédents... votre sollicitude, ma vigilance de tous les instants... Mon Dieu! que serait-ce donc si, comme tant d'autres malheureux, il était abandonné sans appui tutélaire à tous les hasards de l'ignorance, de l'isolement et de la misère... ces trois fléaux qui seuls font tant de coupables?..

Madame Bastien, frémissant à cette pensée, s'écria :

— Ah! vous avez raison, Monsieur, mes larmes, mon désespoir, sont presque un outrage à des malheurs mille fois plus cruels que le mien, car il est des mères qui meurent en laissant leur enfant en proie à ces fléaux, qui, comme vous dites, font seuls tant de coupables.

— Et vous, Madame, pleine de courage et d'énergie, vous veillez à chaque instant sur votre fils... et ce fils est rempli d'intelligence et de cœur.

— Oui... il était ainsi...

— Ce qu'il y a en lui de généreux et d'élevé est passagèrement paralysé... soit. Mais lors de la cruelle maladie dont notre ami l'a sauvé, vous avez aussi vu votre enfant pâle, abattu, mourant... Quelques semaines après, cependant, il se relevait plus que jamais brillant de jeunesse, de force et de beauté; pourquoi cette nouvelle maladie, à la fois morale et physique, n'aurait-elle pas une issue aussi heureuse que la première? Qui vous dit qu'après avoir été éprouvé, épuré par une lutte terrible, Frédérik, un jour, ne justifiera pas... et même ne dépassera pas vos premières espérances?

Il y avait tant de conviction, tant de dévouement dans l'accent de David... on lisait sur sa figure mâle et expressive un intérêt si sincère, si tendre pour Frédérik, une volonté à la fois si réfléchie, si résolue de sauver cet enfant, que madame Bastien sentit de nouveau son cœur se détendre un peu sous l'influence d'un vague espoir.

Alors aussi, dans sa reconnaissance de ce soulagement inattendu, plus que jamais elle admira la générosité de David; et, par un retour involontaire sur la brutale défiance de M. Bastien, la jeune femme se dit avec amertume que, sans les sentiments de pitié qu'elle et son fils avaient inspirés à un étranger, elle eût été, par l'avarice et l'inintelligence de son mari, dépourvue de tout moyen d'action pour sauver son enfant, puisqu'elle n'aurait pu même le faire voyager, seule chance de guérison qui lui restât.

S'adressant alors à David, avec une profonde émotion :

— Tous les remerciements... que je pourrais vous adresser, Monsieur, seraient...

David ne la laissa pas achever.

— Des remerciements... Vous ne m'en devez pas, Madame, notre ami vous a lu ma lettre. Je vous dirai donc encore que, dans l'œuvre que je vais tâcher d'accomplir... je trouve à la fois une distraction à de cruels chagrins et une sorte de pieux hommage rendu à la mémoire d'un frère... pauvre enfant... toujours regretté...

— Je n'insisterai pas, Monsieur... D'ailleurs, mes paroles vous peindraient mal ce que je ressens... Un mot seulement sur une question qu'il m'est pénible d'aborder, ajouta madame Bastien en baissant les yeux et en rougissant. Je vous demande pardon d'avance de l'existence modeste... presque pauvre que vous trouverez ici, et je...

— Permettez-moi de vous interrompre, Madame, reprit David en souriant; j'ai beaucoup voyagé... souvent ces voyages se sont accomplis dans des circonstances difficiles... et rudes... j'ai donc été un peu marin et un peu soldat, c'est vous dire la simplicité de mes habitudes.

— Ce n'est pas tout, Monsieur, reprit madame Bastien avec un embarras croissant, presque toujours je vis seule... Les occupations… le genre d'affaires de mon mari le retiennent souvent loin de chez lui… mais quelquefois il revient passer plusieurs jours ici… et..,

— Permettez-moi, Madame, de vous interrompre encore une fois, dit David, touché de l'embarras de madame Bastien, et allant pour ainsi dire au-devant de ce qu'elle hésitait à lui apprendre. J'ai eu, par notre ami commun, quelques renseignements sur les habitudes de M. Bastien… Vous me trouverez donc, Madame, toujours empressé de faire tout au monde pour que ma présence ici ne blesse en rien les habitudes, les idées, les préjugés même de M. Bastien… Je chercherai avant tout à me faire tolérer et à mériter, sinon son affection, du moins son indifférence… car il me serait pénible… une fois mon œuvre entreprise… peut-être avec succès… de la voir brusquement interrompue… En un mot, Madame, comme je ne puis rester ici contre le gré de M. Bastien… rien ne me coûtera pour me faire tolérer par lui, et de ces concessions… quelles qu'elles soient… ma dignité n'aura, je vous l'assure, rien à souffrir, vous comprenez pourquoi… n'est-ce pas?

— Oui… oui… Monsieur… je le comprends, dit vivement madame Bastien, soulagée d'un poids cruel.

La délicatesse des procédés de David fit sur Marie une nouvelle et profonde impression ; elle n'en doutait pas, le docteur Dufour avait prévenu son ami de l'habituelle grossièreté de M. Bastien, et l'homme généreux qui se vouait au salut de Frédérik avec un dévouement si désintéressé, se résignait d'avance à des désagréments certains, à des humiliations peut-être, lorsque l'indépendance de sa position, l'élévation de son caractère, le mettaient au-dessus d'une situation subalterne et pénible.

— Ah! Monsieur, dit la jeune femme à David, en attachant sur lui ses grands yeux où brillaient des pleurs d'attendrissement, si les belles âmes ont le sentiment du bien qu'elles font… comme vous devez être heureux en ce moment!…

Ces simples paroles, prononcées avec une expression de gratitude ineffable par madame Bastien, pendant que de douces larmes coulaient sur son pâle et adorable visage, touchèrent si profondément David, que ses yeux aussi devinrent humides, son cœur battit violemment, et il garda quelques moments le silence...

Ce silence, Marie le rompit la première en disant :

— Maintenant, monsieur David, voulez-vous m'accompagner... afin que je vous fasse connaître la chambre que vous voulez bien accepter ici ?

David s'inclina et suivit la jeune femme.

XXII

La nuit était à peu près venue.

Madame Bastien prit une lumière et, passant dans la petite salle à manger, où Marguerite s'occupait de dresser le couvert pour le modeste repas du soir, elle lui dit :

— Frédérik... est toujours dans sa chambre, n'est-ce pas ?

— Oui, Madame, sans cela je serais venue vous avertir... mais il n'est pas sorti de la maison, car je l'aurais vu passer par ici.

Madame Bastien conduisit David à l'étage mansardé, pratiqué dans le grenier, qui s'étendait au-dessus du rez-de-chaussée.

Cet étage se composait de trois chambres : l'une occupée

par Marguerite, l'autre par le charretier, la troisième était destinée au précepteur.

Telle avait été l'inexorable volonté de M. Bastien.

En vain, sa femme lui avait représenté l'inconvenance de loger ainsi un instituteur, ajoutant qu'à peu de frais l'on pouvait disposer en logement décent une sorte de remise abandonnée faisant suite au rez-de-chaussée ; M. Bastien s'était formellement opposé à cette mesure, déclarant de plus que si, en son absence, sa femme passait outre, il le saurait et reviendrait à l'instant procéder lui-même au déménagement du *cracheur de latin,* ainsi qu'il disait, et le renverrait à la mansarde dont il devait se contenter.

Madame Bastien savait son mari capable d'exécuter sa menace ; aussi, pour épargner une si pénible avanie au précepteur qu'elle avait choisi, elle dut se résigner à voir cet homme honorable occuper un logement peu en rapport avec l'importance de ses fonctions.

Si la jeune femme avait pris à cœur ce qu'elle considérait déjà comme une injure faite à la dignité du premier précepteur de son fils, que l'on juge de ce qu'elle éprouva, lorsqu'il s'agit de David, dont le noble désintéressement méritait tant d'égards.

Ce fut donc avec une pénible confusion que Marie ouvrit la porte de la chambre mansardée dont elle avait tâché de parer de son mieux la triste et froide nudité. Un petit cornet de porcelaine bleue et blanche, placé sur la table de travail en bois noirci, renfermait un bouquet de chrysanthèmes et de roses du Bengale, pâles et dernières fleurs de l'automne ; le sol carrelé luisait de propreté, et les blancs rideaux de la mansarde étaient relevés par un nœud de rubans ; on reconnaissait enfin, dans les moindres détails de cet aménagement, le désir d'en faire oublier la pauvreté à force de soins, de bonne grâce et de bon vouloir.

— C'est à regret, Monsieur... je vous assure... que je suis forcée de vous offrir cette chambre, dit timidemont madame Bastien, mais... la fâcheuse impossibilité où je suis de mettre à votre disposition un logement plus convenable sera mon excuse...

David, jetant les yeux autour de lui, ne put retenir un léger mouvement de surprise, et, après un silence de quelques instants, il dit à madame Bastien, avec un sourire mélancolique :

— Tout ce que je puis vous répondre, Madame, c'est que, par un hasard singulier, cette chambre ressemble beaucoup à celle que j'occupais chez mon père... dans ma première jeunesse... et c'est toujours avec plaisir que je me rappelle un passé que tant de doux souvenirs me rendent cher.

David, qui disait vrai, se tut et jeta de nouveau autour de lui un regard attendri.

Rien de moins extraordinaire que cette similitude de deux chambres de garçon, toujours à peu près pareilles dès qu'elles sont mansardées ; aussi, presque heureuse de ce rapprochement et de la visible émotion qui se lisait sur les traits du précepteur, Marie espéra que, grâce aux souvenirs heureux que cette pauvre demeure semblait rappeler à son nouvel hôte, elle lui paraîtrait plus tolérable.

En descendant des mansardes, madame Bastien et David trouvèrent le repas servi.

— Je crains bien, dit Marie, que Frédérik ne refuse de se mettre à table ce soir ; excusez-moi, je vous prie, Monsieur, je vais aller le trouver.

David s'inclina, madame Bastien courut à la chambre de son fils ; il se promenait lentement d'un air rêveur.

— Mon enfant, lui dit-elle, le souper est servi ; veux-tu venir ?

— Merci, ma mère... je n'ai pas faim... tout à l'heure je me coucherai...

— Tu ne souffres pas ?

— Non, ma mère, mais je me sens fatigué... j'ai surtout besoin de repos.

— Mon enfant... j'espère que tu réfléchiras à ce que tes paroles de tantôt auraient eu de pénible pour M. David, s'il ne ressentait pas déjà pour toi le plus tendre intérêt... et s'il n'était pas certain, comme il te l'a dit, de te faire revenir d'injustes préventions à force de soins, de bonté. Il sera pour toi, non pas un maître, mais un ami... je dirais un frère, sans la disproportion de vos âges. Demain matin tu le verras, et tu auras, n'est-ce pas, pour lui, les égards que commande sa bienveillance pour toi?

Frédérik ne répondit rien, sa lèvre se contracta légèrement et il baissa la tête... il semblait, depuis l'arrivée de sa mère, éviter ses regards.

Madame Bastien avait une profonde habitude de la physionomie de son fils, elle comprit qu'il était décidé à garder un silence obstiné, elle n'insista pas, et rejoignit David.

Après un souper frugal, madame Bastien alla s'informer de son fils; il paraissait calme. Elle vint retrouver David dans la salle d'étude, qui servait de salon.

Au dehors, l'on n'entendait que le sifflement du vent d'automne; dans la maison, le silence était profond; le foyer pétillait et reflétait ses lueurs sur le carrelage d'un rouge brillant, tandis qu'une lampe à abat-jour jetait une lumière à demi voilée dans l'appartement où Marie était seule avec David.

Celui-ci, voulant distraire la jeune femme de ses pénibles pensées, tout en l'occupant de son fils, la pria de lui faire voir les cahiers d'étude, les traductions de Frédérik, ainsi que plusieurs récits d'imagination, et quelques essais de poésie composés par lui, alors qu'il faisait encore l'orgueil et la joie de sa mère.

David espérait trouver, au milieu de ces pages écrites par l'adolescent, et auxquelles madame Bastien avait plusieurs fois fait allusion pendant le souper, une pensée, une phrase, un mot qui contiendrait peut-être le germe des funestes idées dont ce malheureux enfant semblait obsédé.

Marie, penchée et accoudée sur la table, pendant que David, assis, examinait, dans un silence attentif, les travaux de Frédérik, attachait un regard d'une curiosité inquiète sur le précepteur, interrogeant sa physionomie, afin de tâcher de deviner à l'avance s'il était satisfait de ce qu'il lisait alors (un récit composé par Frédérik sur un sujet donné par sa mère).

D'abord, la jeune femme douta du succès ; les traits de David restèrent graves, réfléchis ; mais soudain il sourit doucement, et ce sourire fut suivi de plusieurs mouvements de tête vivement approbatifs ; deux ou trois fois même il dit à demi voix :

— Bien... très-bien !..

Puis soudain il parut mécontent, froissa légèrement d'une main impatiente un des feuillets du manuscrit, ses traits redevinrent impassibles, et il poursuivit sa lecture.

La figure de Marie reflétait pour ainsi dire chacune des nuances de la physionomie de David, qu'elle ne quittait pas des yeux. Souriante, orgueilleuse, lorsqu'il souriait de contentement ; triste, inquiète, lorsqu'il ne semblait pas satisfait.

Mais bientôt, et pour la première fois depuis un long temps, l'heureuse mère, oubliant un moment ses chagrins, n'eut plus qu'à se réjouir du triomphe de Frédérik : les marques d'approbation de David redevinrent fréquentes ; intéressé, entraîné par ce qu'il lisait, il semblait ressentir un contentement tout personnel, et plusieurs fois il dit d'une voix attendrie :

— Cher enfant !.. c'est généreux... c'est élevé... plein d'élan et de cœur... Et cela encore... Oh ! du cœur ! toujours du cœur !

En disant ces derniers mots, David porta sa main à ses yeux légèrement humides, et continua sa lecture sans plus songer à la présence de madame Bastien.

Marie n'avait perdu ni un mot, ni une inflexion de voix, ni un geste. Elle ressentit le contre-coup de la douce émotion qui se peignit alors sur le mâle et expressif visage de David.

Alors seulement, se rendant compte des traits de son hôte, qu'elle avait jusqu'alors vu, pour ainsi dire, *sans le regarder*, Marie le trouva sinon régulièrement beau, du moins d'une physionomie attrayante, affectueuse et résolue ; elle fut surtout frappée de l'expression douce, pensive et pénétrante de ses grands yeux bruns. Elle ne pouvait isoler son fils d'aucune de ses pensées, de ses remarques. Ainsi, observant que, comme Frédérik, David avait des mains charmantes, parfaitement soignées, et qu'il était mis avec une élégante simplicité, elle se félicita doublement d'avoir habitué son fils à ces soins personnels, que tant de gens dédaignent comme puérils ou affectés, et qu'elle regardait au contraire comme une conséquence de la dignité naturelle et du respect de soi. Ces réflexions de Marie, quoique longues à décrire, furent pour ainsi dire instantanées chez elle, et faites tout en continuant d'épier d'un regard attentif les moindres mouvements de la physionomie de son hôte qui, de plus en plus intéressé par la lecture de l'écrit de Frédérik, s'écria soudain :

— Non... non, il est impossible que celui qui a écrit ces lignes, d'une élévation je dirais presque naïve... tant elle semble naturelle et familière à son esprit, n'écoute pas, tôt ou tard, la voix de la raison et du cœur... Et ces pages, Madame, ont-elles été écrites longtemps avant l'époque où vous avez observé les premiers changements dans le caractère de Frédérik ?

Madame Bastien se recueillit un instant et répondit :

— Autant que je puis me le rappeler, ceci doit avoir été écrit avant une excursion que nous avons faite au château de Pont-Brillant vers la fin de juin... Et ce n'est que dans les premiers jours du mois d'août que Frédérik a commencé à me donner des inquiétudes à ce sujet.

Après un moment de réflexion, David reprit :

— Et depuis que vous avez observé un changement si notable dans le caractère de Frédérik... a-t-il écrit quelque chose... d'imagination ? cela pourrait nous aider... car, dans ces lignes, sa pensée secrète s'est peut-être trahie à son insu...

— Votre remarque est très-juste, Monsieur, reprit madame Bastien, frappée d'un souvenir soudain ; et, prenant un des cahiers de son fils, qu'elle montra à David, elle lui dit :

— Plusieurs feuillets manquent à cet endroit, ainsi que vous le voyez... J'ai demandé la cause de cette lacération à Frédérik; il m'a répondu que, mécontent de ce qu'il venait d'écrire, il n'avait pas voulu me le laisser lire... Cela se passait alors qu'il commençait à m'inquiéter sérieusement...

— Et parmi les pages qui restent, vous n'avez, Madame, remarqué rien de significatif?

— Ainsi que vous allez le voir, Monsieur... Depuis cette époque, Frédérik n'a presque rien écrit; son aversion de tout travail devenait de plus en plus profonde. En vain, ainsi que j'avais coutume de le faire, je lui indiquais plusieurs sujets, soit historiques, soit de pure invention... il essayait d'écrire quelques lignes ; puis, saisi d'un accablement invincible, il laissait tomber sa plume, cachait son visage entre ses mains, et demeurait ainsi des heures entières, sourd à toutes mes questions, à toutes me prières.

Pendant que madame Bastien parlait ainsi, David avait attentivement parcouru les fragments de récits qu'elle venait de lui communiquer.

— Cela est étrange, dit-il, au bout de quelques instants, dans ces lignes incohérentes écrites comme au hasard, tout sentiment... toute élévation ont disparu... le style même se ressent de cette funeste disposition ; on dirait qu'un voile s'est étendu sur l'esprit de ce malheureux enfant... la lassitude... l'ennui... que lui causait sans doute le travail, se révèlent à chaque instant... Mais voici quelques mots qui semblent effacés avec soin... ajouta David en tâchant de déchiffrer ce que cachaient les ratures.

Marie se rapprocha de son hôte, voulant l'aider de la connaissance qu'elle avait de l'écriture de son fils, et, toujours debout, elle se pencha sur la table, une main appuyée sur le dossier de la chaise de David, afin de mieux voir les lignes raturées. Dans ce mouvement si naturel, David sentit son bras effleuré par la rondeur élastique du bras charmant de madame Bastien.

Cette pression involontaire fut si légère, si instantanée, que

Marie ne s'en aperçut même pas. David éprouva un frisson soudain, électrique : mais doué d'une grande puissance sur lui-même, il resta impassible, quoiqu'il songeât pour la première fois, depuis l'accomplissement de sa généreuse résolution, que la femme avec laquelle il devait désormais vivre d'une vie commune, intime, solitaire, était jeune, d'une beauté adorable, qu'elle réunissait les plus admirables qualités du cœur, et était enfin cette *vierge-mère* dont le docteur Dufour lui avait raconté la vie si vaillante et si résignée...

Bien que rapide, profonde et remplie d'une certaine angoisse, cette impression ne se trahit en rien chez David, et, avec l'aide de Marie, il continua de déchiffrer les mots soigneusement raturés par Frédérik.

Après une étude patiente, la jeune femme et son hôte parvinrent à déchiffrer, en différents endroits du manuscrit, plusieurs mots qui ne se rattachaient en rien aux phrases dont ils étaient suivis ou précédés... Évidemment, ils avaient été tracés presque involontairement, et sous l'influence des pensées dont l'adolescent était obsédé. Ainsi, on lisait sur un feuillet ce lambeau de phrase :

... Pour les créatures destinées à ramper toujours dans une humiliante obscurité, c'est de ne pouvoir... et... arracher...

Deux ou trois mots du commencement et la fin de la phrase étaient absolument indéchiffrables.

Plus loin, sur une page, on voyait ces deux seuls mots légèrement biffés, comme s'ils eussent été suffisamment défendus contre toute interprétation par leur laconisme :

— *Pourquoi ?*

— *De quel droit ?*

Enfin, cette phrase, la moins incomplète, avait été non moins péniblement déchiffrée par David et par la jeune femme :

... de toi... grande et sainte révolution... les faibles.... sont devenus les forts ; la vengeance tardive est arrivée... alors... terrible... mais beau dans sa...

Au moment où David répétait une seconde fois et lentement ces mots, comme pour chercher à deviner leur secrète signification, minuit sonna.

— Minuit! dit madame Bastien avec surprise, déjà minuit?

David, craignant d'être indiscret, se leva, prit le cahier, et dit à la jeune femme :

— Permettez-moi, Madame, d'emporter ces pages... Ce que nous venons de déchiffrer est bien vague, bien incomplet... il n'importe; souvent on est mis sur la voie de la vérité par la trace la plus imperceptible... je vais méditer sur tout ceci, et peut-être y trouverai-je un germe que mes entretiens avec Frédérik développeront plus tard.

— A demain donc, monsieur David, dit tristement Marie, en sentant de nouveau le poids des appréhensions dont elle avait été distraite pendant la soirée, sans cesser pour cela de s'occuper de Frédérik. J'accepte toutes les espérances que vous m'avez données, j'en ai tant besoin!.. demain sera pour nous un jour de grande épreuve, car c'est demain qu'aura lieu votre premier entretien avec mon fils.

— Dans cet entretien, je me guiderai sur l'inspiration du moment, sur la disposition d'esprit de Frédérik... peut-être aussi d'après le résultat de mes réflexions de cette nuit, au sujet de ces quelques lignes.

— A demain donc, monsieur David.

— A demain, Madame.

Quelques instants après, pensif et rêveur, David se renfermait dans sa petite chambre, située au-dessus de celle de la jeune femme.

XXIII

Dès que le remords du crime qu'il avait voulu commettre eut, à la voix de sa mère, pénétré dans l'âme de Frédérik, il fut obsédé sans relâche par ce remords. Quoiqu'il eût assez conscience de l'horreur de sa tentative homicide pour être incapable de la récidiver, il était loin d'être guéri de sa haineuse envie. Ces ressentiments, n'ayant plus d'issue au dehors par l'excitation, par l'espoir de le vengeance, n'en devenaient que plus âcres, que plus corrosifs, en stagnant désormais au fond de ce cœur qu'ils rongeaient lentement.

Aussi, à la première nuit qui suivit l'arrivée de David à la ferme, nuit passée tout entière dans une médiation désespérante et désespérée, Frédérik avait subi une nouvelle transformation, qui devait déconcerter la sagacité de sa mère et la pénétration de David.

Tous deux furent frappés d'un changement qui se manifestait jusque dans la physionomie de l'adolescent : elle n'était plus sardonique, altière et farouche ; elle était confuse, abattue ; son regard ne défiait plus le regard par sa sauvage audace ; toujours morne, abaissé, il semblait au contraire fuir tous les yeux.

Madame Bastien et David s'attendaient à une nouvelle explosion de violence, lors de la seconde entrevue de Frédérik avec son nouveau précepteur... il n'en fut rien.

L'adolescent se montra humble et docile, mais toutes les avances cordiales, toutes les familiarités affectueuses de David échouèrent devant la muette concentration de ce malheureux enfant...

David essaya de l'interroger sur ses études, il répondi tanttôt avec précision, tantôt d'une manière diffuse et involontairement préoccupée ; mais, à toutes les questions, à toutes les insinuations faites en dehors de ses travaux, il resta silencieux, impassible.

Marie proposa une promenade avec David. Frédérik accepta.

Durant cette longue excursion, le nouveau précepteur, dont les connaissances étaient aussi nombreuses que variées, tâcha de s'emparer de l'attention de Frédérik par des observations remplies d'intérêt et de grandeur sur plusieurs phénomènes de la nature : tantôt un silex, un morceau de roche servaient de point de départ aux considérations les plus curieuses sur les différents âges du globe, et sur la transformation successive de ses habitants ; tantôt l'admirable régularité géométrique du travail d'un insecte, ses mœurs, ses instincts, devenaient le sujet d'une conversation des plus attrayantes ; tantôt enfin, à propos d'une ruine très-ancienne, située dans les environs de la ferme, David racontait à Frédérik quelques faits relatifs aux habitudes guerrières et aventureuses du moyen âge, ou lui citait quelques légendes d'une naïveté charmante...

L'adolescent écoutait poliment, répondait par monosyllabes, mais conservait son masque glacé...

Au retour de la promenade, Frédérik prit un livre, lut jusqu'au dîner, et, peu de temps après le repas, demanda à sa mère la permission de se retirer.

Restés seuls, David et Marie échangèrent un regard d'une tristesse profonde ; ils comprenaient le néant de cette première journée.

— Rien n'a pu vibrer en lui, dit David en réfléchissant, rien. Il m'a été impossible de le captiver un instant, afin de l'attirer peu à peu, à son insu, dans la sphère d'idées où je voulais le conduire.

— Tandis qu'autrefois, monsieur David, vous l'eussiez vu ravi, émerveillé, charmé de ces notions si diverses que vous rendez si attrayantes...

— Ne trouvez-vous pas, Madame, que depuis hier il s'est

accompli en lui je ne sais quelle révolution qui a fait soudain disparaître, si cela peut se dire, les aspérités de son caractère?

— Comme vous, monsieur David, j'ai fait cette remarque.

— Et ce changement, je suis presque tenté de le regretter, ajouta David d'un air pensif. Si aiguës, si tranchantes que soient des aspérités, elles offrent du moins... quelque prise... Mais que faire devant une surface polie et froide comme la glace?.. Il n'importe, poursuivit-il après réflexion... Il faudra trouver un moyen d'action...

— Et ce changement si soudain, monsieur David, qu'en pensez-vous?

— Est-ce le calme qui suit l'apaisement de la tempête, ou bien est-ce le calme trompeur qui souvent précède un nouvel orage? Nous le saurons plus tard... Il se peut aussi que mon arrivée ait opéré ce revirement chez Frédérik.

— Comment cela, monsieur David?

— Peut-être sent-il que notre double surveillance doit lui rendre impossible toute nouvelle tentative de vengeance... peut-être craint-il que ma pénétration, jointe à la vôtre, Madame, ne surprenne son secret; alors il redouble de contrainte et de réserve. C'est à nous, Madame, de redoubler d'attention.

— Et dans les cahiers qu'hier soir vous avez emportés?

— Après avoir longtemps médité sur les lambeaux de phrases que vous savez, Madame, j'ai cru, si faible, si incertain qu'il fût, trouver un indice...

— Et cet indice? dit vivement madame Bastien.

— Permettez-moi de ne vous rien dire de plus... Madame, avant que j'aie pénétré plus avant dans la voie, bien obscure encore, que semble m'ouvrir cet indice... Si mon pressentiment ne me trompe pas, et me conduit à la découverte de quelques faits significatifs, je pourrai vous bien préciser ma pensée; si elle est juste... son évidence vous frappera, et, fort de nos deux convictions, j'agirai alors avec bien plus d'assurance. Mon Dieu, Madame, ajouta David en souriant tristement, mille fois pardon de cette réticence, mais c'est une tâche si difficile, si délicate que la nôtre, qu'un rien peut tout compromettre ou tout sauver. Encore une fois, pardon.

— Vous me demandez pardon, monsieur David, lorsque votre réserve même est une nouvelle preuve de votre généreuse sollicitude pour mon plus cher... hélas! pour mon unique intérêt sur cette terre!

. . . .

Le soir du jour où madame Bastien avait eu cet entretien avec David, Marguerite vint donner ses soins à la jeune femme à l'heure de son coucher, et lui dit :

— Mon Dieu, Madame, je vous ai vue si occupée avec M. David depuis votre retour de la promenade, et ce soir aussi, que je n'ai pas voulu vous déranger pour vous dire une chose pourtant bien extraordinaire.

— De quoi s'agit-il donc?

— Vous étiez sortie avec M. Frédérik et M. David depuis une heure, Madame, lorsque j'entends un grand bruit à la porte de la cour... je vais voir... c'était une superbe voiture à quatre chevaux... Et qui était dans cette voiture, Madame? je vous le donne en cent... madame la marquise de Pont-Brillant qui demandait à vous parler...

— A moi! s'écria Marie en pâlissant, craignant que la tentative de Frédérik n'eût été découverte, c'est impossible... vous vous trompez, Marguerite... je ne connais pas madame de Pont-Brillant...

— C'est pourtant bien vous, Madame, que cette chère bonne petite vieille dame a demandée; même elle m'a dit, en parlant tout aussi simplement que nous autres : « Je suis joliment fâchée de ne pas la rencontrer, madame Bastien. Je m'en venais pour comme qui dirait voisiner un peu, car on est voisin, c'est pour se voir ; enfin c'est égal... ça se retrouvera, et tu lui diras, n'est-ce pas, ma fille, à cette chère madame Bastien, que je reviendrai... un de ces jours... Faut pas surtout qu'elle se donne la peine de me rendre ma visite au château... ça la dérangerait, cette chère dame, et je ne veux pas de ça du tout... mais moi je reviendrai souvent ici avec mon bâton de vieillesse... »

— Qu'est-ce que cela signifie?... se dit à elle-même madame Bastien, confondue de cet incident, et ne sachant à quoi attribuer cette inconcevable visite.

Marguerite, croyant que sa maîtresse cherchait la signification de ces mots : « Je reviendrai souvent *avec mon bâton de vieillesse,* » ajouta :

— Madame la marquise voulait dire par là, Madame, qu'elle reviendrait souvent vous voir avec son petit-fils, M. le marquis.

— Elle a dit cela!... s'écria Marie, tremblant à la seule pensée d'une rencontre entre Frédérik et Raoul de Pont-Brillant, elle vous a dit qu'elle reviendrait... avec?...

— Avec M. le marquis, oui, Madame, et même cette bonne chère dame a ajouté : « C'est qu'il est joliment gentil, va, ma fille, mon bâton de vieillesse... autrement dit mon petit-fils, et généreux comme un roi. Allons, puisque j'ai le guignon de ne pas rencontrer madame Bastien, faut bien m'en aller. Mais, dis donc, ma fille, a ajouté madame la marquise, j'ai soif à étrangler. Est-ce que tu ne pourrais pas me donner un bon verre d'eau claire? » Certainement, madame la marquise, que je réponds toute honteuse de ce qu'une si grande dame avait la bonté de me demander un verre d'eau; mais je me dis en moi-même : pour sûr, madame la marquise a demandé de l'eau par politesse, je vais lui rendre sa politesse en lui donnant du vin; j'accours dans ma cuisine, je verse un plein grand verre de vin, je le mets sur une assiette bien propre, et je reviens à la voiture.

— Vous auriez dû, Marguerite, donner tout simplement à madame de Pont-Brillant le verre d'eau qu'elle vous demandait; enfin, il n'importe...

— Pardon, Madame, j'ai eu bien raison de donner du vin, au contraire, puisque madame la marquise l'a pris.

— Ce grand verre de vin?

— Oui, Madame, pas plus fière que ça... c'est-à-dire, elle n'a fait qu'y tremper ses lèvres; mais elle a fait boire tout le reste à une autre vieille dame qui était avec elle, et qui n'aimait peut-être pas le vin, car elle a fait la grimace après avoir bu; alors madame la marquise a ajouté : « Tu diras, ma fille, à cette chère madame Bastien, que nous avons bu à sa santé et à ses beaux yeux; » et en même temps, tout en me rendant le verre, elle a mis dedans, devinez quoi, Madame?... ces cinq belles pièces d'or que voilà, en me disant : « Voilà pour les gens de madame Bastien, à condition qu'ils boiront à la santé de mon petit-fils, le marquis de Pont-Brillant. Au revoir, ma fille! » Et la belle voiture est repartie.

— Je suis désolée, Marguerite, que vous n'ayez pas eu la délicatesse de refuser l'argent qu'on vous a donné.

— Mais, Madame, cinq louis d'or!

— C'est justement parce que cette somme est importante, qu'il m'est très-pénible que vous l'ayez acceptée...

— Dame... moi... je ne savais pas, Madame; c'est la première fois que ça m'arrive, et si Madame veut... je reporterai les cinq pièces d'or au château.

— Ce serait pis encore... mais je vous prie, Marguerite, si vous avez quelque attachement pour moi, de porter ces cent francs au tronc des pauvres de la paroisse...

— Demain ce sera fait, Madame, dit bravement Marguerite, ces cinq pièces d'or me brûleraient les doigts, maintenant que vous m'avez dit que j'ai eu tort de les recevoir.

— Merci, Marguerite, merci, je sais que vous êtes une bonne et digne femme... Mais un mot encore : mon fils sait-il que madame de Pont-Brillant est venue ici?

— Non, Madame, car je ne le lui ai pas dit, et j'étais seule à la maison lorsque la voiture est venue.

— Marguerite, il est important que mon fils ne soit pas instruit de cette visite...

— Bien, Madame... je n'en soufflerai pas mot.

— Enfin, si madame de Pont-Brillant revenait ici, que j'y sois ou non, vous direz toujours que je suis absente.

— Comment, Madame, refuser de recevoir une si grande dame?

— Ma bonne Marguerite, je ne suis pas une grande dame... et je ne désire d'autre société que celle des personnes de ma condition... Il est donc bien entendu que je ne serai jamais chez moi, si madame de Pont-Brillant revient, et que mon fils doit absolument ignorer la visite d'aujourd'hui.

— C'est convenu, Madame... fiez-vous à moi.

Marie Bastien cherchait en vain à deviner le but de cette visite, incident dont elle s'étonnait d'autant plus qu'elle avait toujours présente à la pensée la haine de Frédérik contre le marquis de Pont-Brillant.

Le lendemain matin, Marie fit part de cette circonstance à David ; il remarqua deux choses qui avaient aussi frappé madame Bastien, quoique sous un autre point de vue.

— Voici ce que je crois, Madame, dit David. La demande du verre d'eau n'était qu'un prétexte de faire une largesse qui serait d'une prodigalité folle, si elle ne cachait quelque arrière-pensée. Aussi... madame de Pont-Brillant s'est-elle résignée à boire ou à faire boire le verre de vin par sa compagne, sans doute pour ne pas humilier Marguerite, délicatesse qui me paraît singulière chez une femme comme madame de Pont-Brillant, qui voulait d'ailleurs ne pas perdre l'occasion d'une excessive libéralité au nom de son petit-fils. Puis, enfin, madame de Pont-Brillant promet de revenir souvent... ici, Madame... mais...

— Elle ne veut pas *me déranger*, et me prie de ne pas lui rendre sa visite au château... J'avais remarqué cette humiliante distinction, monsieur David, et lors même que j'aurais eu la moindre intention de répondre aux avances de madame de Pont-Brillant, ce procédé blessant m'eût obligée de lui fermer ma porte à l'avenir... Mais loin d'avoir la triste vanité d'être flattée de sa démarche, je n'en ressens au contraire que de l'inquiétude, de la crainte même... en pensant que si madame de Pont-Brillant revenait ici avec son petit-fils... Frédérik... pourrait se trouver face à face avec l'objet de sa haine... Ah ! monsieur David... mon cœur se glace à cette pensée... car je me rappelle la terrible scène de la forêt.

— Cette visite me semble, comme à vous, Madame, d'autant plus étrange, que les circonstances dont elle a été accompagnée sont fort suspectes... Notre ami, le docteur Dufour, m'a parlé de la douairière de Pont-Brillant comme d'une femme qui, malgré son grand âge, a conservé le cynisme et la dépravation de l'époque où elle a vécu dans sa jeunesse. Votre éloignement de la douairière est donc doublement justifié, Madame ; seulement, en rapprochant ces avances, si blessantes qu'elles soient, de la haine de Frédérik contre Raoul de Pont-Brillant, il est du moins évident que celui-ci ne connaît pas votre fils. Sans cela comment consentirait-il à accompagner ici sa grand'mère?

— C'est ce que je me suis dit, monsieur David. Ah! le vertige me prend lorsque je veux pénétrer ce triste mystère.

. . . .

. . . .

Deux ou trois jours se passèrent encore en tentatives impuissantes de la part du précepteur et de Marie.

Frédérik resta impénétrable.

David alla jusqu'aux moyens les plus héroïques ; il lui parla de Raoul de Pont-Brillant... L'adolescent pâlit légèrement, baissa la tête... resta muet et impassible.

— Il a du moins renoncé à sa vengeance, pensa David, qui avait attentivement étudié la physionomie de Frédérik... La haine subsiste peut-être encore... mais du moins elle sera passive...

Cette conviction, partagée par Marie, la tranquillisa du moins sur la possibilité d'une récidive qui la glaçait d'épouvante.

. . . .

L'état de Frédérik semblait empirer chaque jour.

Ce malheureux n'était plus que l'ombre de lui-même : opiniâtre, absolu dans le bien comme dans le mal... il ressentait aussi violemment le remords de sa funeste action qu'il avait ressenti l'ardeur de la vengeance... et puis, sans cesse, il était sous le poids de cette accablante pensée ;

« — Quelle comparaison ma mère fera-t-elle toujours entre moi, qui ai voulu être un lâche meurtrier... et ce *noble marquis*, dont elle m'a parlé avec tant de louanges!... Et pourtant si elle savait... Oh!... malheur à moi... malheur à moi!... plus que jamais, je hais ce Pont-Brillant, et le remords m'a désarmé. . . . .

. . . . »

Un jour David dit à Marie :

— Frédérik, tout en acceptant gaiement la modeste existence qu'il trouvait chez vous, Madame, ne vous a-t-il jamais paru désirer le luxe, la richesse, ou regretter de ne pas les posséder?

— Jamais, monsieur David; il n'est pour ainsi dire pas une pensée de mon fils qui ne me soit présente à la mémoire... car, depuis ces malheureux temps, je passe ma vie à interroger le passé... Non, jamais je n'ai entendu Frédérik désirer quelque chose au delà de notre vie simple et presque pauvre... Que de fois il m'a dit, avec tendresse : « Mère, est-il un sort plus heureux que le nôtre?... Quel bonheur de vivre avec toi, dans notre petit monde paisible et solitaire! »

La pauvre Marie ne put achever... ce ressouvenir d'un passé radieux la brisait.

. . . .

David cependant, loin de se décourager, poursuivait sa pensée avec cette persévérante lenteur, avec cette observation minutieuse et profonde, à l'aide desquelles les savants reconstruisent souvent un monde, une époque, un être, grâce à quelques fragments, à quelques débris insignifiants.

— Croyez-vous Frédérik *ambitieux?* dit une autre fois David à Marie. Dans ses épanchements avec vous... lorsqu'il s'agissait de sa position à venir, quelles étaient ses idées?

Marie sourit tristement et répondit :

— Un jour, je lui disais : « Voyons, mon enfant, lorsque tu seras homme, quelle carrière choisiras-tu? Que voudras-tu être? — *Ton fils,* » me répondit-il avec un mélange de tendresse et de grâce dont vous ne pouvez avoir une idée, monsieur David. « Je te comprends, mon cher enfant; mais enfin il faudra choisir une carrière ? — Passer ma vie à t'aimer, mère, à te rendre heureuse, je ne vois pas, je ne veux pas d'autre carrière... — Mais enfin, cher fou bien-aimé, il faudra bien t'occuper? — M'occuper!... Et t'embrasser, et te regarder, et t'écouter, et te dire que je t'aime, et nous promener, et faire nos aumônes en actions, et voir nos fleurs, et regarder ensemble le soleil se coucher, où la lune se lever au-dessus de nos grands chênes, ne voilà-t-il pas assez d'occupations? Ah! mère!... mère... les jours seraient longs deux fois comme ils le sont... que je n'aurais pas seulement une minute à moi... » Voilà, monsieur David, dit Marie en essuyant de nouveau ses larmes, voilà quelle était alors l'ambition de mon fils...

— Affectueuse et charmante nature! dit David en partageant l'émotion de Marie.

Puis il reprit :

— Lors de cette visite au château de Pont-Brillant, dont vous m'avez parlé, nous n'avez pas remarqué, Madame, que la vue de ces merveilles... ait attristé Frédérik?

— Non, monsieur David... et, sauf l'incident que je vous ai raconté, la grossièreté d'un intendant dont mon fils s'est un instant irrité... cette journée a été pour lui, comme pour nous, aussi gaie qu'intéressante.

— Et depuis, ajouta lentement David, et depuis... rien... n'a pu vous donner la pensée... que Frédérik... ait comparé avec une certaine amertume, avec *envie* enfin, votre modeste existence à l'existence somptueuse du jeune marquis?

— Frédérik! s'écria madame Bastien, en regardant David d'un air de reproche. Ah! Monsieur, mon malheureux enfant... est tombé bien bas; la violence de son caractère l'a emporté jusqu'à la pensée d'un crime... dont nous ignorons la cause... mais lui *envieux*... lui! Ah! monsieur David, vous vous trompez... Les bons comme les mauvais jours de sa vie le défendent contre un pareil reproche...

David ne répondit rien et resta pensif.

. . . .

Chaque jour l'intimité de David et de Marie s'augmentait par leur communauté d'intérêts et d'angoisses; c'était à tout instant un continuel échange de questions, d'épanchements, de craintes, de projets ou d'espérances, hélas! bien rares, les espérances ayant toujours Frédérik pour objet.

Henri David et Marie passaient ainsi, dans la solitude du tête-à-tête, les longues soirées d'hiver, car le fils de madame Bastien se retirait à huit heures; une fois au lit, un sommeil feint lui permettait de se soustraire à la sollicitude dont on l'entourait, et de se plonger pour ainsi dire les yeux fermés dans le noir abîme de ses pensées.

— Je suis plus misérable encore que par le passé, se disait l'adolescent : autrefois les inquiétudes, les questions incessantes de ma mère sur mon mal inconnu m'irritaient... à cette heure elles me navrent et augmentent mon désespoir. Je comprends tout ce que doit souffrir ma mère; sa pitié ne se rebute pas. Chaque jour m'apporte une nouvelle preuve de sa tendre commisération, de ses efforts inouïs pour me guérir; mais, hélas! elle pourra pardonner mon crime... mais jamais l'oublier... Elle doit ignorer toujours, oh! toujours... les circonstances qui m'ont poussé à vouloir tuer ce Pont-Brillant... Aussi, je ne serai plus pour elle qu'un triste objet de compassion; cela doit être, car, je le sens, mon mal est incurable... puisqu'il résiste à tant de secours. Et, ce que je pense de ma mère, je le pense aussi de M. David; j'ai maintenant conscience de son dévouement pour moi et pour ma mère; car se dévouer pour moi, c'est se dévouer à ma mère... sa sollicitude à lui est non moins impuissante. Ah! le mal dont je souffre ne se guérit pas plus... que ne s'efface le remords d'une lâche et horrible action.

. . . .

Pendant que ce malheureux enfant, ainsi concentré en lui-même, se repaissait d'une douleur de plus en plus corrosive, David, se croyant sur la voie de la vérité, poursuivait ses investigations, ne voulant tenter une dernière et décisive épreuve sur Frédérik qu'armé de la toute-puissance d'une conviction inébranlable ; aussi multipliait-il ses recherches, les étendant aux sujets les plus insignifiants en apparence. Persuadé que Frédérik, ayant sans doute une puissante raison de dissimuler à sa mère le fond de sa pensée, se serait peut-être moins contraint avec d'anciens serviteurs, David interrogeait minutieusement la vieille servante et le vieux jardinier ; ce fut de la sorte qu'il eut connaissance de quelques faits d'une haute signification pour lui : ainsi, entre autres, un mendiant, envers qui Frédérik s'était toujours montré secourable, avait dit au jardinier :

— M. Frédérik est bien changé ; lui autrefois si bon, m'a aujourd'hui durement répondu : « Adressez-vous à M. le marquis ! *Il est si riche !!!* »

. . . .

Madame Bastien voyait ordinairement David plusieurs fois dans la journée.

Un jour il ne parut pas.

A l'heure du repas du soir, Marguerite étant allée prévenir qu'on était servi, David, profondément absorbé, chargea la servante de dire à madame Bastien que, se trouvant un peu indisposé, elle voulût bien l'excuser de ne pas descendre pour dîner.

De son côté, Frédérik, arrivé au terme de son marasme moral, n'avait pas quitté sa chambre.

Marie, pour la première fois depuis l'arrivée de David, passa sa soirée seule.

Cette solitude l'attrista profondément ; elle se sentit involontairement assaillie de noirs pressentiments.

Vers les onze heures, elle rentra dans sa chambre ; son fils dormait ou feignait de dormir. Marguerite vint donner ses soins habituels à sa maîtresse ; celle-ci, accablée, silencieuse, venait de revêtir son peignoir de nuit et de dénouer ses longs cheveux, lorsque la vieille servante, qui avait plusieurs fois adressé la parole à Marie sans que celle-ci lui eût prêté grande attention, lui dit, au moment de se retirer :

— Madame, j'ai oublié de vous demander si André pouvait prendre demain le cheval et la charrette pour aller à Pont-Brillant.

— Oui, répondit Marie avec distraction, tenant dans l'une de ses petites mains, qui pouvait à peine les contenir, ses longs cheveux dénoués, tandis que son autre main promenait machinalement le démêloir d'écaille sur la toile cirée de la toilette, car la jeune femme, les yeux fixes, s'abandonnait à ses douloureuses pensées.

— Vous savez, n'est-ce pas, Madame, pourquoi André va à la ville? reprit Marguerite.

— Non, répondit Marie toujours absorbée.

— Mais, Madame, reprit Marguerite, c'est pour porter les effets de ce Monsieur, puisqu'il paraît qu'il s'en va...

— Grand Dieu!... s'écria madame Bastien en laissant retomber sa masse de cheveux sur ses épaules, et en se retournant brusquement vers sa servante, qu'elle regardait avec stupeur : Marguerite... que dites-vous?

— Je dis, Madame, qu'il paraît que ce Monsieur s'en va...

— Quel Monsieur?

— M. David, le nouveau précepteur de M. Frédérik... et c'est dommage... car il était...

— Il s'en va? reprit madame Bastien, en interrompant Marguerite d'une voix si altérée et avec une telle expression de surprise et de douleur, que la servante s'écria :

— Mon Dieu! Madame, qu'avez-vous?

— Voyons, Marguerite, il y a quelque erreur là-dedans, dit Marie en tâchant de se rassurer. Comment savez-vous que M. David s'en va?

— Dame!.. puisqu'il renvoie ses effets à la ville.

— Qui vous a dit cela?

— André...

— Comment le sait-il?

— Mon Dieu! Madame, c'est bien simple; hier, M. David lui a dit : « Mon ami, serait-il possible d'avoir un cheval et une charrette pour envoyer des malles à Pont-Brillant, d'ici à un ou deux jours? » André lui a répondu que oui... Alors, moi, Madame, j'ai cru devoir vous prévenir qu'André prenait le cheval demain, voilà tout.

— Monsieur David est découragé, il renonce à une tâche au-dessus de ses forces... L'embarras, le regret qu'il éprouve, m'expliquent son absence pendant toute cette journée... mon fils est perdu.

Telle fut la première, l'unique pensée de Marie.

Alors, éperdue, folle de désespoir, oubliant le désordre de sa toilette, l'heure avancée de la nuit, et laissant Marguerite stupéfaite, la jeune femme monta chez David, et entra précipitamment dans sa chambre.

XXIV

Lorsque Marie se présenta si inopinément devant lui, David était assis à sa petite table, dans l'attitude de la méditation. A la vue de la jeune femme, pâle, éplorée, les cheveux épars, et dans le désordre d'une toilette de nuit, il se leva brusquement, et, devenant aussi pâle que Marie, car il croyait à quelque funeste événement, il lui dit :

— Madame, qu'est-il arrivé?.. est-ce que Frédérik?..

— Monsieur David ! s'écria la jeune femme, il est impossible que vous nous abandonniez ainsi...

— Madame...

— Je vous dis que vous ne partirez pas... non, vous n'aurez pas ce courage... Mon unique... mon dernier espoir est en vous... car, vous le savez bien, mon Dieu! je n'ai que vous au monde pour me venir en aide...

— Madame... un mot, je vous en conjure.

Marie, joignant les mains, ajouta d'une voix suppliante :

— Grâce... monsieur David... soyez bon et généreux jusqu'à la fin... pourquoi vous décourager? Les emportements de mon fils ont cessé... il a renoncé à ses projets de vengeance... C'est déjà beaucoup... et, cela, je le dois à votre influence... L'abattement de Frédérik augmente... mais ce n'est pas une raison pour désespérer... Mon Dieu! mon Dieu!.. Peut-être vous me croyez ingrate... parce que je vous exprime mal ma reconnaissance. Ce n'est pas ma faute... Mon pauvre enfant paraît vous être aussi cher qu'à moi... Vous dites quelquefois *notre* Frédérik... alors j'oublie que vous êtes un étranger qui a eu pitié de nous ; votre tendresse pour mon fils me semble si sincère, que je ne m'étonne pas plus de vous voir vous dévouer pour lui, que je ne m'étonne de me dévouer moi-même.

Dans sa stupeur, David n'avait pu d'abord trouver un mot... puis il éprouva un si grand bonheur à entendre Marie lui peindre sa gratitude d'une manière si touchante, que, malgré lui, il ne la rassura peut-être pas aussitôt qu'il l'aurait pu. Cependant, se reprochant de ne pas mettre fin aux angoisses de de cette malheureuse femme, il reprit :

— Veuillez m'écouter, Madame...

— Non... non!.. s'écria-t-elle avec l'impétuosité de la douleur et de la prière, oh!.. il faudra bien que vous ayez pitié... vous ne voudrez pas me tuer par le désespoir après m'avoir fait tant espérer. Est-ce que je peux me passer de vous maintenant? Mais, mon Dieu! que voulez-vous que je devienne si vous partez? Oh! monsieur David, il est un souvenir tout-puissant sur vous... celui de votre jeune frère. C'est au nom de ce souvenir que je vous supplie de ne pas abandonner Frédérik. Vous avez été jusqu'ici aussi tendre pour lui que s'il était votre enfant ou votre frère. Ce sont là des liens... sacrés qui nous unissent vous et moi! et ces liens... vous ne les romprez pas ainsi sans pitié; non, non, cela ne se peut pas...

Et les sanglots étouffèrent la voix de la jeune femme.

Des larmes aussi vinrent aux yeux de David, et il s'empressa de dire à madame Bastien d'une voix émue et pénétrante :

— J'ignore, Madame... qui a pu vous faire croire que je partais... Rien n'est plus loin de ma pensée...

— Vrai ! s'écria Marie avec un accent indéfinissable.

— Et s'il faut tout vous dire... Madame... j'ai pu parfois, non me décourager... mais avoir conscience de la difficulté de notre tâche ; mais aujourd'hui... à cette heure... pour la première fois... j'ai bon espoir...

— Mon Dieu !... vous l'entendez ! murmura Marie avec une religieuse émotion. Que cette espérance ne soit pas vaine !

— Elle ne le sera pas, Madame, j'ai tout lieu de le croire, et, loin de songer à partir, j'ai passé mon temps à réfléchir à la journée de demain, qui doit être décisive. Pour ne pas interrompre le cours de ces réflexions, j'ai pris le prétexte d'une légère indisposition, afin de ne pas paraître au dîner. Rassurez-vous donc, Madame, je vous en conjure à mon tour. Croyez que je n'ai qu'une seule pensée au monde... le salut de *notre* Frédérik ; aujourd'hui, ce salut est non-seulement possible... mais probable... Oui, tout me dit que demain sera pour nous un heureux jour...

Il est impossible de peindre la transformation qui, à chaque mot de David, se manifesta dans la physionomie de la jeune femme... Son visage, naguère pâle, bouleversé par la douleur, s'était soudain coloré par l'émotion d'une surprise heureuse : ses traits enchanteurs, à demi voilés par les ondes de ses cheveux dénoués, rayonnaient alors d'une espérance ineffable.

Marie était si adorablement belle, ainsi vêtue de ce peignoir blanc à demi entr'ouvert par les violentes palpitations de son beau sein, qu'une bouffée de brûlante ardeur monta au front de David et aviva encore l'amour passionné qu'il sentait depuis quelque temps avec effroi envahir peu à peu son cœur.

— Monsieur David, reprit madame Bastien, vous ne voudriez pas m'abuser par un fol espoir... afin de vous soustraire à mes prières, afin de vous épargner la vue de mes larmes. Oh!. pardon... pardon, j'ai honte de ce dernier doute, dernier écho de ma terreur passée... oh! je vous crois, je vous crois, je suis si heureuse de vous croire !

— Vous le pouvez, Madame... car je n'ai jamais menti, répondit David, osant à peine jeter les yeux sur Marie, dont la beauté l'enivrait jusqu'au vertige. Mais qui a pu, Madame... vous faire supposer que je partais ?...

— C'est Marguerite... qui tout à l'heure m'a dit cela dans ma chambre ; alors, tout effrayée, je suis accourue chez vous.

Ces mots rappelèrent à David que la présence de madame Bastien, dans sa chambre à lui, à une heure avancée de la nuit, pouvait sembler étrange aux serviteurs de la maison, malgré l'affectueux respect dont la jeune mère était entourée; aussi, profitant d'un prétexte qu'elle venait de lui offrir, il s'avança jusqu'au seuil de sa porte, restée d'ailleurs ouverte pendant cet entretien, et appela Marguerite à haute voix.

— Pardon, Madame, dit-il alors à Marie qui le regardait avec surprise, je désirerais savoir comment Marguerite a pu croire que je partais.

La servante, aussi étonnée qu'effrayée de la brusque sortie de sa maîtresse, se hâta de monter chez David, qui lui dit aussitôt :

— Ma chère Marguerite, vous venez de causer une bien vive inquiétude à madame Bastien en lui disant que je me préparais à quitter la maison... et cela au moment où Frédérik, ce pauvre enfant que vous avez presque vu naître, a besoin de tous nos soins. Dans sa vive anxiété, madame Bastien est accourue ici ; heureusement rien ne m'a été plus facile que de la rassurer ; mais, encore une fois, comment avez-vous cru à mon départ ?

— Ainsi que je l'ai dit à Madame, monsieur David, vous aviez demandé à André un cheval et une charrette pour transporter des malles à Pont-Brillant... alors... moi... j'ai cru...

— Il est vrai, dit David en interrompant Marguerite ; puis, s'adressant à Marie :

— Pardon mille fois, Madame, d'avoir donné lieu à une erreur qui vous a causé une telle inquiétude... Voici tout simplement ce dont il s'agit : je m'étais chargé de quelques caisses de livres que je devais remettre, à mon arrivée au Sénégal, à l'un de nos compatriotes. En partant de Nantes, j'avais, dans ma préoccupation, donné ordre de m'adresser ici mes bagages ; ces caisses ont fait, contre mon intention, partie de cet envoi, et c'est...

— Pour les retourner à Nantes par la diligence qui passe à Pont-Brillant que vous avez demandé un cheval et une charrette, n'est-ce pas, monsieur David ? dit la vieille servante.

— Justement, ma chère Marguerite.

— C'est de la faute d'André, aussi ! reprit la servante. Il me dit : des malles ; moi, je me suis dit : des malles ou des effets, c'est la même chose. Mais, Dieu merci ! vous avez rassuré Madame, et vous restez, monsieur David ; car, à elle toute seule, elle aurait eu bien du mal avec le pauvre monsieur Frédérik.

Pendant cet échange d'explications entre Marguerite et David, madame Bastien, complétement rassurée, revint pour ainsi dire tout à fait à elle ; alors, sentant flotter sur son sein demi-nu une des longues tresses de ses cheveux, Marie songea au désordre de ses vêtements ; mais elle était si pure, si candide, et chez elle la *mère* primait tellement la *femme* que, dans le premier moment, elle n'attacha aucune importance aux diverses circonstances de son entrevue nocturne avec David ; mais lorsque son instinct de pudeur naturelle se réveilla, elle réfléchit à ce qu'il y aurait eu d'embarrassant, de pénible pour elle, à s'apercevoir, seule à seule avec David, qu'elle était accourue chez lui en toilette de nuit ; aussi devina-t-elle bientôt toute la délicatesse du sentiment auquel David avait obéi en appelant Marguerite pour lui demander une explication qu'il devait naturellement attendre d'elle, madame Bastien.

Ces réflexions, Marie les avait faites pendant les explications échangées entre David et Marguerite.

Ne sachant comment réparer le désordre de sa coiffure et de sa toilette sans être aperçue de David, et sentant que cette *réparation* même était pour ainsi dire l'aveu tacite d'une inconvenance fâcheuse quoique excusable, la jeune femme sut cependant sortir de cet embarras.

La servante portait un grand châle de laine ponceau ; madame Bastien le lui ôta doucement en silence de dessus les épaules ; puis, ainsi que font les femmes du pays, Marie se le mit sur la tête et le croisa, de sorte que ses cheveux flottants étaient ainsi à demi cachés et qu'elle se trouvait enveloppée jusqu'à la ceinture dans les longs plis du châle.

Ceci fut fait avec tant de prestesse, que David ne s'aperçut pour ainsi dire de la métamorphose du costume de Marie qu'au moment où celle-ci disait à sa servante avec une affectueuse familiarité :

— Ma bonne Marguerite... pardon si j'ai pris votre châle... mais cette nuit est glaciale et j'ai froid...

Si David avait trouvé la jeune femme adorablement belle et touchante, les cheveux épars et toute vêtue de blanc, il la trouva d'une beauté rare, et charmante encore, sous cette espèce de mante de couleur ponceau ; rien ne pouvait mieux faire ressortir le doux éclat des grands yeux bleus de Marie, le brun de ses cheveux et la blancheur rosée de ses traits.

— Bonsoir, monsieur David, dit la jeune mère ; après être entrée chez vous désespérée... je sors rassurée... puisque vous me dites que demain doit être un jour d'épreuve décisif pour Frédérik... et un jour peut-être bien heureux pour nous...

— Oui, Madame... j'ai bon espoir... et, si vous le permettez, demain matin, avant de voir Frédérik, j'irai vous trouver dans la salle d'étude...

— Je vous y attendrai, monsieur David, et avec une grande impatience... Dieu veuille que vos prévisions ne vous trompent pas. Encore bonsoir, monsieur David... Venez-vous, Marguerite ?

La jeune femme avait depuis longtemps quitté la chambre de David, que celui-ci, immobile à la même place, croyait voir... voyait encore, avec un voluptueux frémissement, cette figure enchanteresse abritée sous les plis de ce châle.

XXV

Le lendemain matin, à huit heures, David attendait madame Bastien dans le salon d'étude; elle y arriva bientôt.

— Bonjour, Madame, lui dit le précepteur. Eh bien... Frédérik?

— En vérité, monsieur David, je ne sais si je dois me réjouir ou m'alarmer... car, cette nuit, il s'est passé... une chose si étrange...

— Comment cela, Madame?

— Accablée par les émotions de la soirée d'hier, je dormais d'un de ces sommeils profonds et lourds dont le réveil même vous laisse pendant quelques moments dans une torpeur accablante... et vous donne à peine la conscience de ce qui se passe autour de vous... Soudain il m'a semblé que, réveillée à demi... je ne sais par quelle cause... je voyais confusément, à la lueur de ma lampe, Frédérik penché sur mon lit... Il me regardait en pleurant... et me disait : *Adieu!.. mère, adieu!* Je voulus lui parler... faire un mouvement; mais l'engourdissement contre lequel je luttais m'en empêcha pendant quelques moments... Enfin, après un dernier effort de ma volonté, je m'éveillai tout à fait... Frédérik avait disparu...

Encore tout étourdie... je me demandai si cette apparition était un songe ou une réalité. Après une hésitation de quelques secondes, j'allai chez mon fils... il dormait ou il feignait de dormir profondément... Dans le doute, je n'osai le réveiller... ce pauvre enfant, il dort si peu... maintenant !

— Et, ce matin... Madame... lui avez-vous parlé de l'incident de cette nuit ?

— Oui... mais il a eu l'air si sincèrement surpris de ce que je lui disais, il m'a affirmé si naturellement qu'il n'avait pas quitté sa chambre, que je ne sais plus que penser... Ai-je été dupe d'une illusion ? Dans mon incessante préoccupation de Frédérik... aurai-je pris un rêve pour une réalité ? cela se peut... Cependant il me semble encore voir la figure de mon fils baignée de larmes... entendre sa voix oppressée me dire: *Adieu !... mère, adieu !...* Mais pardon, Monsieur, dit madame Bastien d'une voix altérée, et portant son mouchoir à ses yeux, le seul souvenir de ce mot *adieu...* me fait mal... Pourquoi ces adieux ? où veut-il aller ? Rêve ou réalité, ce mot, malgré moi, m'inquiète.

— Calmez-vous, Madame, dit David après avoir écouté madame Bastien, je crois, comme vous, que l'apparition de Frédérik a été une illusion produite par la tension continuelle de votre esprit... Mille exemples attestent la possibilité de pareilles hallucinations.

— Mais ce mot *adieu ?...* Ah ! je ne puis vous dire le serrement de cœur qu'il m'a causé, le noir pressentiment qu'il me laisse encore...

— De grâce, Madame, n'attachez pas d'importance à un rêve... je dis rêve, parce qu'il est difficile d'admettre la réalité de cet incident ; à propos de quoi Frédérik serait-il venu pleurer à votre chevet et vous faire ses adieux pendant votre sommeil ? Comment voulez-vous qu'il pense à vous quitter ? où peut-il aller... maintenant que notre double surveillance compte chacun de ses pas ?

— Il est vrai... monsieur David... et pourtant...

— De grâce, rassurez-vous, Madame... et d'ailleurs vous

m'aviez dit, je crois, qu'en dehors de cet incident, vous ne saviez si vous deviez vous réjouir ou vous alarmer, et cela pour quelle cause ?

— Ce matin, Frédérik m'a paru calme, presque content : il n'avait plus l'air abattu... il souriait, et, comme par le passé, il m'a embrassée avec une tendre effusion, me suppliant de lui pardonner les chagrins qu'il m'avait causés, et me promettant de faire tout au monde pour me les faire oublier... Aussi, en rapprochant de vos rassurantes paroles d'hier ce langage si nouveau de la part de mon fils, et l'espèce de satisfaction que je lisais sur ses traits, j'aurais dû me trouver heureuse, bien heureuse...

— En effet, Madame, et pourquoi vous alarmer ? Ce revirement soudain... qui coïncide merveilleusement avec mes espérances, avec mes projets, doit, au contraire...

David fut interrompu par l'arrivée de Frédérik. Celui-ci, toujours pâle, mais le front serein, la bouche souriante, s'avançant vers son précepteur d'un air ouvert, lui dit avec un mélange de déférence et de cordialité :

— Monsieur David, j'ai à vous demander votre indulgence et votre pardon pour un pauvre garçon à moitié fou, qui, lors de votre arrivée ici, vous a dit des paroles dont il eût rougi s'il avait eu conscience de ses idées et de ses actions... Depuis cette époque, ce pauvre garçon s'est montré moins grossier, mais il est resté impassible devant les mille témoignages de bonté dont vous l'avez comblé... De tous ces torts... il se repent. M'accordez-vous sa grâce ?

— De tout mon cœur, mon brave enfant, répondit David en échangeant un regard de surprise et de bonheur avec madame Bastien.

— Merci, monsieur David, répondit Frédérik en serrant avec émotion les mains de son précepteur entre les siennes ; merci... pour ma mère et pour moi.

— Ah ! mon enfant... dit vivement madame Bastien, je ne puis te dire combien tu me rends heureuse... nos mauvais jours sont donc finis !

— Oui, mère... et ce n'est plus moi qui, je te le jure, te causera des chagrins.

— Mon cher Frédérik... dit David en souriant, vous savez que je ne suis pas un précepteur comme un autre... et que j'aime prendre les champs pour salle d'étude... le temps est assez beau ce matin... voulez-vous que nous sortions?

Frédérik tressaillit imperceptiblement, puis il reprit aussitôt :

— Je suis à vos ordres, monsieur David...

Et se retournant vers madame Bastien :

— Adieu! mère, dit l'adolescent en embrassant la jeune femme.

Il est impossible de rendre ce qu'éprouva madame Bastien en entendant ces mots :

— *Adieu! mère...*

Ces mots qui, la nuit précédente, illusion ou réalité, avaient retenti dans son cœur comme un funeste pressentiment...

Marie crut aussi remarquer que son fils faisait, pour ainsi dire, durer cette fois ses baisers plus longtemps que de coutume... et que sa main, qu'elle tenait, frissonnait dans la sienne...

L'émotion de la jeune mère fut si vive, que ses traits devinrent d'une grande pâleur, et elle s'écria malgré elle, avec un accent d'effroi :

— Mon Dieu! Frédérik, où vas-tu?

David n'avait pas quitté madame Bastien des yeux, il devina tout et lui dit de l'air le plus naturel du monde, quoiqu'en appuyant sur certains mots avec intention :

— Eh! mais, Madame... Frédérik *vous dit adieu* parce qu'il vient se promener avec moi.

— Sans doute, mère... ajouta le jeune homme frappé de l'émotion de madame Bastien et jetant sur elle à la dérobée un regard inquiet et pénétrant.

Ce regard, David le surprit tout en faisant à madame Bastien un signe expressif qui semblait lui dire :

— Qu'avez-vous à craindre? ne suis-je pas là?

— Il est vrai... mes craintes sont folles, pensa madame Bastien, M. David n'est-il pas avec Frédérik ?

Tout ceci s'était passé en bien moins de temps qu'il n'en faut pour l'écrire; le précepteur, prenant Frédérik sous le bras, dit à madame Bastien en souriant :

— Il est probable, Madame, que notre *classe* en plein champ durera jusqu'au déjeuner : vous voyez que je suis sans pitié pour mon élève... Je veux vous le ramener harassé de fatigue...

Madame Bastien ouvrit la porte vitrée qui donnait de la salle d'étude sous la futaie. David et Frédérik sortirent.

L'adolescent évita de rencontrer de nouveau le regard de sa mère.

Longtemps la jeune femme resta rêveuse et attristée au seuil de la porte, les yeux attachés sur le chemin que son fils et David avaient pris.

— Je vous laisse le choix de notre promenade, mon cher enfant, avait dit David à Frédérik lorsqu'ils furent sur la lisière de la futaie.

— Oh! mon Dieu!... monsieur David, peu importe, répondit simplement Frédérik ; mais, puisque vous me laissez le choix, je vais vous conduire d'un côté que vous ne connaissez peut-être pas... tenez, vers ce bouquet de sapins que vous voyez là-bas, au faîte de la colline.

— En effet, mon enfant... je ne suis point encore allé de ce côté.... dit David en se dirigeant avec son élève vers le but de leur promenade.

De plus en plus surpris de l'étrange coïncidence de ses espérances avec le revirement soudain qui semblait se manifester chez le fils de madame Bastien, David l'observa attentivement et remarqua qu'il tenait presque toujours ses yeux baissés, quoique, par un mouvement presque involontaire, en traversant la futaie, il eût, par deux ou trois fois, tourné la tête derrière lui pour regarder sa mère tant qu'il put la voir au loin, à travers les éclaircies des grands arbres, debout au seuil de la porte.

Après quelques minutes d'examen, David reconnut que le calme de Frédérik était feint : une fois hors de la présence de sa mère, le jeune homme, d'ailleurs incapable de se contraindre longtemps, redevint soucieux et visiblement préoccupé... ses traits se contractaient parfois et prenaient alors, si cela se peut dire, une expression de sérénité navrante dont David s'inquiéta. En effet, afin de ne pas effrayer madame Bastien, il avait tâché de la persuader que l'apparition de Frédérik, durant la nuit précédente, était un rêve... Mais David ne pensait pas ainsi ; il regardait comme une réalité les adieux nocturnes de Frédérik à sa mère endormie; cette circonstance, jointe à ce qu'il observait à l'heure même, lui fit craindre que le brusque changement de son élève ne fût joué et ne cachât quelque funeste résolution.

— Mais, heureusement, pensait David, je suis là...

Lorsqu'ils eurent quitté la futaie, Frédérik prit un chemin gazonné à travers les guérets qui, laissant à droite la forêt de Pont-Brillant, se dirigeait vers la crête d'une petite colline au sommet de laquelle on apercevait cinq ou six grands sapins isolés.

— Mon cher enfant, dit David au bout de quelques instants, je suis d'autant plus heureux des paroles remplies d'affectueuse confiance que vous m'avez adressées ce matin, qu'elles ne pouvaient venir plus à propos...

— Pourquoi cela, monsieur David?

— Parce que, fort de cette confiance et de cette affection que j'avais tâché de vous inspirer jusqu'ici... je pourrai entreprendre avec vous... une tâche... qui d'abord semble bien difficile...

— Et cette tâche, quelle est-elle?

— Vous rendre aussi heureux que vous l'étiez... autrefois.

— Moi !... s'écria involontairement Frédérik.

— Oui.

— Mais, reprit Frédérik en se contraignant, je ne suis plus malheureux... je l'ai dit ce matin à ma mère... le malaise que je ressentais... et qui m'avait aigri le caractère... s'est dissipé... presque tout à coup... D'ailleurs, M. Dufour avait annoncé à ma mère... que cela finirait ainsi.

— Vraiment, mon enfant... vous n'êtes plus malheureux? vos chagrins ont cessé? vous avez le cœur libre, content, joyeux comme autrefois?

— Monsieur...

— Hélas, mon cher Frédérik, la droiture de votre cœur vous empêche de dissimuler longtemps la vérité... Oui, quoi que vous ayez dit ce matin à votre mère pour la rassurer, vous souffrez encore à cette heure... vous souffrez autant et plus peut-être que par le passé.

Les traits de Frédérik se contractèrent. La pénétration de David l'atterrait... et, pour éviter ses regards, il baissa les yeux.

David l'observait attentivement. Il continua :

— Votre silence même me prouve, mon cher enfant, que cette tâche que je me propose : vous rendre heureux comme par le passsé, est encore à remplir ; vous vous étonnerez sans doute de ce que je n'ai pas essayé de l'entreprendre plus tôt. La raison en est simple... je ne voulais rien tenter sans une certitude absolue... et c'est d'hier seulement que ma conviction est formée sur la cause du mal qui vous accable... qui vous tue... Cette cause... je la connais...

Frédérik frissonna d'épouvante... Cette épouvante, mêlée de stupeur, se peignit dans le regard qu'il jeta, malgré lui, sur David.

Puis, regrettant d'avoir trahi son impression, le jeune homme retomba dans un morne silence.

— Ce que je vous ai dit, mon enfant, vous étonne? cela doit être, reprit David ; mais, ajouta-t-il d'un ton de tendre reproche, pourquoi vous effrayer de ma pénétration? Lorsque notre ami, le docteur Dufour, vous a guéri d'une maladie presque mortelle, n'a-t-il pas dû, pour combattre sûrement votre mal, en connaître la cause?...

Frédérik ne répondit rien.

Depuis quelques instants, et à mesure qu'il s'approchait,

ainsi que David, du faîte de la colline où l'on voyait quelques sapins disséminés, le fils de madame Bastien avait de temps à autre jeté un coup d'œil oblique et inquiet sur son compagnon. Il semblait craindre de voir déjouer un projet qu'il méditait depuis qu'il avait quitté la maison de sa mère.

Au moment où il finissait de parler, David remarqua que le chemin aboutissant à la crête de la colline se changeait en un étroit sentier longeant le bouquet de sapins, et que Frédérik, par un mouvement de déférence apparente, s'était un instant arrêté, comme s'il n'eût pas voulu prendre le pas sur son précepteur. Celui-ci, n'attachant aucune importance à cet incident, si naturel et si insignifiant d'ailleurs, passa le premier.

Au bout de quelques instants, il lui sembla ne plus entendre Frédérik marcher derrière lui... Il se retourna...

Le fils de madame Bastien avait disparu.

XXVI

David, stupéfait, regarda autour de lui.

A sa droite s'étendaient les guérets à travers esquels serpentait la route qu'il venait de suivre avec Frédérik pour arriver au faîte de la colline ; mais il s'aperçut seulement alors, en faisant quelques pas vers sa gauche, que, de ce côté, ce pli de terrain était, dans une longueur de trois ou quatre cents pieds, coupé presque à pic, et surplombait un grand bois, dont les cimes les plus élevées n'atteignaient qu'au tiers de l'escarpement.

Du point culminant où il se trouvait, David, dominant au loin la plaine, s'assura que Frédérik n'était ni à sa droite, ni devant, ni derrière lui ; il n'avait donc pu subitement disparaître que par l'escarpement de gauche.

L'angoisse de David fut terrible... en songeant au désespoir de madame Bastien s'il revenait seul auprès d'elle. Mais cette stupeur inactive ne dura pas longtemps ; homme d'un sang-froid et d'une résolution souvent éprouvés dans ses périlleux voyages, il avait acquis cette rapidité de décision qui est la seule chance de salut dans les cas extrêmes.

En une seconde, David eut fait le raisonnement suivant, agissant pour ainsi dire à mesure qu'il pensait :

— Frédérik n'a pu m'échapper que du côté de l'escarpement, il ne s'est pas jeté dans ce précipice, j'aurais entendu le bruit de son corps tombant et brisant les branchages des grands arbres que voici là, au-dessous de moi ; il est donc descendu par quelque endroit connu de lui ; le sol est boueux, je dois retrouver la trace de sa marche ; où il a passé... je passerai, il n'a pas plus de cinq minutes d'avance sur moi.

David avait pédestrement voyagé avec une tribu d'Indiens de l'Amérique du nord, et plus d'une fois, à la chasse, séparé du gros de ses compagnons dans les forêts vierges du Nouveau-Monde, il avait appris des Indiens auprès de qui il était resté à retrouver leurs compagnons, grâce à des observations d'une rare sagacité.

Revenant donc à l'endroit où il s'était aperçu de la disparition de Frédérik, David, pendant la longueur de cinq ou six mètres, ne vit d'autre empreinte que celle de ses pas à lui... mais bientôt il reconnut ceux de Frédérik tournant brusquement et se dirigeant vers le bord de l'escarpement, qu'ils côtoyaient quelque peu, puis ils disparaissaient.

David regarda au-dessous de lui.

A une quinzaine de pieds environ, la cime d'un orme étendait ses bras immenses jusqu'à toucher la pente rapide de l'escarpement ; entre cette cime branchue et l'endroit où il se trouvait, David remarqua une grosse touffe de genêts, à laquelle on pouvait arriver en se laissant glisser par une brèche assez large, ouverte dans le sol argileux ; là encore on voyait des empreintes toutes fraîches.

— Frédérik a gagné cette touffe de broussailles, dit David en prenant le même chemin avec autant d'agilité que de hardiesse, et ensuite, pensa-t-il, Frédérik, se suspendant avec les mains, aura pu atteindre du bout des pieds une des grosses branches du faîte de l'orme et, de là, descendre de rameaux en rameaux jusqu'au pied de l'arbre.

Chez David l'action accompagnait toujours la pensée : en peu d'instants, il se laissa glisser jusqu'au sommet de l'arbre; quelques petites branches récemment rompues, et l'érosion de l'écorce aux endroits où avaient posé les pieds de Frédérik, indiquaient son passage.

Lorsque David eut lestement descendu au bas de l'orme, la couche épaisse de feuilles détachées par l'automne, et amoncelées sur le sol, rendirent plus difficile l'exploration de la marche de Frédérik ; mais le léger tassement de cette feuillée là où avaient posé ses pieds, le brisement ou l'écartement des taillis, très-épais aux endroits qu'il venait de traverser, ayant été soigneusement observés par David, servirent à le guider à travers une large enceinte. Lorsqu'il en sortit, il fut frappé d'un bruit sourd, peu lointain, mais formidable, qu'il n'avait pu jusqu'alors remarquer, au milieu du frôlement des branchages et des feuilles sèches.

Ce bruit formidable était celui des grandes eaux...

L'oreille exercée de David ne lui laissa aucun doute à ce sujet...

Une horrible idée lui vint à l'esprit; mais son activité, sa résolution, un moment suspendues par l'épouvante, reçurent une nouvelle et vigoureuse impulsion ; l'enceinte dont il sortait aboutissait à une allée sinueuse, dont le sol humide offrit pendant assez longtemps encore la trace des pas de Frédérik... David la suivit en grande hâte, car, à l'intervalle et à la disposition des empreintes, il s'aperçut qu'en cet endroit le jeune homme avait couru...

Mais bientôt... un sol ferme et sec, parce qu'il était sableux et plus élevé, succédant au sol détrempé des bas-fonds, tout vestige de pas disparut...

David se trouvait alors dans une espèce de carrefour... d'où l'on entendait de plus en plus distinctement le bruit de la Loire, dont les eaux, extraordinairement grossies depuis peu de jours, mugissaient avec fracas.

Courir droit à la rivière, en se guidant sur son retentissement puisqu'il lui était impossible de suivre plus longtemps Frédérik à la trace... telle fut la résolution de David, dont l'angoisse redoublait en se rappelant les adieux nocturnes adressés par son élève à sa mère endormie.

Le péril était au bord de la Loire; c'est dans cette direction que David s'élança à travers bois, s'orientant d'après le bruit du fleuve.

Au bout de dix minutes, quittant le taillis en courant et traversant une prairie bornée par la jetée du fleuve, David gravissait cette jetée en quelques bonds...

A ses pieds, il vit une immense nappe d'eau jaunâtre, rapide, écumante, dont le flot venait bouillonner et mourir sur la grève...

Aussi loin que put s'étendre sa vue, David, haletant de sa course précipitée, n'aperçut rien.

Rien... que l'autre rive du fleuve noyée dans la brume...

Rien... qu'un ciel gris et morne d'où tomba bientôt une pluie battante...

Rien... que ce cours d'eau limoneuse, grondant comme un tonnerre lointain et formant vers le couchant une grande courbe au-dessus de laquelle s'étageaient les massifs de la forêt de Pont-Brillant, dominés par son immense château.

Réduit à une inaction forcée, David sentit son âme forte et valeureuse fléchir sous le poids d'un grand désespoir.

Contre ce désespoir il essaya, mais en vain, de lutter, se disant que peut-être Frédérik ne s'était pas résolu à une extrémité terrible. Il alla jusqu'à attribuer la disparition subite du jeune homme à une espièglerie d'écolier.

Hélas! cette illusion, David ne la conserva pas longtemps... une bourrasque du vent qui soufflait violemment dans le sens du courant du fleuve apporta presque aux pieds de David, en la faisant rouler et voltiger sur la grève, une casquette de drap bleu, ceinte d'une petite bordure écossaise... que Frédérik portait le matin même.

— Malheureux enfant! s'écria David, les yeux pleins de larmes, et sa mère... sa mère... ah! c'est affreux !

Soudain, il lui sembla entendre, dominant le grondement des eaux et amené par le vent, un long cri de détresse

Remontant alors la jetée à l'encontre du vent qui lui apportait ce cri, David courut de toutes ses forces dans cette direction.

Soudain il s'arrêta.

Ces mots, exclamés avec un accent déchirant, venaient d'arriver à son oreille :

— *Ma mère... oh! ma mère!*

A cent pas devant lui, David aperçut, presque en même temps, au milieu des eaux rapides, la tête de Frédérik, livide, effrayante!.. ses longs cheveux collés à ses tempes, ses yeux horriblement dilatés... pendant que ses bras, par un dernier effort, s'agitaient convulsivement au-dessus du gouffre.

Puis le précepteur ne vit plus rien... qu'un bouillonnement plus prononcé à l'endroit où il avait aperçu le corps.

Une lueur d'espérance illumina cependant la mâle figure de David... mais, sentant l'imminence du péril et le danger d'une aveugle précipitation, car il avait besoin de toute son agilité, de toutes ses forces, et, si cela se peut dire, de toutes *ses aises* pour sauver Frédérik, et ne pas périr lui-même, il eut l'incroyable sang-froid, après avoir jeté bas son habit, son gilet, d'ôter sa cravate, ses chaussures et jusqu'à ses bretelles.

Tout cela fut exécuté avec une sorte de prestesse calme qui permit à David, pendant qu'il se dépouillait de ses vêtements, de suivre d'un coup d'œil attentif le courant du fleuve... et de calculer froidement qu'amené par le courant, Frédérik ne devait plus se trouver qu'à cinquante pas environ.

L'ENVIE.

David calculait juste. Il vit bientôt, à peu de distance, et vers le milieu du fleuve, flotter pendant un instant la longue chevelure de Frédérik soulevée par les eaux, ainsi que les basques de sa veste de chasse...

Puis tout disparut de nouveau.

Le moment était venu.

David, d'un regard ferme et sûr, mesura la distance, se jeta dans le fleuve, et se mit à nager droit vers la rive opposée, réfléchissant avec raison qu'en coupant la rivière par le travers, en tenant compte de la dérive, il devait arriver vers le milieu de la Loire peu de temps avant que le courant n'y apportât le corps de Frédérik...

Les prévisions de David ne furent pas trompées : il avait déjà traversé le milieu du fleuve, lorsqu'il aperçut à sa gauche, dérivant entre deux eaux, le corps du fils de madame Bastien, tout à fait privé de mouvement.

Saisissant alors d'une main Frédérik par sa longue chevelure, il se mit à nager de l'autre main et regagna la rive après des efforts inouïs, en se demandant avec angoisse s'il ne sauvait qu'un cadavre.

Enfin... il toucha à la grève... Robuste et agile, il prit le jeune homme entre ses bras et le déposa sur le revers gazonné de la jetée... à cent pas environ de l'endroit où il avait laissé ses vêtements...

Alors, agenouillé auprès de Frédérik, David lui posa la main sur le cœur... il ne battait plus... ses extrémités étaient roidies, glacées... ses lèvres bleuâtres, convulsivement serrées, ne laissant échapper aucun souffle...

David, épouvanté, souleva la paupière demi-close de l'adolescent : elle laissa voir un œil immobile, terne et vitreux...

La pluie continuait de ruisseler à torrents sur ce corps inanimé. David ne put retenir ses sanglots... Sur cette grève solitaire... aucun secours à attendre... et il eût fallu des secours puissants, instantanés... lors même qu'une étincelle de vie aurait encore existé chez Frédérik.

David jetait autour de lui un regard désespéré, lorsqu'à

peu de distance il vit s'élever une colonne d'épaisse fumée. Un angle saillant de la jetée lui cachait un bâtiment sans doute habité.

Emporter Frédérik entre ses bras, et, malgré ce fardeau, courir vers l'habitation cachée... c'est ce que fit spontanément David... Lorsque la disposition du terrain le lui permit, il aperçut à peu de distance une de ces briqueteries assez nombreuses sur les bords de la Loire, les briquetiers trouvant réunis dans ces parages l'argile, le sable, l'eau et le bois.

Servi par ses souvenirs de voyage, David se rappela avoir vu les Indiens habitant les bords des grands lacs rappeler souvent à la vie leurs compagnons demi-noyés, en ramenant chez eux la chaleur et la circulation du sang au moyen de larges pierres chaudes, sorte d'étuve grossière sur laquelle on plaçait le moribond pendant que l'on frictionnait activement ses membres avec quelques spiritueux.

Les briquetiers s'empressèrent de venir en aide à David; Frédérik, enveloppé d'une couverture épaisse, fut étendu sur un lit de briques légèrement chauffées, et exposé à la pénétrante chaleur qui s'exhalait de la bouche du four; une bouteille d'eau-de-vie, offerte par le maître briquetier, servit aux frictions. Pendant assez longtemps, David douta du succès des soins... Cependant quelques légers symptômes de sensibilité firent bientôt bondir son cœur d'espérance et de joie.

. . . .

Une heure après avoir été transporté dans la briqueterie, Frédérik, complétement revenu à lui-même, était encore d'une si grande faiblesse qu'il n'avait pu prononcer une parole, quoique plusieurs fois ses regards se fussent arrêtés sur David avec une expression d'attendrissement et de reconnaissance ineffable.

Le précepteur et son disciple se trouvaient alors dans la modeste chambre du maître de la briqueterie; celui-ci s'était rendu avec ses ouvriers sur la jetée, afin d'observer le niveau du fleuve, qui depuis bien des années n'avait atteint une élévation pareille; aussi, sans présager jusqu'alors un débordement, l'état de la Loire ne laissait pas d'inspirer de vives inquiétudes aux riverains, qui craignaient de voir ses eaux continuer de grossir.

David venait de présenter un breuvage chaud et réconfortant à Frédérik, lorsque celui-ci lui dit d'une voix faible et émue :

— Monsieur David... c'est à vous que je devrai le bonheur de revoir ma mère !

— Oui... vous la reverrez, mon enfant, répondit le précepteur, en serrant entre ses mains les mains du fils de madame Bastien ; mais comment n'avez-vous pas songé que, vous tuer... c'était la tuer... votre mère ?..

— J'y ai songé... trop tard. Alors... je me sentais perdu... et j'ai crié... *ma mère !..* comme j'aurais crié... au secours!

— Heureusement... ce cri suprême, je l'ai entendu, mon pauvre enfant. Mais, à cette heure que vous voilà calme... je vous en conjure... dites-moi ?..

Puis, s'interrompant, David ajouta :

— Non... après ce qui s'est passé, je n'ai pas le droit de vous interroger... j'attendrai un aveu... que je ne désire devoir qu'à votre confiance.

Frédérik sentit la délicatesse de David, car évidemment celui-ci ne voulait pas abuser de l'influence que lui donnait un service rendu pour forcer les confidences du fils de madame Bastien.

Celui-ci reprit donc, les larmes aux yeux :

— Monsieur David, la vie m'était à charge... je jugeais de l'avenir par le passé... je voulus en finir... Cependant cette nuit, au moment où, pendant le sommeil de ma mère, j'ai été lui dire adieu... mon cœur s'est brisé... j'ai songé à la douleur que je lui causerais en me tuant, et un moment j'ai hésité... mais je me suis dit : Ma vie coûtera peut-être plus de larmes à ma mère que ma mort, et je me suis décidé à en finir. Ce matin je lui ai demandé qu'elle me pardonnât les chagrins que je lui avais causés... Je vous ai aussi prié de me pardonner mes torts envers vous, monsieur David... je ne voulais emporter avec moi l'animadversion de personne... Pour éloigner tout soupçon, j'ai affecté un air calme, certain de trouver dans la journée le moyen d'échapper à votre surveillance et à celle de ma mère. Votre offre de sortir ce matin... a servi mes projets. Je connaissais le pays... j'ai dirigé notre promenade vers un endroit où je me croyais sûr de vous échapper... et d'échapper à vos secours... car je ne sais comment il vous a été possible de retrouver mes traces, monsieur David.

— Je vous raconterai cela, mon enfant, mais continuez...

— La précipitation, l'ardeur de ma course... le bruit du vent et des eaux, m'avaient comme enivré, et puis, à l'horizon, j'avais vu se dresser devant moi, comme une apparition, le...

Mais Frédérik, dont une légère rougeur avait coloré les joues, n'acheva pas.

David compléta mentalement la phrase et se dit :

— Ce malheureux enfant, à ce moment désespéré, a vu dominant au loin la rive du fleuve... le château de Pont-Brillant.

Frédérik, après un moment de silence, poursuivit :

— Je vous le disais, monsieur David, j'étais comme enivré, comme fou, car je ne me rappelle pas à quel endroit du fleuve je me suis jeté... le froid de l'eau m'a saisi... je me suis vu mourir, alors j'ai eu peur... Alors la pensée de ma mère m'est revenue, il m'a semblé la voir, comme en rêve... se jeter sur mon corps glacé... je n'ai plus voulu mourir... j'ai crié... *ma mère !.. ma mère !..* en essayant de me sauver, car je sais bien nager ; mais le froid m'avait engourdi... je me suis senti couler à fond. En entendant le fleuve gronder au-dessus de ma tête, un effort désespéré m'a un instant ramené à la surface de l'eau... et puis j'ai perdu connaissance pour me retrouver ici, monsieur David... ici, où vous m'avez apporté... secouru comme votre enfant... ici, où ma première pensée a été pour ma mère.

Et Frédérik, fatigué par l'émotion de ce récit, s'accouda sur le lit où on l'avait transporté, et resta silencieux, le front appuyé sur sa main.

XXVII

L'entretien de David et de Frédérik fut interrompu par le briquetier qui entra dans la chambre d'un air effrayé.

— Monsieur, dit-il précipitamment à David, la charrette est attelée, partez vite.

— Qu'avez-vous? lui demanda David.

— La Loire monte toujours, Monsieur; il faut qu'avant deux heures le peu de meubles et d'effets que nous possédons ici soient enlevés.

— Craignez-vous donc un débordement?

— Peut-être, Monsieur, car la crue devient effrayante.... et si la Loire déborde.... demain.... l'on n'apercevra plus que les cheminées de ma briqueterie. Aussi, pour plus de prudence, je veux déménager; c'est la charette qui va vous conduire qui, à son retour, me servira à enlever mes meubles...

— Allons, mon enfant, dit David à Frédérik, du courage... Vous le voyez, nous n'avons pas un moment à perdre.

— Je suis prêt, monsieur David.

— Heureusement, nos vêtements ont pu à peu près sécher, grâce à cet ardent brasier... Appuyez-vous sur moi, mon enfant.

Au moment où le fils de madame Bastien quittait la maison, il dit au briquetier :

— Pardon, Monsieur, de ne pouvoir mieux vous remercier de vos bons soins, mais je reviendrai.

— Que le ciel vous entende, mon jeune Monsieur, et qu'il

fasse qu'à la place de cette maison vous ne retrouviez pas dans quelques jours un amas de décombres.

David, sans que Frédérik l'aperçût, remit deux pièces d'or au briquetier, en lui disant tout bas :

— Voici pour la charrette.

Quelques instants après, le fils de madame Bastien et David s'éloignaient de la briqueterie, dans la rustique voiture remplie d'une épaisse couche de paille et recouverte d'une toile, car la pluie continuait de tomber à torrents.

Le conducteur de la charrette, enveloppé d'une roulière, assis sur l'un des brancards, activait la marche du cheval de trait qui trottait pesamment.

David avait exigé que Frédérik se couchât dans la voiture et appuyât sa tête sur ses genoux; assis tout à fait à l'arrière, il tenait ainsi l'adolescent à demi embrassé et veillait sur lui avec une sollicitude paternelle.

— Mon enfant, lui dit-il, en ramenant avec soin sur Frédérik l'épaisse couverture prêtée par le briquetier, n'avez-vous pas froid?

— Non, monsieur David...

— Maintenant... convenons de nos faits... Votre mère doit ignorer ce qui s'est passé ce matin... Nous dirons, n'est-ce pas? que, surpris par une pluie battante, c'est à grand'peine que nous avons pu nous procurer cette charrette... Le briquetier croit que vous êtes tombé à l'eau par imprudence, en vous avançant trop sur l'un des talus de la jetée... Il m'a promis de ne pas ébruiter cet accident dont les suites pourraient inquiéter votre mère... Ceci bien convenu... n'y pensons plus...

— Que de bonté... que de générosité !.. Vous songez à tout, vous avez raison, il ne faut pas que ma mère sache que vous m'avez sauvé la vie au péril de la vôtre... et, cependant...

— Ce qu'il faut que votre mère sache... mon cher Frédérik, ce qu'il faut qu'elle voie, c'est que j'aie tenu la promesse que, ce matin, je lui ai faite... car le temps presse !

— Quelle promesse ?..

— Je lui ai promis de vous guérir.

— Me guérir !.. et Frédérik baissa la tête avec accablement; me guérir...

— Et cette guérison... il faut qu'elle soit accomplie ce matin.

— Que dites-vous ?..

— Je dis qu'il faut que, dans une heure, à notre arrivée à la ferme... vous soyez redevenu... le Frédérik d'autrefois... la gloire, l'orgueil de votre mère...

— Monsieur David...

— Mon enfant, les moments sont comptés... écoutez-moi donc. Ce matin, au moment où vous avez disparu, je vous disais : « Je sais la cause de votre mal. »

— Vous me disiez cela, en effet, monsieur David.

— Eh bien! cette cause c'est l'ENVIE!

— Oh! mon Dieu! murmura Frédérik écrasé de honte, en cherchant à se dérober à l'étreinte de David.

Mais celui-ci serra plus tendrement encore Frédérik contre son cœur, et reprit vivement :

— Relevez le front... mon enfant, pas de honte! c'est un excellent sentiment que celui de l'*envie*.

— L'*envie?* un excellent sentiment! s'écria Frédérik en se redressant et regardant David avec stupeur; l'*envie!* répéta-t-il en frémissant. Ah!.. Monsieur... vous ne savez pas... ce qu'elle enfante...

— La haine? tant mieux...

— Tant mieux?.. mais la haine à son tour...

— Enfante la vengeance... tant mieux encore...

— Monsieur David, dit le jeune homme en retombant sur sa couche de paille avec abattement, vous raillez de moi... et pourtant...

— Me railler de vous, pauvre enfant! s'écria David d'une voix pénétrée, en ramenant Frédérik à lui et le pressant avec amour contre sa poitrine; me railler de vous! ah! ne dites pas cela. Pour moi, plus que pour personne, la douleur est sainte... Me railler de vous!.. mais vous ne savez donc pas que ma première impression à votre vue a été remplie de compassion, de tendresse... car j'avais un frère, voyez-vous, Frédérik... un jeune frère de votre âge...

Et les larmes de David coulèrent... Suffoqué par l'émotion, il fut obligé de garder un moment le silence.

Les pleurs de Frédérik coulèrent aussi; ce fut lui qui, à son tour, se serra contre David en le regardant d'un air navré, comme s'il eût voulu lui demander pardon de faire couler ses larmes.

David le comprit.

— Rassurez-vous, mon enfant, ces larmes-là ont aussi leur douceur. Eh bien! le frère dont je vous parle... ce jeune frère bien-aimé, qui faisait ma joie et mon amour, je l'ai perdu... Voilà pourquoi j'ai ressenti pour vous un si prompt... un si vif intérêt... voilà pourquoi je veux vous rendre à votre mère tel que vous étiez autrefois, parce que c'est vous rendre vous-même au bonheur...

L'accent, la physionomie de David, en prononçant ces mots, étaient d'une douceur si mélancolique, si pénétrante, que Frédérik, de plus en plus ému, reprit timidement :

— Pardon, monsieur David, d'avoir cru que vous vouliez vous railler de moi... mais...

— Mais ce que je vous ai dit vous a semblé si étrange... n'est-ce pas... que vous n'avez pu croire que je parlais sérieusement?

— Il est vrai...

— Cela doit être, et pourtant... mes paroles sont sincères... je vais vous le prouver.

Frédérik attacha sur David un regard plein d'angoisse et de dévorante curiosité.

— Oui, mon enfant, l'envie est en soi un sentiment excellent; seulement vous l'avez jusqu'ici mal appliqué... vous avez *mal envié*... au lieu d'*envier bien*.

— Envier... bien!... L'envie... un sentiment excellent, répéta Frédérik, comme s'il n'avait pu en croire ses oreilles. L'envie... l'affreuse envie... qui ronge... qui dévore... qui tue...

— Mon pauvre enfant... la Loire... a failli tout à l'heure être votre tombeau... Ce malheur arrivé... votre mère, n'est-ce pas, se fût écriée : « Oh! fleuve maudit... qui tue! oh! fleuve maudit... qui a englouti mon fils... »

— Hélas! monsieur David!

— Et si les craintes d'inondation se réalisent... que de voix désespérées s'écrieront : « Oh! fleuve maudit! nos maisons sont emportées, nos champs submergés... » Ces malédictions sont-elles justes?

— Que trop, monsieur David.

— Oui... et pourtant... ce fleuve... si maudit... fertilise ses rives... Il est la richesse des villes qu'il traverse... Des milliers de bateaux chargés de denrées de toutes sortes sillonnent ses ondes; ce fleuve si maudit accomplit enfin la mission utile, fécondante, que Dieu a donnée à tout ce qu'il a créé... car dire que Dieu a créé les fleuves pour l'inondation et pour le désastre, ce serait un blasphème... Non! non! C'est l'homme dont l'ignorance, l'incurie, l'égoïsme, l'avidité, le dédain de toute fraternelle solidarité... changent en fléaux les dons célestes du Créateur...

Frédérik, frappé des paroles de son précepteur, l'écoutait avec un intérêt croissant.

— Tout à l'heure encore, reprit David, sans ce feu dont la chaleur a pénétré vos membres glacés... vous mouriez peut-être... Et cependant... c'est horrible, les ravages du feu! Faut-il maudire le feu et le Créateur? Que vous dirais-je? Faut-il, parce qu'elle a causé d'effroyables sinistres, maudire la vapeur qui va changer la face du monde? Non! non! *Dieu crée des forces,* et l'homme, dans son libre arbitre, emploie ces forces au bien ou au mal... Et comme Dieu est un et indivisible dans sa toute-puissance, il en est des passions comme des autres éléments; aucune n'est mauvaise en soi; *ce sont des leviers...* L'homme s'en sert bien ou s'en sert mal... à lui son libre arbitre! Ainsi, mon enfant, vos chagrins datent de votre visite au château de Pont-Brillant, n'est-ce pas?

— Oui, monsieur David.

— En comparant l'obscurité de votre nom et de votre vie modeste, presque pauvre, à la vie splendide, au nom illustre du jeune marquis de Pont-Brillant, vous avez ressenti une envie âpre... profonde?

— Il n'est que trop vrai...

— Jusque-là... ces sentiments étaient excellents...

— Excellents!

— Excellents. Vous emportiez du château... des forces vives... puissantes; elles devaient, sagement dirigées, donner au développement de vos facultés le plus généreux essor... Malheureusement, ces forces ont éclaté entre vos mains inexpérimentées... et vous ont blessé... pauvre cher enfant! Ainsi... de retour chez vous, vos simples et pures jouissances ont été détruites par le souvenir incessant des splendeurs du château; puis... dans votre oisive et douloureuse convoitise, vous en êtes venu forcément... à haïr celui qui possédait tout ce que vous enviez? puis... la vengeance...

— Vous savez! s'écria Frédérik éperdu.

— Je sais tout... mon enfant.

— Ah! monsieur David... grâce! murmura Frédérik anéanti, c'est surtout le remords de cette lâche et horrible tentative... qui m'a conduit au suicide...

— Je vous crois, mon enfant.... et maintenant cela m'explique le sombre et morne abattement où je vous ai vu plongé depuis ma venue chez votre mère... Vous méditiez cette funeste résolution?...

— J'y avais songé pour la première fois la veille de votre arrivée.

— Ce suicide était une expiation volontaire. Il en est de plus fécondes, mon cher Frédérik... D'ailleurs, je suis certain que si l'envie a été le germe de votre haine implacable contre Raoul de Pont-Brillant, la terrible scène de la forêt a été amenée par des circonstances que j'ignore et qui doivent atténuer votre coupable tentative.

Frédérik baissa la tête et ne répondit rien.

— De cela, nous reparlerons plus tard, dit David. Maintenant, voyons, mon enfant, qu'enviez-vous le plus au jeune marquis de Pont-Brillant? *Ses richesses?* tant mieux! enviez-les ardemment, enviez-les sincèrement, et, dans cette envie énergique, incessante, vous trouverez un levier d'une puissance incalculable; vous renverserez tous les obstacles; à force de travail, d'intelligence, de probité, vous deviendrez riche... pourquoi non? Jacques Laffitte était plus pauvre encore que vous; il a voulu être riche, il est devenu vingt fois millionnaire; sa renommée est sans tache, et toujours il a tendu la main à l'indigence... toujours il a favorisé, doté le travail honnête et courageux... Combien d'exemples pareils je pourrais encore vous citer!

Frédérik regarda d'abord son précepteur avec une profonde surprise; puis, la lumière se faisant aux yeux du jeune homme, il porta les mains à son front, comme si son esprit eût été ébloui par une clarté subite...

David poursuivit :

— Allons plus loin... Les richesses du marquis ne vous inspirent-elles qu'une envieuse convoitise... au lieu d'un sentiment de haine, de révolte contre une société où ceux-là regorgent de superflu, tandis que ceux-ci meurent faute du nécessaire? Bien, bien, mon enfant! c'est un admirable sentiment que celui-là : c'est un sentiment religieux et saint, car il a inspiré aux Pères de l'Église de saintes et vengeresses paroles... Aussi, à la voix de ces grands révolutionnaires, le divin principe de la fraternité, de l'égalité humaine a été proclamé... Oui, ajouta David avec une tristesse amère, mais proclamé vainement... Les prêtres, reniant leur origine égalitaire, se sont rendus complices du pouvoir et de la richesse des rois et des grands; au nom de ceux-ci, ils ont dit aux peuples : « Vous êtes fatalement voués à la servitude, à la misère et aux larmes sur cette terre... » Était-ce assez blasphemer la paternelle bonté du Créateur, assez lâchement déserter la cause des déshérités? Mais cette cause a, de nos jours, de vaillants défenseurs, et bénis soient les sentiments que vous inspire la richesse, mon enfant, s'ils vous jettent parmi les gens de cœur qui combattent pour la cause impérissable de l'égalité, de la fraternité humaine (1).

— Oh! s'écria Frédérik les mains jointes, le regard radieux, le cœur palpitant d'un généreux enthousiasme, je comprends... je comprends...

— Voyons... poursuivit David avec une animation croissante, que lui enviez-vous encore à ce jeune marquis? L'ancienneté de son nom? Enviez... enviez! Vous aurez mieux qu'un nom ancien : vous ferez votre nom plus illustre... plus retentissant que celui de Pont-Brillant. Les arts, les lettres, les sciences, la guerre! que de carrières ouvertes à votre généreuse ambition! Et vous arriverez. J'ai étudié vos travaux, je sais où atteindront vos facultés, décuplées par la force d'impulsion d'une opiniâtre et vaillante émulation...

— Mon Dieu!... mon Dieu! s'écria Frédérik avec enthousiasme et les yeux mouillés de douces larmes, je ne puis dire quel changement s'opère en moi... Au lieu de la nuit... c'est le jour... le jour brillant d'autrefois... et plus radieux encore... Oh! ma mère!... ma mère!...

— Cherchons... encore, continua David ne voulant pas laisser le moindre doute à Frédérik; l'envie que vous inspire cet ancien nom de Pont-Brillant se manifeste-t-elle par une haine violente contre la tradition aristocratique... toujours vivace et renaissante... là féodale... ici bourgeoise?... De cette envie, glorifiez-vous, mon enfant... Jean-Jacques, en protestant contre l'inégalité matérielle des conditions, a été un sublime envieux, et nos pères... en brisant le privilége et la monarchie... nos pères ont été d'héroïques, d'immortels envieux.

— Oh! s'écria Frédérik, comme mon cœur bat à vos nobles paroles, monsieur David!... Quelle révélation! Ce qui me tuait... je le sens maintenant, c'était une envie lâche... sté-

* Qu'on nous permette de faire remarquer que nous écrivions ceci au mois de novembre 1847.

rile! L'envie était pour moi l'inertie, le désespoir... la mort... l'envie devait être l'action... l'espérance... la vie ! Dans ma rage impuissante, je ne savais que maudire moi, les autres et mon néant... L'envie devait me donner le désir et la force de sortir de mon obscurité... j'en sortirai !...

— Bien !... bien !... cher et brave enfant ! s'écria David à son tour en étreignant Frédérik sur sa poitrine. Oh !... j'étais certain, moi, de vous guérir... Tâche facile, avec une généreuse nature comme la vôtre... si longtemps cultivée par la plus admirable des mères... Tendre et excellent cœur ! ajouta-t-il sans pouvoir retenir ses larmes. Ce matin, au moment de périr, votre dernier cri était : *Ma mère! ma mère!...* Vous renaissez à l'espoir, à la vie, et votre premier cri est encore : Ma mère! ma mère!

— Je vous dois la vie, murmurait le fils de madame Bastien répondant à l'étreinte de son précepteur, je vous dois la vie du corps et la vie de l'âme, monsieur David...

— Frédérik, mon enfant, dit David avec une émotion inexprimable, appelez-moi votre ami. Ce nom, je le mérite... maintenant, n'est-ce pas ? et il remplacera pour moi ce nom doux et chéri que je ne dois plus entendre : *Mon frère!*

— Oh ! mon ami ! s'écria Frédérik avec exaltation, de ce nom vous me verrez digne.

A cette explosion de sentiments tendres succéda un moment de silence... pendant lequel David et Frédérik se tinrent étroitement embrassés.

Le précepteur reprit le premier la parole.

— Maintenant, mon cher enfant, je dois faire appel à votre franchise sur une dernière et grave circonstance... il faut être sévère... impitoyable pour soi-même... mais non pas injuste... Dites-moi si...

David ne put achever. Complétement distraits des objets extérieurs, le précepteur et son élève ne s'étaient pas occupés de la route parcourue, et la charrette venait de s'arrêter brusquement à peu de distance de la porte de la ferme.

Marie Bastien, mortellement inquiète de l'absence prolongée de son fils, était depuis longtemps debout sous le porche rustique de sa maison, épiant au loin du regard le retour de Frédérik.

A la vue de la charrette couverte qui s'approchait de la ferme, un pressentiment inexplicable dit à la jeune femme que son fils était là. Alors, partagée entre la crainte et la joie, elle courut à la rencontre de la charrette, la joignit et s'écria :

— Frédérik!... c'est toi?

C'est alors que David fut interrompu et que la voiture s'arrêta.

D'un bond, le fils de madame Bastien sauta de la charrette, se jeta au cou de la jeune femme, la couvrit de baisers et de larmes, en s'écriant d'une voix entrecoupée par des sanglots de joie :

— Mère... sauvé!... Plus de chagrins!... sauvé!.. mère!... sauvé!!!...

XXVIII

A ces mots répétés avec ivresse par Frédérik : *Sauvé!... mère, sauvé!...* Marie Bastien regarda son fils avec un mélange de joie et de stupeur; déjà il était méconnaissable et presque transfiguré... le front haut, le sourire radieux, le regard inspiré ; ses beaux traits semblaient illuminés par un rayonnement intérieur ; la jeune mère en fut éblouie... Son fils n'eût pas crié : *sauvé!...* qu'à son attitude, à sa physionomie et à la sérénité des traits de David, Marie eût deviné qu'il lui ramenait Frédérik régénéré.

Quel moyen, quel prodige avait opéré ce résultat aussi rapide qu'inattendu? Marie ne se le demanda pas... David lui rendait son Frédérik *d'autrefois*, comme elle disait.... Aussi, dans un élan de reconnaissance presque religieuse, elle allait se jeter aux pieds de David, lorsque celui-ci la prévint en étendant vivement ses mains vers elle... Marie les saisit... les serra passionnément entre les siennes, et s'écria d'une voix où vibraient pour ainsi dire toutes les pulsations de son cœur maternel...

— Ma vie... ma vie entière... monsieur David, vous m'avez rendu mon fils !

— Oh ! ma mère... oh ! mon ami... s'écria Frédérik.

Et d'une étreinte irrésistible, il serra à la fois contre son cœur Marie et David qui, partageant l'entraînement du jeune homme, se confondirent avec lui dans un même et long embrassement. . . . .
. . . .

Madame Bastien ne fut pas instruite du danger que son fils avait couru le matin ; il alla, ainsi que David, quitter ses vêtements humides ; puis tous deux revinrent trouver madame Bastien qui, plongée dans une sorte d'extase, se demandait seulement alors par quel miracle David avait si rapidement opéré la guérison de Frédérik.

En se revoyant, au bout de bien peu de temps cependant, la mère et le fils volèrent de nouveau dans les bras l'un de l'autre. Durant cet embrassement ineffable, la jeune femme chercha presque involontairement les regards de David, comme pour l'associer à ses caresses maternelles et lui rendre grâces du bonheur qu'elle goûtait.

Frédérik, jetant les yeux autour de lui, paraissait contempler avec attendrissement tous les objets que renfermait la salle d'étude.

— Mère, dit-il après un moment de silence, avec un sourire plein de charme, tu vas me prendre pour un fou... mais il me semble... qu'il y a je ne sais combien de temps... que je ne suis entré ici... tiens, depuis la veille du jour où nous sommes allés au château de Pont-Brillant... Nos livres, nos dessins, notre piano... enfin jusqu'à mon vieux fauteuil de travail... ce sont comme autant d'amis que je retrouve après une longue absence.

— Je te comprends, Frédérik... dit madame Bastien en souriant. Nous sommes comme les endormis du conte de la *Belle au bois dormant*... Notre sommeil, un peu moins long que le sien, a duré cinq mois! De mauvais songes l'ont agité, mais nous nous réveillons aussi heureux que lorsque nous nous sommes endormis. N'est-ce pas?

— Plus heureux! mère! ajouta Frédérik en prenant la main de David. A notre réveil, nous trouvons un ami de plus.

— Tu as raison, mon enfant, dit la jeune mère en jetant sur David un regard enchanteur; puis, voyant Frédérik ouvrir la porte vitrée qui donnait sur la futaie, madame Bastien ajouta :

— Que fais-tu? La pluie a cessé... mais le temps est encore brumeux et sombre.

— Le temps brumeux et sombre? s'écria Frédérik, sortant de la maison et regardant la futaie séculaire avec ravissement... Oh! mère, peux-tu dire que le temps est sombre?... Tiens... je vais continuer à te paraître fou... mais notre chère et vieille futaie me semble aussi dorée, aussi riante que par le plus gai soleil de printemps.

Le jeune homme paraissait en effet renaître; ses traits exprimaient une félicité si vraie, si expansive, que sa mère ne se lassait pas de le regarder en silence... Elle le revoyait aussi beau, aussi alerte, aussi joyeux qu'autrefois, quoiqu'il fût amaigri... pâli... et encore sa pâleur se colorait-elle à chaque instant de l'incarnat des plus douces émotions.

David, pour qui chaque parole de Frédérik avait un sens, jouissait délicieusement de cette scène.

Soudain le jeune homme s'arrêta un instant rêveur devant une touffe d'épines sauvages qui croissait sur la lisière de la futaie; après quelques moments de réflexion, il chercha des yeux madame Bastien, et lui dit, non plus gaiement, mais avec une douce mélancolie :

— Mère ! en deux mots... je vais te raconter ma guérison... Ainsi, ajouta-t-il en se tournant vers David, vous verrez que j'ai profité de vos leçons... mon ami.

Pour la première fois, Marie remarqua que son fils appelait David *son ami*. Le contentement qu'elle éprouvait de cette tendre familiarité se lut si visiblement sur ses traits, que Frédérik lui dit :

— Mère ! c'est M. David qui m'a demandé de le nommer désormais mon ami. Il a eu raison, il m'eût été difficile de lui dire plus longtemps : *monsieur David ;* maintenant, mère... écoute-moi bien, reprit Frédérik, tu vois cette touffe d'épine noire ?...

— Oui, mon enfant.

— Rien ne me semble plus inutile, plus redoutable que cette épine avec ses dards acérés, n'est-ce pas, mère ?

— Sans doute.

— Mais que le bon vieil André, notre jardinier, *notre chef des cultures*, ajouta-t-il en souriant, approche seulement de l'épiderme de cet arbrisseau... inculte, un tout petit rameau d'un beau poirier... cette sauvage épine se transformera bientôt en un arbre chargé de fleurs, puis de fruits savoureux... Et cependant, mère, ce seront toujours les mêmes racines, pompant la même sève dans le même sol. Seulement, cette sève, cette force, seront utilisées. Comprends-tu ?

— A merveille, mon enfant... Il s'agit, ainsi que tu le dis, de forces bien employées, au lieu de demeurer stériles ou malfaisantes.

— Oui, Madame, reprit David en échangeant un sourire d'intelligence avec Frédérik, et pour suivre la comparaison de ce cher enfant, j'ajouterai qu'il en est de même des passions, regardées comme les plus dangereuses et les plus vivaces, parce qu'elles sont le plus profondément implantées dans le cœur de l'homme ; Dieu les a mises là... ne les arrachez pas ; *greffez* seulement ces épineux sauvageons, comme disait Frédérik, et faites ainsi fleurir et fructifier la séve puissante que le Créateur a mise en eux.

— Cela me rappelle, monsieur David, dit la jeune femme, frappée de ce raisonnement, qu'à propos du sentiment de la haine... vous m'avez fait, avec raison, remarquer qu'il était des haines nobles, généreuses, héroïques même.

— Eh bien, mère, dit résolûment Frédérik, l'envie peut... comme la haine... devenir féconde, héroïque, sublime...

— L'envie ! s'écria Marie Bastien.

— Oui, l'envie... car le mal qui me tuait... c'était l'envie...

— Toi... envieux... toi ?

— Depuis notre visite au château de Pont-Brillant... la vue de ces merveilles...

— Ah ! s'écria Marie Bastien, soudain éclairée par cette révélation, et frémissant, si cela se peut dire, d'un effroi rétrospectif. Ah ! maintenant, je comprends tout, malheureux enfant !...

— Heureux enfant, mère... car si cette envie, faute de culture, a été longtemps noire et sauvage comme l'épine dont nous parlions tout à l'heure... notre ami, ajouta Frédérik en se tournant vers David avec un ineffable sourire de tendresse et de reconnaissance, notre ami a *greffé* cette envie de vaillante émulation, d'ambition généreuse... et tu en verras les fruits, mère... tu verras comme, à force de courage, de travail, j'illustrerai ton nom et le mien, cet humble nom dont l'obscurité me navrait. Oh ! la gloire ! la renommée !... Ma mère, quel radieux avenir !... Te faire dire avec ivresse, avec orgueil : « C'est mon fils pourtant... c'est mon fils !... »

— Mon enfant... oh ! mon enfant chéri ! s'écria Marie avec ravissement ; je comprends maintenant la guérison comme j'ai compris le mal.

Puis s'adressant au précepteur, elle ne put que dire :

— Monsieur David !... oh ! monsieur David !...

Et des larmes, des sanglots de joie lui coupèrent la parole.

— Oui, remercie-le, mère, reprit Frédérik, entraîné par l'émotion, aime-le, chéris-le, bénis-le, car tu ne sais pas, vois-tu, quelle bonté, quelle délicatesse, quelle haute et mâle raison, quel génie il a montré pour la guérison de ton enfant. Ses paroles sont restées là, ineffaçables, dans mon cœur; elles m'ont rappelé à la vie, à l'espoir, à tous les sentiments élevés que je te devais... Oh! grâces te soient rendues, ma mère, c'est encore ta main qui a choisi mon sauveur, ce bon génie qui m'a rendu à toi, digne de toi.

. . . .

Il est des bonheurs impossibles à peindre... Telle fut la fin de cette journée pour David, Marie et son fils.

Frédérik était trop pénétré de reconnaissance et d'admiration envers son ami pour ne pas vouloir faire partager ces sentiments à sa mère; les paroles du précepteur étaient si présentes à sa pensée, qu'il redit à la jeune femme presque mot pour mot leur long entretien.

Bien souvent Frédérik fut sur le point d'avouer à sa mère qu'il devait à David non-seulement la vie de l'âme, mais la vie du corps... Il fut retenu par la promesse faite à son ami, et plus encore par la crainte de causer en ce moment à Marie Bastien une dangereuse émotion.

Quant à Marie, en embrassant d'un coup d'œil toute la conduite de David, depuis la première heure de son dévouement jusqu'à cette heure de triomphe inespéré... en se rappelant sa mansuétude, sa simplicité, sa délicatesse, sa généreuse persévérance, couronnées d'un succès si éclatant, succès obtenu par le seul ascendant d'un grand cœur et d'un esprit élevé... quant à Marie... ce qu'elle ressentit de ce jour pour David serait difficile à exprimer : c'était un mélange de tendre affection, d'admiration, de respect et surtout de reconnaissance passionnée, car la jeune femme devait à David, non-seulement la guérison de Frédérik, mais elle comptait aussi sur l'avenir qu'elle entrevoyait glorieux, peut-être illustre, pour son fils, ne doutant pas que ses qualités, habilement dirigées par David, et encore surexcitées par l'ardeur d'une généreuse ambition, n'élevassent un jour Frédérik à une brillante destinée.

De ce moment aussi, dans le cœur de Marie, David devint

inséparable de Frédérik... et sans se rendre précisément compte de cette espérance, la jeune femme sentit sa vie et celle de son fils à jamais partagées ou plutôt confondues avec la vie de David.

. . . .

On laisse à penser la délicieuse soirée que passèrent dans le salon d'étude la mère, le fils et le précepteur.

Seulement, comme certaines joies accablent autant que la douleur, et demandent à être, pour ainsi dire, dégustées, savourées avec recueillement, Marie, son fils et David se séparèrent plus tôt que d'habitude, et ce soir-là se dirent *à demain* avec la douce conviction d'une journée ravissante.

David regagna sa petite chambre.

Lui aussi avait besoin d'être seul.

Ces mots prononcés par Frédérik dans l'entraînement de la reconnaissance en parlant de son précepteur à sa mère :

— *Aime-le... chéris-le... bénis-le...*

Ces mots auxquels Marie Bastien avait répondu, en jetant sur David un regard d'une reconnaissance inexprimable, ces mots faisaient la joie et la douleur de David.

Il avait senti tressaillir jusqu'aux dernières fibres de son cœur en rencontrant plusieurs fois les grands yeux bleus de Marie noyés d'une volupté maternelle ; il avait encore tressailli en voyant de quelles caresses délirantes elle couvrait son fils ; aussi David rêvait-il malgré lui aux trésors d'ardente affection que devait contenir cette nature à la fois vierge et passionnée.

— Quel amour que le sien, se disait-il, s'il y avait place dans son cœur pour un autre sentiment que celui de la maternité !.. Combien elle était belle aujourd'hui... quelle expression enchanteresse !.. Oh ! je le sens, voilà pour moi l'heure du péril, de la lutte et de la souffrance.

Oui... car les larmes de Marie la consacraient ! je me reprochais comme un sacrilége de lever le yeux sur cette jeune mère éplorée, pourtant si belle dans les larmes... Mais la voici radieuse... d'une félicité qu'elle me doit... Mais voici que dans sa reconnaissance ingénue, ses yeux attendris me cherchent à chaque instant et se reposent tour à tour sur Frédérik et sur moi. Mais voici que son fils lui dit et lui dira souvent devant moi : *aime-le... chéris-le... bénis-le...* et le silence expressif, le regard touchant de cette adorable femme peut-être un jour me fera croire que...

David, n'osant poursuivre cette pensée, reprit avec accablement :

— Oh! oui, elle est venue, l'heure de la résignation, l'heure de la souffrance; avouer mon amour, moins encore... le laisser deviner à Marie... maintenant qu'elle me doit tant? Lui faire croire peut-être que mon dévouement cachait un calcul de séduction? Lui faire croire qu'au lieu de céder spontanément, ainsi que cela a été, à l'intérêt que m'a inspiré ce pauvre enfant, grâce au souvenir d'un frère incessamment pleuré, je me suis fait un manteau, un prétexte de mes regrets pour surprendre la confiance maternelle de cette jeune femme? perdre enfin à ses yeux le seul mérite de mon dévouement... ma loyauté soudaine, irréfléchie... oui, bien irréfléchie... je m'en aperçois maintenant... hélas! me dégrader enfin aux yeux de Marie? jamais... jamais!

Entre elle et moi, *il y aura toujours son fils.*

Pour fuir cet amour... qui, je le sens, va toujours aller croissant, dois-je quitter cette maison?...

Non, je ne le puis encore.

Frédérik, aujourd'hui dans l'ivresse de cette révélation qui a changé son morne désespoir en une volonté pleine de foi et d'ardeur, Frédérik, retiré soudain de l'abîme où il se débattait... éprouve ce vertige du prisonnier rendu tout à coup à la lumière et à la liberté... mais cette guérison n'a-t-elle pas besoin d'être affermie? Ne faudra-t-il pas modérer maintenant la fougue de cette jeune et ardente imagination dans ses élans vers l'avenir?

Et puis, cette première exaltation passée, demain peut-être, et par cela même qu'il sera plus relevé dans sa propre estime et qu'il comprendra mieux les généreux efforts qu'il doit puiser dans l'envie, Frédérik se souviendra sans doute avec plus d'amertume encore de la funeste action qu'il a voulu commettre : sa tentative de meurtre contre Raoul de Pont-Brillant. Une féconde et généreuse expiation pourra donc seule apaiser ce remords qui a en partie poussé Frédérik au suicide...

Non, non, je ne puis encore abandonner cet enfant, je l'aime trop sincèrement... j'ai trop à cœur de compléter mon œuvre.

Il faut rester.

Rester... et chaque jour vivre d'une vie intime, solitaire, avec Marie... qui est venue seule ici à cette place, au milieu de la nuit, dans un désordre dont le souvenir me brûle, m'enivre... et me poursuit jusque dans le sommeil où je cherche en vain l'oubli et le repos.

. . . .

A ce dangereux sommeil, David se livra pourtant, car les émotions et les fatigues de la journée avaient été grandes.

Le jour commençait à poindre.

David, réveillé en sursaut par plusieurs coups frappés violemment à sa porte, entendit la voix de Frédérik qui lui disait avec épouvante :

— Mon ami... ouvrez... ouvrez, de grâce!...

XXIX

David, s'étant à la hâte couvert de ses vêtements, ouvrit sa porte.

Il vit Frédérik, pâle... la figure bouleversée.

— Mon enfant... qu'y a-t-il?

— Ah! mon ami... quel malheur!

— Un malheur?

— La Loire...

— Eh bien?...

— L'inondation... dont on parlait hier chez le briquetier...

— Un débordement... c'est affreux... que de désastres, mon Dieu! que de désastres!

— Venez... venez, mon ami... de la lisière de la futaie... on ne voit déjà plus le Val... c'est un lac sans fin!

David et Frédérik descendirent précipitamment; ils trouvèrent dans la salle d'étude madame Bastien, qui s'était aussi levée en hâte.

Marguerite et le jardinier poussaient des gémissements d'effroi.

— L'eau va nous gagner...

— La maison va être emportée, criaient-ils.

— Et les métairies du Val!... disait madame Bastien les yeux pleins de larmes. Ces maisons toutes isolées... sont à cette heure peut-être submergées... et les malheureux qui les habitent, surpris la nuit par l'inondation, n'auront pas pu fuir...

— Alors, Madame, dit David, c'est surtout des gens du Val qu'il faut s'occuper sans retard! Ici, il n'y a aucun danger.

— Mais l'eau est déjà à un quart de lieue... monsieur David! s'écria Marguerite.

— Et elle monte toujours... ajouta André.

— Rassurez-vous, Madame, reprit David. J'ai, depuis mon séjour ici, assez parcouru et observé le pays pour être certain que le débordement... n'atteindra jamais cette maison... son niveau est trop élevé. Soyez sans inquiétude...

— Mais les métairies du Val? s'écria Frédérik.

— L'inondation a dû gagner la maison de Jean-François, le métayer : un bon et excellent homme... s'écria Marie. Sa femme, ses enfants... sont perdus...

— Cette métairie... où est-elle, Madame? demanda David.

— A une demi-lieue d'ici... dans la basse plaine... On la voit de la lisière de la futaie qui domine au loin le pays! Hélas! du moins on doit la voir... si l'inondation ne l'a pas déjà entraînée.

— Venez, Madame, venez, dit David; courons nous assurer de ce qui est.

En un instant, Frédérik, sa mère, David, suivis du jardinier et de Marguerite, arrivèrent à la lisière de la futaie, beaucoup plus élevée que le Val. Quel spectacle!..

A un quart de lieue de là, et aussi loin que la vue pouvait s'étendre, au nord et à l'est, on n'apercevait qu'une immense nappe d'eau jaunâtre, limoneuse, coupée à l'horizon par un ciel chargé de nuages sombres rapidement poussés par un vent glacial. A l'ouest, le rideau de la forêt de Pont-Brillant était à demi submergé, tandis que la cime de quelques peupliers de la plaine pointait çà et là au milieu de cette mer immobile... et sans bornes.

Cette dévastation, lente, silencieuse comme la tombe, était plus effrayante encore que les étincelants ravages de l'incendie.

Un moment les spectateurs de ce grand désastre restèrent frappés de stupeur.

David, sortant le premier de cet abattement stérile, dit à madame Bastien :

— Madame... je reviens à l'instant.

Quelques minutes après, il accourait, portant une excellente longue-vue dont il s'était maintes fois servi dans ses voyages.

— La brume des eaux empêche de bien distinguer au loin, Madame, dit David à Marie. Dans quelle direction se trouve la métairie dont vous parliez tout à l'heure?

— Dans la direction de ces peupliers, là-bas... à gauche, monsieur David.

Le précepteur dirigea sa longue-vue vers le point désigné, resta quelques moments attentif, puis il s'écria :

— Ah! les malheureux!

— Ciel!.. ils sont perdus? dit vivement Marie.

— L'eau a déjà envahi jusqu'à la moitié de la couverture de leur maison, reprit David, ils sont sur le toit, cramponnés à la cheminée; je vois un homme, une femme, trois enfants.

— Mon Dieu! s'écria Marie, les mains jointes et tombant à genoux, les yeux levés vers le ciel... mon Dieu, secourez-les, prenez-les en pitié!

— Et aucun moyen de les sauver! s'écria Frédérik, ne pouvoir que gémir sur un pareil malheur!

— Pauvre Jean-François... un si brave homme! dit André.

— Voir mourir avec lui ses trois petits enfants! ajouta Marguerite en sanglotant.

David, calme, silencieux et grave, comme il avait l'habitude de l'être à l'heure du péril, frappait convulsivement sa longue-vue dans la paume de sa main et semblait réfléchir; tous les yeux étaient fixés sur lui. Soudain son front s'éclaircit, et, avec cette autorité d'accent, cette rapidité de décision qui distinguent l'homme fait pour commander, David dit à Marie :

— Madame, permettez-moi de donner des ordres ici... les moments sont précieux.

— On vous obéira comme à moi, monsieur David.

— André, reprit le précepteur, vite le cheval à la charrette.

— Oui. monsieur David.

— Sur l'étang qui n'est pas éloigné de la maison, j'ai vu un batelet. Y est-il encore?

— Oui, monsieur David.

— Il est assez léger pour tenir sur la charrette?

— Certainement, monsieur David.

— Moi et Frédérik nous vous aiderons à l'y placer... Courez atteler, nous vous rejoignons.

André se rendit en hâte à l'écurie.

— Maintenant, Madame, dit David à Marie, veuillez faire apporter tout de suite quelques bouteilles de vin et deux ou trois couvertures, nous les emporterons dans le bateau... car ces malheureux, si nous les sauvons, seront mourants de froid et de besoin. Faites aussi préparer des lits et un grand feu, afin qu'à leur arrivée ici ils puissent recevoir tous les soins possibles. Maintenant, Frédérik... allons aider André... et rendons-nous vite à l'étang.

Pendant que David disparaissait en courant avec Frédérik, madame Bastien et Marguerite s'empressèrent d'exécuter les ordres de David. Le cheval, promptement attelé à la charrette, conduisit Frédérik et David à l'étang.

— Mon ami, dit le jeune homme à son précepteur et les yeux brillants d'impatience et d'ardeur, ces malheureux, nous les sauverons! n'est-ce pas?

— Je l'espère, mon enfant... mais le danger sera grand... Une fois les eaux mortes traversées... nous entrerons dans le courant du débordement, et il doit être rapide comme un torrent.

— Et qu'importe le danger, mon ami!

— Il faut le connaître pour en triompher, mon cher enfant... Maintenant... dites, ajouta David avec émotion, croyez-vous qu'en exposant ainsi généreusement votre vie, vous n'expierez pas plus dignement la funeste action que vous avez voulu commettre... qu'en cherchant dans le suicide une mort stérile?..

Une étreinte passionnée de Frédérik fit voir à David qu'il était compris.

La charrette, à ce moment, traversait une route pour se rendre à l'étang.

Un gendarme, poussant son cheval au grand galop, arrivait à toute bride.

— L'inondation monte-t-elle encore? cria David au soldat, en lui faisant signe de la main d'arrêter.

— L'eau monte toujours, Monsieur, répondit le gendarme haletant; les jetées viennent d'être rompues... Il y a trente pieds d'eau dans le Val... la route de Pont-Brillant est coupée... le seul bateau que l'on avait pour le sauvetage vient de sombrer avec ceux qui le montaient. Tous ont péri, je cours au château requérir du monde et les barques des pièces d'eau.

Et le soldat repartit en enfonçant ses éperons dans le ventre de son cheval couvert d'écume.

— Oh!.. s'écria Frédérik avec enthousiasme, nous arriverons avant les *gens du château*, nous!..

— Vous le voyez, mon enfant, l'envie a du bon, dit David, qui pénétrait la secrète pensée de Frédérik.

La charrette arriva bientôt à l'étang. André, Frédérik et David chargèrent facilement le léger batelet sur la voiture; tout en s'occupant de cette manœuvre, David, avec cette prévoyance réfléchie qui ne l'abandonnait jamais, visita soigneusement les rames de l'embarcation, ainsi que ses tolets (morceaux de bois plantés dans le plat-bord pour servir de point d'appui aux avirons).

— André, dit-il au jardinier, avez-vous un couteau?

— Oui, monsieur David.

— Donnez-le-moi; maintenant, vous, Frédérik, retournez à la maison avec André; hâtez le plus possible la marche du cheval, car à chaque minute l'eau monte... et peut engloutir ces malheureux qui sont là-bas.

— Mais vous, mon ami?

— Je vois ici de jeunes tiges de chêne ; je vais en couper pour remplacer les tolets du bateau, ils sont vieux, le bois vert est plus pliant et plus fort... Allez, allez, je vous rejoindrai en courant.

La charrette s'éloigna; le vieux cheval, vigoureusement fouetté et *sentant*, comme on dit, *la maison*, prit le trot. David choisit le bois qu'il lui fallait, rejoignit bientôt la voiture, qu'il suivit à la hâte et à pied, ainsi que Frédérik, afin de ne pas charger le cheval. En marchant, le précepteur donnait aux tolets la forme convenable; Frédérik le regardait avec surprise.

— Vous pensez à tout, lui dit-il.

— Mon cher enfant, lors de mon voyage aux grands lacs de l'Amérique, j'ai été malheureusement témoin d'inondations terribles; j'ai aidé les Indiens dans plusieurs sauvetages, et j'ai appris, là, que de petites précautions épargnent souvent de grands périls... Ainsi je prépare un triple rechange de tolets... car il est probable que nous en casserons; et, comme dit le proverbe marin : *A tolet cassé... aviron mort...*

— Il est vrai qu'alors l'aviron, manquant d'un point d'appui solide, devient presque inutile.

— Et que devenir au milieu d'un gouffre, avec une seule rame? on est perdu...

— C'est juste, mon ami...

— Il faut donc nous préparer à ramer vigoureusement, puis nous rencontrerons des arbres à fleur d'eau, des berges de chemins, ou d'autres obstacles qui pourront donner de violentes secousses à nos rames, et peut-être les briser. N'en avez-vous pas de rechange?

— Il y en a encore une à la maison...

— Nous l'emporterons, car, faute d'un aviron, le sauvetage de ces malheureux peut devenir impossible, et notre perte certaine... Vous ramez bien... n'est-ce pas?

— Oui, mon ami, un de mes grands plaisirs était de promener ma mère sur l'étang.

— Vous serez donc aux avirons; moi, je sonderai à l'avant, et je dirigerai le bateau au moyen d'une gaffe. Je vous fais ici, mon enfant, une recommandation essentielle que je n'aurai pas le temps de vous adresser une fois à l'œuvre : ne laissez pas traîner vos avirons. Après chaque coup de rame, relevez-les horizontalement... ils pourraient s'engager ou se briser sur l'un de ces obstacles à fleur d'eau qui rendent si dangereuse la navigation sur les terrains submergés.

— Je n'oublierai rien, mon ami, soyez tranquille, répondit Frédérik, à qui l'expérience et le sang-froid de David donnaient une confiance sans bornes.

Au moment où la charrette allait atteindre la maison, David et Frédérik rencontrèrent un grand nombre de paysans éplorés, poussant devant eux des bestiaux et accompagnant des voitures où l'on voyait entassés pêle-mêle des meubles, des ustensiles de ménage, des matelas, des vêtements, des barils, des sacs de grains, enlevés à la hâte aux flots envahissants de l'inondation.

Des femmes portaient des enfants à la mamelle, d'autres avaient sur leur dos des petits garçons ou des petites filles, pendant que les hommes tâchaient de guider le bétail effaré.

— Est-ce que l'eau monte toujours, mes pauvres gens? leur demanda David sans s'arrêter et marchant à côté d'eux.

— Hélas! Monsieur, la crue augmente encore... Le pont de Blémur vient d'être emporté, dit l'un.

— Il y avait déjà quatre pieds d'eau dans le village quand nous l'avons quitté, reprit l'autre.

— Les grands trains de bois du bassin de Saint-Pierre, reprit un troisième, viennent d'être entraînés dans le courant du Val.

— Ils descendent comme la foudre, ils ont fait chavirer, en les heurtant, deux grosses barques de la Loire montées par des mariniers qui venaient apporter du secours.

— Tous ces braves gens ont été noyés, ajouta un témoin de ce sinistre, car la Loire dans ses plus hautes eaux n'est pas moitié aussi rapide que le courant de l'inondation.

— Et ces malheureux là-bas !... dit Frédérik à David en frémissant d'impatience. Arriverons-nous à temps, mon Dieu!!! Oh! si les gens du château nous devançaient...

La charrette touchait alors à la ferme ; pendant que l'on mettait dans le batelet les provisions et les couvertures, David demanda une serpe à André et alla choisir une longue tige de frêne de dix pieds environ, légère, souple et maniable; un crochet de fer servant à soutenir la poulie d'un puits fut solidement fixé à l'une des extrémités de cette gaffe improvisée, qui devait ainsi servir soit à haler le bateau le long des obstacles apparents, soit à le maintenir le long du toit des maisons submergées; la longue corde du puits fut aussi placée dans le batelet, ainsi que deux ou trois planches légères, solidement liées ensemble et pouvant servir de bouée de sauvetage en un cas désespéré.

David s'occupait de ces détails avec une activité réfléchie, une fécondité d'expédients qui surprenait madame Bastien non moins que son fils. Lorsque tout fut prêt, David jeta un attentif et dernier regard sur chaque objet, et dit à André :

— Allez le plus vite possible jusqu'à la rive de l'inondation; Frédérik et moi, nous vous rejoindrons; vous nous aiderez à décharger le batelet et à le mettre à flot.

La charrette, longeant alors la lisière de la futaie où restèrent David, Frédérik et sa mère, se dirigea vers la plaine submergée que l'on voyait au loin. La pente étant assez inclinée, le cheval se mit au trot.

Pendant que la charrette s'éloignait, David prit la longue-vue qu'il avait laissée sur un des bancs rustiques de la futaie, et chercha la métairie. L'eau arrivait à deux pieds de la crête du toit sur lequel toute la famille du métayer était réfugiée.

David posa sa longue-vue sur le banc, et, d'une voix ferme, dit à Frédérik :

— Mon enfant, embrassez votre mère... et partons... le temps presse.

Marie frissonna de tout son corps, et devint d'une pâleur mortelle.

Pendant une seconde, il y eut dans l'âme de la jeune femme une lutte terrible entre la voix du devoir, qui lui disait de laisser Frédérik accomplir une action généreuse au risque de sa vie, et la voix du sang qui lui disait d'empêcher son fils de braver un péril de mort; cette lutte fut si poignante, que Frédérik, qui n'avait pas cessé de regarder sa mère, la vit faiblir... épouvantée de la pensée de perdre son fils, alors qu'elle le retrouvait si digne d'elle.

Aussi Marie, enlaçant Frédérik entre ses bras, pour s'opposer à son départ, s'écria d'une voix déchirante :

— Non... non... je ne veux pas...

— Ma mère, lui dit Frédérik à voix basse, *j'ai voulu tuer...* et il y a là... des gens que je peux arracher à la mort.

Marie fut héroïque.

— Allons, mon enfant... viens, lui dit-elle.

Et elle fit un pas en avant comme pour aller aussi rejoindre le bateau.

— Madame ! s'écria David devinant sa résolution, c'est impossible.

— Monsieur David, je n'abandonnerai pas mon fils !

— Ma mère !

— Où tu iras... j'irai.

— Madame, reprit David, le batelet peut contenir au plus cinq personnes. Il y a un homme, une femme et trois enfants à sauver : nous accompagner dans le bateau... c'est nous forcer de laisser là-bas, voués à une mort certaine... le père, la mère ou les enfants !

A ces paroles sans réplique, madame Bastien dit à son fils :

— Va donc seul, mon enfant.

Et la mère et le fils confondirent leurs larmes et leurs baisers dans une dernière étreinte.

Frédérik, en sortant des bras de sa mère, vit David qui, malgré la fermeté de son caractère, essuyait ses pleurs.

— Mère, dit Frédérik en montrant son ami du regard, et lui ?..

— Sauvez son corps comme vous avez sauvé son âme, s'écria la jeune femme, en serrant convulsivement David contre son sein palpitant. Ramenez-le-moi... ou je mourrai.

David fut digne du chaste et saint embrassement de cette jeune mère qui voyait son fils aller braver la mort.

Ce fut une sœur éplorée que David pressa contre son cœur.

Puis, prenant Frédérik par la main, il s'élança dans la direction de la charrette; tous deux jetèrent un dernier regard sur madame Bastien dont les forces étaient à bout, et qui retomba brisée sur l'un des bancs rustiques de la futaie.

Cet accès de faiblesse passé, Marie se releva et suivit des yeux son fils et David aussi longtemps qu'elle put les apercevoir.

XXX

En un quart d'heure, la charrette eut débarqué le batelet, bientôt mis à flot sur la rive des eaux mortes de l'inondation.

— André, restez là avec la charrette, dit le précepteur, car les malheureux que nous allons tâcher de sauver seront exténués et hors d'état de gagner la maison de madame Bastien.

— Bien, monsieur David, dit le vieillard.

Et il ajouta avec émotion :

— Bon courage, mon pauvre monsieur Frédérik!

— Mon enfant, dit David au moment où le batelet allait quitter la rive, pour être prêt à tout événement, faites comme moi, ôtez vos chaussures, votre cravate et votre habit, jetez-le seulement sur vos épaules, afin de vous garantir du froid. Quoi qu'il m'arrive, ne vous occupez pas de moi, je suis très-bon nageur; en voulant me sauver, vous nous perdriez tous les deux. Maintenant, mon enfant, à vos avirons, et ramez ferme, mais sans trop de hâte; ménagez vos forces; je veillerai à l'avant et je sonderai. Allons, du calme, de la présence d'esprit, tout ira bien.

Le batelet s'éloigna de la rive.

Le courage, l'énergie, la conscience de la généreuse expiation qu'il allait tenter, suppléèrent chez Frédérik aux forces qu'il avait perdues pendant sa longue maladie morale.

Ses beaux traits animés par l'enthousiasme, les yeux attachés sur David, épiant ses moindres ordres, le fils de madame Bastien ramait avec vigueur et précision. A chaque coup de *nage*, comme disent les marins, le batelet s'avançait rapidement et sans secousse.

David, debout à l'avant, redressant sa grande taille de toute sa hauteur, la tête nue, ses cheveux noirs flottant au vent, le regard tantôt attaché sur la métairie presque submergée, tantôt sur les objets qui pouvaient être un obstacle à la navigation... David, froid, prudent, attentif, montrait une intrépidité tranquille... Pendant quelques moments, la marche du bateau, facilitée par son fond plat, ne fut pas entravée; mais soudain le précepteur s'écria :

— Haut les avirons !

Frédérik exécuta cet ordre, et, après quelques secondes, le batelet s'arrêta, faute d'impulsion.

David, penché à l'avant de l'embarcation, sonda au moyen de sa gaffe l'eau que, de loin, il avait vu légèrement bouillonner à sa surface, ainsi que cela arrive lorsqu'elle se brise contre quelque obstacle sous marin.

En effet, David reconnut que le batelet se trouvait presque au-dessus d'un massif d'énormes saules ébranchés, sur la tête desquels l'embarcation aurait pu s'entr'ouvrir si elle eût vogué à toute vitesse; appuyant alors sa gaffe à l'un des trons qu'il rencontra sous l'eau, David détourna le bateau de ce dangereux écueil.

— Maintenant, mon enfant, ramez devant vous, en obliquant un peu à gauche, reprit-il, afin de gagner ces trois grands peupliers à demi submergés que vous voyez là-bas. Une fois arrivés là, nous entrerons en plein dans le courant de l'inondation, qui déjà se fait sentir ici, quoique nous soyons encore dans les eaux mortes.

Au bout de quelques minutes, David dit à Frédérik :

— Haut les avirons !

Et ce disant, le précepteur engagea le crochet de fer dont sa perche était armée entre les branches de l'un des peupliers vers lesquels Frédérik s'était dirigé ; ces arbres, de trente pieds de hauteur, étaient aux trois quarts submergés ; maintenu par la gaffe, le batelet resta dès lors immobile.

— Comment... nous nous arrêtons, monsieur David? s'écria Frédérik.

— Il faut vous reposer un instant, mon cher enfant, et boire quelques gorgées de ce vin.

Puis David, avec un sang-froid singulier, déboucha une bouteille qu'il offrit à son élève.

— Nous reposer ! s'écria Frédérik, et ces malheureux... qui là-bas... nous attendent ?

— Mon enfant, vous êtes haletant, votre front est inondé de sueur, vos forces diminuent, je m'en suis aperçu à l'allure saccadée de vos rames. Nous arriverons encore à temps, l'eau ne monte plus... je l'ai observé à plusieurs remarques certaines ; nous allons avoir besoin de toute notre énergie, de toutes nos forces ; or, de ces cinq minutes de repos prises à temps, peut dépendre le salut de ces pauvres gens et le nôtre. Allons, buvez quelques gorgées de vin.

Frédérik suivit le conseil et s'en trouva bien ; car déjà, sans avoir osé l'avouer à David, il ressentait dans les articulations des bras cet engourdissement, cette raideur qui succèdent toujours à trop de fatigue et de tension musculaire.

Pendant ce temps d'arrêt forcé, le précepteur et son élève contemplèrent avec une silencieuse horreur le spectacle qui les environnait.

Du point où ils étaient, ils embrassaient une immense étendue d'eau, non plus morte, ainsi que celle qu'ils venaient de traverser, mais rapide, écumante, fougueuse comme le cours d'un torrent.

De cette nappe d'eau incommensurable s'élevait un tel mugissement, que, d'un bout à l'autre du batelet, Frédérik et

David étaient obligés de se parler à haute voix pour s'entendre.

Au loin une ligne d'eau d'un gris sombre dessinait seule l'horizon.

A six cents pas du batelet on apercevait la métairie.

Le toit disparaissait presque complétement sous les eaux alors stationnaires, et l'on distinguait vaguement des formes humaines groupées autour de la cheminée.

A chaque instant passaient, à peu de distance de l'embarcation de Frédérik, défendue d'ailleurs de tout choc par les trois peupliers qui lui servaient d'estacade naturelle, grâce à la prévoyance de David, à chaque instant passaient des débris de toutes sortes, emportés par le courant que le batelet devait traverser dans quelques instants.

Là, c'étaient des poutres, des fragments de charpente provenant des bâtiments écroulés ; ici, d'énormes meules de foin ou de paille, soulevées par leur base compacte et entraînées tout entières par les eaux, voguaient comme autant de montagnes flottantes, submergeant tout ce qu'elles rencontraient; ailleurs, des arbres gigantesques, déracinés, passaient rapides comme le brin de paille sur le ruisseau ; c'étaient encore des portes descellées de leurs gonds, des meubles, des matelas, des futailles, et parfois, au milieu de ces débris, l'on apercevait des bestiaux, les uns noyés, les autres se débattant au-dessus de l'abîme et y disparaissant bientôt; tandis que, par un contraste étrange, des canards domestiques, voguant sur ce gouffre avec tranquillité,.. suivaient par instinct les autres animaux.

Ailleurs, de pesantes charrettes tournoyaient au-dessus du gouffre, et parfois sombraient sous le choc irrésistible d'immenses trains de bois, longs de cent pieds, larges de vingt, et s'en allant à la dérive.

C'est au milieu de ces écueils flottants, charriés par un courant irrésistible, que David et Frédérik devaient naviguer pour atteindre la métairie. Alors seulement le péril du sauvetage allait devenir imminent.

Frédérik le sentit; car après avoir, ainsi que David, jeté un regard de désolation sur cette scène terrible, le jeune homme dit d'une voix ferme et grave :

— Vous aviez raison, mon ami... nous aurons tout à l'heure besoin de toutes nos forces, de toute notre énergie... Ce repos était nécessaire... mais c'est quelque chose d'effrayant qu'un pareil repos, avec un tel spectacle sous les yeux.

— Oui, mon enfant, il faut du courage pour se reposer ainsi... la bravoure aveugle ne voit pas ou cherche à ne pas voir le danger..., la bravoure réfléchie envisage froidement le péril. Aussi, presque toujours elle en triomphe... Sans le repos que nous prenions, nos forces nous auraient certainement trahis au milieu du gouffre... que nous allons traverser, et nous étions perdus.

En parlant ainsi, David visitait avec un soin minutieux l'armature de la barque, et renouvelait l'un des tolets fendu sous la pression des avirons de Frédérik; pour plus de sûreté, David, au moyen de deux nœuds de corde assez lâches, fixa les rames au plat-bord, un peu au-dessous de leur poignée; elles conservaient ainsi la liberté de leur jeu, sans pouvoir échapper aux mains de Frédérik dans l'occurrence d'un choc violent.

Le repos de cinq minutes touchait à sa fin lorsque Frédérik, poussant une exclamation de surprise involontaire, devint très-pâle et ne put cacher la contraction de ses traits.

David releva la tête, suivit la direction du regard de son élève, et voici ce qu'il aperçut :

Nous l'avons dit : l'inondation, sans bornes au nord et à l'est, était limitée, à l'ouest, par la lisière de la forêt de Pont-Brillant, dont les plus grands arbres disparaissaient à demi sous les eaux.

L'un des massifs de cette futaie, s'avançant de beaucoup dans le Val inondé, formait ainsi une espèce de promontoire au-dessus de la nappe d'eau.

Depuis quelques instants, Frédérik avait vu sortir de derrière cette *avancée*, en ramant contre le courant, une longue pirogue peinte de couleur chamois et rehaussée d'une large *lisse* cramoisie.

Sur les bancs, six rameurs, portant des vestes chamois et des toques cramoisies, nageaient vigoureusement ; le patron, assis à l'arrière, d'où il gouvernait la pirogue, semblait prendre les ordres d'un jeune homme qui, debout sur l'un des bancs, et une main dans la poche de son makinthos de couleur blanchâtre, désignait du doigt un point qui ne pouvait être que la métairie submergée : car, dans cette partie du Val, l'on n'apercevait pas d'autres bâtiments.

Le batelet de David était assez éloigné de la pirogue pour que l'on ne pût distinguer les traits du personnage qui semblait diriger la manœuvre. Mais, à l'expression des traits de Frédérik. David ne douta pas que le maître de la barque ne fût Raoul de Pont-Brillant.

La présence du marquis sur le lieu du désastre s'expliquait par le message que le gendarme rencontré par David avait porté en hâte au château, afin de requérir du secours et les barques des pièces d'eau.

A la vue de Raoul de Pont-Brillant, dont la présence faisait si vivement tressaillir Frédérik, David ressentit autant de surprise que de contentement ; la rencontre du jeune marquis semblait providentielle ; aussi, attachant un regard pénétrant sur son élève, David lui dit :

— Mon enfant, vous avez reconnu M. de Pont-Brillant ?..

— Oui... mon ami, répondit le jeune homme.

Et il continua de suivre d'un œil ardent et inquiet la manœuvre de la yole, qui, évidemment, voulait aussi atteindre la métairie submergée, dont elle se trouvait alors plus éloignée que le batelet ; mais les six avirons de l'embarcation patricienne devaient doubler la vitesse de sa marche.

— Allons, Frédérik, dit David d'une voix ferme, M. de Pont-Brillant se dirige comme nous vers la métairie, pour aller au secours de ces malheureux. Cela est vaillant et généreux de sa part. C'est à cette heure qu'il est beau d'envier... de jalouser le jeune marquis !

— Oh !... j'arriverai avant lui !... s'écria Frédérik avec une exaltation indicible.

— A vos avirons ! mon enfant... Une dernière pensée à votre mère... et en avant !... l'heure est venue...

Ce disant, David dégagea le crochet de la gaffe, jusqu'alors engagée dans les branches des peupliers.

Le batelet, mis en mouvement par la vigoureuse impulsion des avirons, arriva en quelques instants au milieu du courant, qu'il fallait traverser pour gagner la métairie.

XXXI

Alors commença une lutte terrible, opiniâtre, contre des dangers de toute nature.

Pendant que Frédérik ramait avec une énergie incroyablement surexcitée par la vue de la pirogue du marquis, sur laquelle il jetait de temps à autre un regard de généreuse émulation, David, placé à l'avant du batelet, le préservait des chocs avec une adresse, un présence d'esprit merveilleuses.

Déjà il était assez rapproché de la métairie pour apercevoir très-distinctement les malheureux rassemblés sur le faîte du toit, lorsqu'une énorme meule de paille, charriée par les eaux, s'avança droit sur le batelet, qui lui offrait le travers en coupant le courant.

— Doublez vos coups de rames, Frédérik ! s'écria David. Courage !.. évitons la meule.

Le fils de madame Bastien obéit.

Déjà la proue du batelet dépassait la meule, qui n'était plus qu'à dix pas de distance, lorsque le jeune homme, raidissant ses bras en se renversant violemment en arrière, afin de donner plus de puissance à sa nage, fit, par un mouvement trop brusque, éclater son aviron de droite; aussitôt, l'aviron de gauche formant levier, le bateau vira, et, au lieu de son travers, offrit son avant à la meule qui devait l'engloutir sous sa masse.

David, surpris par la secousse, perdit un instant l'équilibre, mais il eut le temps de crier :

— Ramez ferme de l'aviron qui vous reste.

Frédérik obéit plus par instinct que par réflexion. Le batelet vira de nouveau, offrit son travers, et, à demi soulevée par le remous de la masse sphéroïde qui déjà atteignait sa poupe, l'embarcation, pivotant sur son unique aviron, décrivit ainsi un mouvement demi-circulaire autour de l'écueil flottant, et put le contourner en partie et ne recevoir qu'un léger choc.

Pendant que ceci se passait avec la rapidité de la pensée, David, saisissant au fond du batelet l'aviron de rechange, l'avait de nouveau fixé au tolet, en disant à Frédérik encore ému de l'effrayant danger auquel ils venaient d'échapper :

— Prenez ce nouvel aviron, et en avant... la pirogue nous gagne...

Frédérik saisit ses rames en jetant un coup d'œil étincelant sur l'embarcation du marquis.

Elle se dirigeait droit vers la métairie, debout au courant, tandis que le batelet le coupait par le travers...

Ainsi, en leur supposant une égale vitesse, les deux embarcations, dont la direction présumée formait un angle droit, devaient se rencontrer ensemble à la métairie.

Mais, nous l'avons dit, la pirogue, quoiqu'elle remontât le courant, étant manœuvrée par six vigoureux rameurs, avait pris assez d'avance, grâce à l'accident dont le batelet avait failli être victime.

Frédérik, voyant le marquis le devancer, atteignit à ce point d'exaltation qui, pendant un temps donné, élève les forces humaines à une puissance irrésistible, et lui permet d'accomplir des prodiges.

On eût dit que le fils de Marie Bastien communiquait sa fiévreuse ardeur aux objets inanimés, et que l'embarcation allégée frémissait d'impatience dans sa membrure; tandis que les rames semblaient recevoir non-seulement le mouvement, mais la vie, tant elles obéissaient avec précision, avec ensemble, on dirait presque avec intelligence, à l'impulsion de Frédérik...

David lui-même, surpris de cette incroyable énergie, continuait de veiller à l'avant du batelet, tout en jetant un regard radieux sur son élève dont il devinait l'émulation héroïque.

Soudain Frédérik fit entendre une exclamation de joie profonde...

Le batelet n'était plus qu'à vingt-cinq pas de la métairie, tandis que la yole s'en trouvait encore éloignée de cent pas environ.

Soudain de longs cris de détresse, accompagnés d'un craquement formidable, surmontèrent le mugissement des eaux.

Un des pignons de la métairie, miné par la force du courant, s'écroulait avec fracas, et une partie de la toiture s'affaissait en même temps.

Alors la famille, groupée autour de la cheminée, n'eut plus sous les pieds que quelques fragments de charpente dont les lentes oscillations annonçaient la chute imminente.

Quelques minutes encore, et le pignon où était bâtie la cheminée s'abîmait à son tour.

Ces malheureux offraient un tableau navrant, digne du peintre du Déluge...

Le père debout, à demi vêtu... livide... les lèvres bleuâtres, l'œil hagard, se cramponnait de son bras gauche à la cheminée déjà vacillante; sur ses épaules, il portait ses deux enfants les plus âgés qui se tenaient étroitement embrassés;

L'ENVIE.

à son poignet droit était enroulée une corde dont il avait pu attacher l'autre bout à l'S en fer de la cheminée ; à l'aide de cette corde, qui ceignait les reins de sa femme, il la soutenait et l'empêchait de tomber à l'eau : car l'infortunée, paralysée par le froid, la fatigue et la terreur, avait perdu presque tout sentiment ; le seul instinct maternel lui faisait serrer contre sa poitrine, entre ses bras raidis, un enfant à la mamelle ; pour le mieux tenir et le préserver, elle avait pris entre ses dents, qu'un spasme convulsif ne lui permettait plus de desserrer, le bas d'une jupe de laine dont elle s'était couverte à la hâte.

L'agonie de ces malheureux durait depuis plus de cinq heures.

Anéantis par l'épouvante, ils semblaient ne plus voir, ne plus entendre.

Lorsque David, arrivant à la portée de voix, leur cria :

— Tâchez de saisir la corde que je vais vous jeter !

Il ne reçut aucune réponse : ceux qu'il venait sauver restaient pétrifiés.

Reconnaissant que les naufragés étaient incapables de concourir à leur propre salut, David agit promptement, car le pignon et ce qui restait de toiture menaçait de s'abîmer d'un moment à l'autre.

Le batelet, poussé par le courant, fut manœuvré de façon à aborder les ruines du bâtiment dans le sens opposé à leur chute imminente ; puis pendant que Frédérik, s'accrochant des deux mains à une poutre saillante, maintenait l'embarcation latéralement à la toiture, David, un pied sur la proue et l'autre sur les chevrons vacillants, enlevant la mère d'un bras vigoureux, la plaçait au fond du bateau ainsi que son enfant.

Alors seulement l'intelligence de ces infortunés, jusque-là stupéfiée par l'épouvante, se réveilla tout à fait.

Jean-François, se tenant d'une main à la corde, fit passer ses deux enfants de ses bras entre ceux de David et de Frédérik, puis le métayer descendit lui-même dans le batelet, s'y étendit à côté de sa femme et de ses enfants sous les chaudes couvertures, tous restant immobiles, de crainte d'imprimer à l'embarcation de dangereuses oscillations durant son trajet jusqu'aux eaux mortes.

A peine Frédérik courait-il à ses avirons pour s'éloigner des ruines de la métairie, qu'elles s'abîmèrent.

Le reflux causé par l'immersion de cette masse de décombres fut si violent, qu'une grosse lame sourde souleva un instant le batelet ; puis, lorsqu'il s'abaissa, Frédérik aperçut à dix pas de lui, au milieu d'un flot d'écume jaillissante, la yole du marquis à demi couchée sur son plat-bord, et prête à sombrer sous le poids d'un enchevêtrement de charpentes et de pierres ; car, abordant la métairie au moment même et dans le sens de son écroulement, l'embarcation avait été couverte de décombres.

Frédérik, à la vue du danger que courait la pirogue, suspendit un instant le mouvement de ses rames, et s'écria en se retournant vers David :

— Pour les secourir, que faire? Faut-il?...

Il n'acheva pas.

Il quitta ses rames, s'élança à l'avant du batelet, et plongea au milieu des eaux.

S'emparer des avirons si imprudemment abandonnés par Frédérik et nager avec une vigueur désespérée vers l'endroit où il venait de voir disparaître le fils de madame Bastien, tel fut le premier mouvement de David : au bout de deux minutes d'angoisses inexprimables, il vit Frédérik reparaître au-dessus du gouffre, nageant vigoureusement d'une seule main et traînant un corps après lui.

En quelques coups d'aviron, David rejoignit son élève.

Celui-ci saisissant alors, de la main dont il venait de nager, la proue du batelet, soutint de son autre main, à fleur d'eau, Raoul de Pont-Brillant, pâle, inanimé, et dont le visage était couvert de sang.

Le marquis, frappé à la tête par l'un des débris qui avaient failli faire sombrer sa yole, avait été, de ce coup violent, jeté

L'ENVIE.

à l'eau, pendant que ses rameurs, effrayés, ne songeaient qu'à débarrasser l'embarcation des charpentes qui la couchaient sur le flanc. Elle reprenait à peine son équilibre, que le patron, s'apercevant de la disparition de son maître, jeta des regards effarés autour de la pirogue... il aperçut alors le marquis soutenu à fleur d'eau par Frédérik.

Les six rameurs de la yole eurent bientôt atteint le batelet et recueilli à leur bord Raoul de Pont-Brillant complétement évanoui.

Frédérik, avec l'aide de David, sortait de l'eau et remontait dans le batelet, lorsque les rameurs du château lui crièrent avec effroi :

— Gare à vous !... un train de bois !...

En effet, cette masse flottante, arrivant rapidement derrière le batelet, n'avait pas été aperçue de David, entièrement occupé de Frédérik.

A ce nouveau danger, le précepteur retrouva sa présence d'esprit ; il lança sa gaffe à crochet sur la pirogue du marquis, et, au moyen de ce point d'appui, il se hala vers elle et échappa ainsi au choc du train de bois.

— Ah ! Monsieur, dit à David le patron des rameurs, pendant les quelques secondes que le batelet resta bord à bord avec la pirogue du château, le nom... le nom du courageux jeune homme qui vient de sauver M. le marquis ?...

— La blessure de M. de Pont-Brillant peut être grave, dit David sans répondre à la question du patron, retournez en hâte au château... c'est plus prudent.

Puis, dégageant le crochet de sa gaffe de la pirogue, afin de rendre au batelet sa liberté d'action, David dit à Frédérik qui, la figure radieuse, rejetait en arrière sa longue chevelure ruisselante :

— A vos rames, mon enfant, Dieu est avec nous... Atteignons les eaux mortes, et nous sommes sauvés.

. . . .

Dieu, ainsi que l'avait dit David, protégeait le batelet.

Il atteignit sans encombre les eaux mortes.

Là, le danger cessait presque entièrement.

Le précepteur, n'ayant plus à veiller à l'avant, prit les avirons des mains lassées de Frédérik, pendant que celui-ci s'empressait de faire boire un peu de vin aux naufragés.

Dix minutes après, le batelet atterrissait à la rive de l'inondation.

XXXII

A leur débarquement sur la rive de l'inondation, David et Frédérik trouvèrent madame Bastien.

La jeune femme avait assisté à quelques-uns des épisodes de ce courageux sauvetage, à l'aide de la longue-vue de David, la quittant et la reprenant tour à tour, selon que le danger était imminent ou surmonté...

Tantôt Marie trouvait au-dessus de ses forces d'assister ainsi de loin à la lutte héroïque de son fils contre tant d'obstacles sans pouvoir seulement l'encourager du geste et de la voix.

Tantôt elle cédait au désir irrésistible de savoir si Frédérik avait échappé aux dangers dont il était à chaque instant menacé...

Durant cette demi-heure pleine d'admiration et de larmes, d'élans, d'espérance et de frémissements de terreur, Marie, plus d'une fois, put juger de la courageuse sollicitude de David pour Frédérik ; aussi renoncerons-nous à peindre les transports de la jeune mère, lorsqu'elle vit aborder le batelet où se trouvaient son fils, David et les malheureux qu'ils venaient de sauver si intrépidement.

Mais le bonheur de Marie devint une sorte de recueillement religieux, lorsqu'elle eut appris de David que Raoul de Pont-Brillant devait la vie à Frédérik.

Ainsi se trouvait providentiellement expiée la tentative homicide de ce malheureux enfant.

Ainsi disparaissait de sa vie la seule tache que sa régénération même n'avait pu jusqu'alors complétement effacer.

Le métayer et sa famille, comblés de soins touchants par madame Bastien, furent installés à la ferme ; car ces malheureux ne possédaient plus rien au monde.

Ni cette nuit ni ce jour ne virent le terme des angoisses de madame Bastien.

Les routes coupées par cette inondation soudaine, contre laquelle on n'avait pu se prémunir, rendaient si rares les moyens de sauvetage, que, dans un rayon de pays assez étendu et nommé le Val, le batelet de Frédérik fut la seule ressource des inondés.

Cette basse plaine, presque entièrement submergée, contenait un grand nombre de métairies isolées ; les unes furent complétement détruites, et leurs habitants périrent ; d'autres maisons résistèrent à l'impétuosité des eaux, mais furent tellement près d'être envahies par la crue, que Frédérik et David, dans l'après-dîner du même jour et dans la journée du lendemain, accomplirent encore plusieurs dangereux sauvetages, ou portèrent des vêtements et des provisions à d'autres victimes du désastre, réfugiées dans leurs greniers pendant que les eaux remplissaient l'étage inférieur.

Frédérik et David déployèrent dans ces nombreuses expéditions un courage, une persévérance infatigables, qui furent le salut de ceux qu'ils secoururent et l'admiration des gens que le progrès des eaux avait peu à peu rejetés sur le plateau élevé où était bâtie la ferme de madame Bastien. Il faut le dire, les enseignements de David portaient leurs fruits.

La vaillance et la générosité naturelles de Frédérik furent excitées à une incroyable puissance par les sentiments de son envie à l'endroit de Raoul de Pont-Brillant.

« Je ne suis qu'un demi-paysan ; je ne suis ni riche ni marquis ; je n'ai ni barque peinte ni rameurs en livrée, ni ancêtres qui me regardent ; je n'ai que les encouragements de ma mère, l'appui d'un ami, mes deux bras et mon énergie, se disait le jeune homme avec fierté; et il faudra pourtant qu'à force de dévouement envers les victimes du fléau, mon nom obscur et roturier devienne un jour, dans ce pays, aussi retentissant que l'a jamais été l'illustre et grand nom de Pont-Brillant... Tout mon regret est que la blessure du marquis le retienne au château... J'aurais si ardemment rivalisé avec lui de zèle et d'intrépidité, à la face de tous ! »

En effet, la blessure reçue par Raoul de Pont-Brillant avait été assez grave pour le retenir au lit, à son grand regret; car, à la première nouvelle de l'inondation, il s'était vaillamment jeté dans une de ses yoles de promenade, et avait ordonné qu'on le conduisît là où il pourrait être utile.

Mais, une fois hors d'état de commander, de diriger, d'animer ses gens, l'inaction du marquis s'étendit au reste de sa maison, et la douairière de Pont-Brillant, ne songeant qu'aux inquiétudes que lui donnait la blessure de son petit-fils, ne s'inquiéta nullement des conséquences de ce désastre, et tança même vertement le patron de la barque de ne s'être pas opposé à la folle témérité de Raoul.

Madame Bastien entendait autrement les devoirs d'une mère ; elle vit d'un œil ferme son fils partir pour aller braver de nouveaux périls ; elle ne chercha quelque distraction à ses craintes sans cesse renaissantes que dans une foule de soins touchants prodigués par elle, avec un adorable zèle, à tous ceux dont elle était devenue la Providence.

Ce fut ainsi que Marie traversa ces deux longues journées d'angoisses.

Le surlendemain de l'inondation, son niveau s'était de beaucoup abaissé, les routes furent rendues à la circulation; quelques ponts, réparés à l'aide de charpentes, permirent d'organiser des moyens de secours efficaces.

A mesure que les eaux se retiraient, les infortunés que le

fléau avait chassés de leur demeure y retournaient l'âme navrée, se hâtant, dans leur amère impatience, d'aller juger de l'étendue de leurs désastres.

Aussi, le soir du troisième jour, la ferme de madame Bastien, qui depuis la veille était un lieu de salut et de refuge pour tous, redevint solitaire comme par le passé; la famille de Jean-François resta seule dans leur maison, car elle ne possédait plus d'abri.

Lorsque la route de Pont-Brillant redevint libre, le docteur Dufour, dont l'inquiétude avait été extrême, accourut à la ferme, s'assura avec autant de surprise que de joie que, malgré les fatigues et les émotions de ces deux terribles journées, aucun de ses trois amis n'avait besoin de ses soins, apprit de Marie la merveilleuse guérison de Frédérik, et, après deux heures de délicieux épanchements, il quitta ces gens alors si heureux, qui allèrent enfin goûter un repos vaillamment acheté.

Raoul de Pont-Brillant apprit bientôt que le jeune homme qui l'avait arraché à une mort presque certaine était Frédérik Bastien.

Le marquis, encore hors d'état de se lever, pria sa grand'mère d'aller remercier pour lui M. Frédérik Bastien.

La douairière n'avait pas renoncé au projet de donner pour maîtresse à son petit-fils cette charmante petite bourgeoise, si voisine du château, et dont le mari était toujours absent; aussi, trouvant dans sa naïveté cynique l'occasion excellente *pour engager l'affaire*, ainsi qu'elle disait à Zerbinette, et parvenir à rencontrer madame Bastien, chez qui elle s'était en vain présentée deux fois, la marquise partit en grand épuipage et se rendit à la ferme.

Cette fois, Marguerite n'eut pas besoin de mentir pour affirmer à la douairière que madame Bastien ne se trouvait pas chez elle.

En effet, durant plusieurs jours la jeune femme fut presque continuellement hors de sa maison, occupée à prodiguer de tous côtés des secours et des consolations.

La marquise, piquée de l'inutilité de cette visite, dit en rentrant à sa fidèle Zerbinette :

— C'est un vrai guignon... on dirait, par ma foi ! que c'te petite sotte vise à ne point me rencontrer... Ces difficultés-là m'impatientent, et il faudra bien que j'en arrive à mes fins... sans compter que si Raoul sait s'y prendre, c'est une excellente entrée de jeu pour lui que d'avoir été repêché par ce dadais. Pardi ! au nom de la reconnaissance pour le fils, Raoul a le droit de ne pas bouger de chez la mère... et de vous l'empaumer... C'est une fameuse occasion, aussi je m'en vas lui faire la leçon, à ce cher garçon.

. . . .

On était au 31 décembre, quinze jours environ après l'inondation.

Les désastres avaient été incalculables, surtout pour une foule de malheureux, qui, de retour dans leurs masures à demi croulées et remplies de limon, ne retrouvaient que les murailles imprégnées d'eau, à peine abritées par un toit effondré. C'était une ruine générale.

Celui-ci avait perdu sa petite provision de grains ramassée au glanage ou achetée à grand'peine pour la nourriture de l'hiver.

Celui-là avait vu entraîner par les eaux son porc ou sa vache, trésors du prolétaire des champs ; d'autres ne possédaient même plus le mince matelas servant de couche à toute la famille : presque tous enfin avaient à déplorer l'ensablement du petit champ dont ils vivaient et dont ils payaient cher le fermage.

Ailleurs les vignes étaient déracinées, et le vin soigneusement conservé pour payer la *locature* emporté avec ses futailles ; enfin, pour tous ces infortunés, qui, de l'aube au couchant, travaillant avec l'infatigable énergie du besoin, ne pouvaient cependant, comme on dit, *joindre les deux bouts*, ces quarante-huit heures de fléau devaient peser pendant plusieurs années sur leur misérable existence et la rendre plus misérable encore.

Le marquis de Pont-Brillant et sa grand'mère se conduisirent plus que royalement : ils envoyèrent vingt mille francs au maire, vingt mille francs au curé, le lendemain de l'inondation.

Marie, nous l'avons dit, ne possédait jamais d'autre argent que la faible somme mensuelle qui lui était allouée, pour son entretien et celui de son fils, par M. Bastien; somme sur laquelle Marie trouvait encore moyen d'épargner quelque peu pour le pain de l'aumône; elle écrivit donc immédiatement à son mari, alors retenu par ses affaires au fond du Berri, pour le supplier de lui envoyer promptement deux ou trois mille francs, afin de venir en aide à tant de misères.

M. Bastien répondit en demandant à sa femme *si elle se moquait de lui ;* car il avait, disait-il, dix arpents de ses meilleures terres du Val ensablées; aussi, loin de venir en aide aux autres, espérait-il bien être compris parmi les inondés le plus largement indemnisés; ses affaires terminées, il devait venir à la ferme dresser l'état de ses pertes, afin d'évaluer sa part aux secours du gouvernement.

Madame Bastien, plus affligée que surprise de la réponse de son mari, eut recours à d'autres expédients.

Elle possédait quelques bijoux, héritage de sa mère; il y avait à la ferme une quinzaine de couverts et quelques autres pièces d'argenterie : la jeune femme envoya Marguerite vendre à Pont-Brillant argenterie et bijoux; le tout rapporta environ deux mille francs. David demanda à Marie la permission de doubler la somme, et cet argent, employé avec une rare intelligence, fut le salut d'un grand nombre de familles.

Parcourant le pays avec son fils, pendant que David s'occupait des achats, Marie voyait tout par elle-même et doublait le prix de ses bienfaits par de touchantes paroles; un sac de grain à ceux-ci, des effets mobiliers à ceux-là, du linge, des vêtements. Le tout était distribué par la jeune femme avec autant de discernement que d'à-propos, et approprié aux besoins de chacun.

Jacques Bastien possédait une vaste et superbe sapinière.

La jeune femme, quoiqu'elle s'attendît à la fureur de son mari en apprenant cet *énorme attentat,* fit résolûment abattre un millier des plus beaux sapins ; et bien des maisons sans toiture furent au moins solidement couvertes pour l'hiver avec des poutres et des chevrons de bois rustique, sur lesquelles on étendait une couche épaisse de genêts sauvages reliés et clayonnés au moyen de longues et souples tiges de marsaules.

Ce fut David qui, ayant vu dans ses voyages alpestres des abris ainsi construits résister aux vents et aux neiges des montagnes, donna l'idée de ces toitures aux paysans ; dirigeant, partageant leurs travaux, il put utiliser et appliquer encore une foule de connaissances pratiques acquises dans ses longues pérégrinations.

Ainsi l'inondation avait emporté beaucoup de moulins et la plupart des fours des maisons isolées, ces fours étant ordinairement bâtis en dehors et en saillie des pignons. Aller acheter du pain à la ville, toujours éloignée de ces demeures disséminées dans le Val, c'était d'abord le payer plus cher, puis il fallait perdre presque une journée, et le temps est précieux après un tel désastre. David avait vu les Égyptiens nomades concasser le blé entre deux pierres en l'humectant, et confectionner ainsi des galettes qu'ils faisaient cuire sous la cendre chaude : il enseigna ce procédé aux familles dont le four avait été détruit, et elles eurent du moins, pendant les premiers jours, une alimentation facile et suffisante.

Mais, en toute occasion, David, admirablement secondé par Frédérik, se plaisait à s'effacer devant celui-ci, à attirer sur lui la reconnaissance, autant pour le récompenser de son zèle que pour l'engager de plus en plus dans la voie généreuse où il marchait.

Et d'ailleurs, lors même que David n'aurait pas agi avec cette délicate et intelligente sollicitude, Frédérik avait déployé tant de courage, tant de persévérance ; il se montrait si affectueux, et compatissait enfin si visiblement aux maux que lui et sa mère allégeaient de tout leur pouvoir, que son nom était dans toutes les bouches, son souvenir dans tous les cœurs.

Durant la quinzaine qui suivit l'inondation, toutes les journées furent employées par madame Bastien, son fils et David, à ces occupations bienfaisantes.

La nuit venue, l'on rentrait bien fatigué, quelquefois mouillé ou couvert de neige : chacun allait faire une toilette dont le soin et l'excessive propreté étaient le seul luxe.

Marie Bastien revenait au salon d'étude, coiffée de ses magnifiques cheveux bruns, et, selon son habitude, presque toujours vêtue d'une robe de drap gros bleu montante, merveilleusement ajustée à sa taille de nymphe ; l'éblouissante blancheur de deux manchettes plates, et d'un col uni maintenu par une petite cravate de soie cerise ou orange, relevait la couleur foncée de cette robe, qui parfois laissait voir un pied charmant toujours fraîchement chaussé d'un bas de fil d'Écosse à jour éclatant comme la neige, et sur lequel se croisaient les cothurnes de soie d'un tout petit soulier de peau mordorée.

Cette vie active, passée continuellement au grand air, l'allégresse de l'esprit, l'épanouissement du cœur, l'expansion habituelle des sentiments les plus tendrement charitables, la sérénité de l'âme, avaient non-seulement effacé des traits enchanteurs de Marie Bastien jusqu'à la dernière trace de ses souffrances passées, mais, ainsi que certaines fleurs qui, après avoir un peu langui, se relèvent souvent plus vivaces, plus fraîches encore, la beauté de Marie était devenue éblouissante, et parfois David s'oubliait à la contempler dans une muette adoration.

Les mêmes causes produisaient les mêmes résultats chez Frédérik ; il était plus florissant que jamais de jeunesse, de vigueur et de grâce.

Marie, son fils et David, rassemblés dans le salon d'étude, après ces journées d'actif et courageux dévouement, causaient des événements de la matinée, en attendant le dîner, auquel on faisait gaiement honneur, sans songer que la modeste argenterie était remplacée par un brillant maillechort; après le repas, on allait visiter un atelier où Marie réunissait plusieurs ouvrières chargées de confectionner du linge et des vêtements ; l'économie de ce procédé permettait presque de doubler les dons, puis l'on revenait terminer ces longues soirées d'hiver dans le salon d'étude, autour d'un foyer pétillant, pendant que la bise glacée soufflait au dehors.

Les heures s'écoulaient délicieusement entre ces trois personnes désormais unies par des liens sacrés, indissolubles.

Tantôt l'on parlait de divers projets pour l'avenir de Frédérik, car, après ces quinze jours si vaillamment occupés, il devait commencer de nouvelles études sous la direction de David.

Celui-ci ayant parcouru les deux mondes, on parlait souvent de voyages, et il répondait à l'infatigable curiosité de ses deux interlocuteurs ; fallait-il décrire un costume, une arme, un site, il suppléait à la description par le dessin.

Une lecture attachante, ou l'exécution de quelque morceau de musique, terminait la soirée, car David était excellent musicien ; aussi parfois faisait-il entendre à Marie et à son fils les airs nationaux de différents pays, ou des cantilènes d'une naïveté primitive.

Dans ces familiers entretiens, mêlés d'épanchements intimes, David appréciait de plus en plus le sens exquis et l'élévation d'âme de madame Bastien. Délivrée de toute préoccupation, elle avait retrouvé sa liberté d'esprit ; il remarquait aussi avec bonheur tout le parti qu'il pourrait tirer de l'impulsion généreuse qu'il avait donnée aux idées de Frédérik ; aussi méditait-il un plan d'études et de direction pratiques qu'il devait bientôt soumettre à Marie et à son fils.

Chaque jour enfin, David s'attachait davantage à son élève, déversant sur lui tout ce qu'il avait amassé, thésaurisé, de tendresse dans son cœur, depuis la mort si regrettée de son jeune frère. En aimant ainsi passionnément le fils de madame Bastien, David trompait ses souvenirs fraternels... de même que l'on tâche souvent de tromper des regrets en s'éprenant d'une ressemblance.

Bien souvent minuit sonnait, et l'heureux *trio* se regardait avec surprise, déplorant la marche rapide du temps... en s'écriant :

— Déjà !

Et l'on se disait :

— A demain !

Marie rentrait chez elle; mais Frédérik reconduisait David à sa chambre, et là, que de fois, debout à l'embrasure de la porte, le précepteur et l'élève s'oublièrent dans le charme d'une causerie prolongée ! l'un écoutant avec foi, répondant avec entraînement, questionnant avec l'ardeur de son âge; l'autre parlant avec la touchante sollicitude de l'homme mûr qui sourit mélancoliquement à la jeunesse impatiente de s'élancer dans la voie mystérieuse de ses destinées.

Que de fois la vieille Marguerite fut obligée de monter jusqu'au palier de la chambre de David, et de dire à Frédérik :

— Mais, Monsieur, il est minuit, il est une heure du matin... Vous savez bien que Madame ne se couche jamais avant vous...

Et Frédérik serrait les mains de David, et redescendait chez sa mère.

Là, David était encore le sujet de longs entretiens entre la jeune femme et son fils.

— Mère, disait Frédérik, combien le récit de ce voyage dans l'Asie Mineure était intéressant !

— Oh ! oui... on ne peut plus attachant, reprenait la jeune femme, et ensuite, Frédérik, que de curieuses choses M. David nous a apprises sur les vibrations du son, et cela tout simplement à propos de cette corde de piano cassée?

— Mère... et la comparaison des propriétés du son à celles de la lumière?... c'était attrayant comme un conte fantastique.

— Et ce délicieux morceau de Mozart qu'il nous a joué !.. tu sais, le chœur des petits génies de *la Flûte enchantée?*... C'était aérien... ailé... Quel bonheur que de pauvres sauvages comme nous n'ayons jusqu'ici rien connu de Mozart... pour nous, c'est découvrir un trésor d'harmonie.

— Et cette anecdote sur la vieillesse d'Haydn, comme c'était touchant!..

— Et ce qu'il nous disait de l'association des frères Moraves et des disciples d'Owen en Amérique... Que de misères de moins, que de bien-être pour tant de pauvres gens, si ces idées étaient appliquées dans nos pays!

— As-tu remarqué, mère... il a eu un instant les larmes aux yeux en parlant du bonheur qui pourrait être le partage de tant de gens qui souffrent?

— Ah! mon pauvre enfant, c'est le plus noble cœur qu'il y ait au monde.

— Mais aussi, mère, comme nous le chérissons! Oh! il faudra, vois-tu, tant l'aimer... tant l'aimer, qu'il lui soit impossible de nous quitter jamais... Il n'a plus de famille... son meilleur ami, le docteur Dufour, est notre voisin... où M. David pourrait-il se trouver mieux qu'avec nous?

— Nous quitter, s'écriait Marie, nous quitter... mais c'est lui qui fait notre force, notre foi, notre confiance dans l'avenir... Est-ce qu'il peut nous abandonner maintenant!

La vieille Marguerite était alors obligée d'intervenir encore.

— Pour l'amour de Dieu, Madame, couchez-vous donc, voilà deux heures du matin, disait la vieille servante, vous êtes levée depuis six heures, et monsieur Frédérik aussi, et puis tant de fatigue dans la journée, ça n'a pas le bon sens, non plus!

— Marguerite a raison de nous gronder, mon enfant, disait Marie en souriant et en baisant son fils au front : nous sommes fous de nous coucher si tard.

Et le lendemain il fallait encore les récriminations de Marguerite pour couper court aux entretiens de la mère et du fils.

. . . .

Deux ou trois fois Marie se coucha doucement rêveuse.

Un soir, pendant que Frédérik faisait une lecture, son ami, pensif, accoudé à la table de travail, appuyait son front sur sa main; la lumière de la lampe, concentrée par l'abat-jour, éclairait alors en plein l'expressive et noble figure de David.

Marie, un moment distraite de la lecture, arrêta son regard sur le sauveur de son fils... et contempla longtemps David.

Peu à peu, la jeune femme sentit ses yeux devenir humides, son beau sein palpiter fortement, et une légère rougeur lui monter au front.

A ce moment David leva par hasard les yeux et rencontra le regard de Marie.

Celle-ci baissa aussitôt la vue et devint pourpre.

Une autre fois David était au piano, accompagnant Frédérik et Marie qui chantaient un duo ; la jeune femme voulut tourner la feuille de la partition, David avait eu la même pensée... sa main rencontra la main de Marie...

A ce contact électrique elle tressaillit, tout son sang reflua vers son cœur, et un nuage passa devant ses yeux.

Malgré ces symptômes significatifs, la jeune mère s'endormit ce soir-là rêveuse, mais pleine de calme et de chaste sérénité.

Comme toujours, elle baisa son fils au front sans rougir...

. . . .

Ainsi s'était écoulée la dernière quinzaine de décembre.

La veille du jour de l'an, David, Marie et son fils s'apprêtaient à sortir pour aller porter quelques derniers secours à leurs protégés, lorsque Marguerite remit à sa maîtresse une lettre qu'un exprès venait d'apporter.

A la vue de l'écriture, Marie ne put cacher sa surprise et sa crainte.

Cette lettre était de M. Bastien, et ainsi conçue :

« Madame ma femme (dont je ne suis pas content du tout),

« Mes affaires dans le Berri sont terminées plus tôt que je ne le pensais. Je suis à Pont-Brillant, avec mon compère Bridou, occupé à vérifier des comptes. Nous partirons tantôt pour la ferme, où Bridou restera quelques jours avec moi, pour m'aider à évaluer l'indemnité qui me sera due sur le secours alloué aux inondés; car il faut qu'à quelque chose malheur soit bon.

« Nous arriverons pour dîner.

« Veillez à ce qu'il y ait surtout un gigot avec la grosse gousse d'ail de rigueur, et une fameuse soupe aux choux, comme je les aime, avec force petit salé de mes porcs et force saucisson de Blois; veillez surtout à cela, s'il vous plaît.

« *Nota bené.* J'arrive de très-mauvaise humeur, et très-disposé à frotter les oreilles de monsieur mon fils, dans le cas où ses mélancolies et ses *genres* de petit-maître ne seraient pas passés.

« Votre mari, qui n'a pas envie de rire,

« Jacques Bastien.

« *P.-S.* Bridou est comme moi : il aime *le fromage qui marche tout seul.* Dites à Marguerite de s'en pourvoir, et veillez-y. »

Madame Bastien était encore sous l'impression de surprise et de chagrin que lui causait le retour inattendu de M. Bastien, lorsqu'elle fut tirée de cette préoccupation par un bruit tumultueux et toujours croissant qu'elle entendit au dehors.

On eût dit qu'un rassemblement considérable entourait la maison.

Soudain Marguerite entra en courant, les yeux remplis de joie, et s'écria :

— Ah! Madame, venez... venez donc voir!

Marie, de plus en plus étonnée, suivit machinalement la servante.

XXXIII

Le temps était clair, le soleil d'hiver radieux.

Marie Bastien, en sortant du porche rustique élevé au-dessus de la porte d'entrée de sa maison, vit défiler en ordre et se ranger derrière le petit jardin une centaine de personnes environ, hommes, femmes, enfants, presque tous vêtus d'habits grossiers, mais chauds et neufs.

Cette espèce de cortége se terminait par une charrette ornée de branchages de sapin, sur laquelle était ce qu'on appelle dans le pays une *toue*, petit batelet plat, semblable à celui dont Frédérik et David s'étaient si vaillamment servis pendant l'inondation.

Derrière la charrette... qui s'arrêta à la porte du jardin, venait une calèche vide, attelée de quatre chevaux, montés par deux petits postillons à la livrée de Pont-Brillant; deux valets de pied étaient assis derrière.

A la tête du cortége marchait Jean-François le métayer; il donnait la main à deux de ses enfants; sa femme tenait le plus petit entre ses bras.

A la vue de madame Bastien, le métayer s'approcha.

— Bonjour, Jean-François, lui dit affectueusement la jeune femme; que désirent ces braves gens qui vous accompagnent?

— Nous voudrions parler à M. Frédérik, Madame...

Marie se retourna vers Marguerite, qui, triomphante, se tenait derrière sa maîtresse, et lui dit :

— Courez prévenir mon fils, Marguerite.

— Ce ne sera pas long, Madame, il est dans la salle d'étude avec M. David.

Pendant que la servante était allée quérir Frédérik, Marie, apercevant seulement alors la calèche vide et magnifiquement attelée, arrêtée à la porte du jardin, se demanda ce que faisait là cette voiture.

Frédérik accourut, ne s'attendant pas au spectacle qui l'attendait.

— Que veux-tu, ma mère? dit-il vivement.

Puis voyant la foule qui remplissait le petit jardin, il s'arrêta tout surpris et regarda Marie d'un air interrogatif.

— Mon enfant...

Mais la jeune femme, dont le cœur battait délicieusement, fut obligée de s'interrompre; vaincue par l'émotion, elle venait de reconnaître que le rassemblement était entièrement composé de personnes secourues, lors du désastre, par elle, par son fils et par David.

Puis Marie reprit :

— Mon enfant... c'est Jean-François qui désire te parler... le voici...

Et l'heureuse mère s'effaça derrière son fils, en échangeant un regard de ravissement ineffable avec David, qui avait suivi son élève et se tenait à demi caché sous le porche.

Frédérik, dont l'étonnement augmentait, avait fait un pas vers Jean-François; celui-ci lui dit alors avec des larmes dans la voix :

« — Monsieur Frédérik... c'est nous autres pauvres gens du Val... qui... venons vous remercier de franc cœur... ainsi que votre brave mère... et votre ami, monsieur David, si brave aussi... Comme c'est moi... qui vous dois le plus... poursuivit le métayer d'une voix de plus en plus entrecoupée par les larmes, et en montrant sa femme et ses enfants d'un geste expressif, comme c'est moi... qui vous... dois... le plus... monsieur Frédérik... les autres... m'ont dit... de... et... je...»

Le pauvre homme ne put achever.

Les sanglots étouffèrent sa voix.

D'autres sanglots d'attendrissement, partis de la foule émue et recueillie, répondirent aux pleurs de Jean-François et interrompirent seuls le religieux silence qui régna quelques instants.

Le cœur de Frédérik se fondit en larmes célestes.

Il se jeta au cou de sa mère... comme s'il eût voulu reporter sur elle ces témoignages de reconnaissance dont il était si profondément touché.

A un signe de Jean-François qui essuyait ses yeux et tâchait de reprendre son sang-froid, plusieurs hommes du rassemblement étant allés vers la charrette chercher la toue, l'apportèrent à bras et la déposèrent devant Frédérik.

C'était un simple et rustique batelet avec ses deux rames en bois brut; seulement sur la *lisse* intérieure on lisait, écrit en lettres inégales et grossièrement entaillées dans la membrure :

LES PAUVRES GENS DU VAL

A MONSIEUR FRÉDÉRIK BASTIEN.

Puis suivait la date de l'inondation.

Jean-François, ayant surmonté son émotion, reprit en montrant la toue au fils de madame Bastien :

« — Monsieur Frédérik, nous nous sommes réunis pour faire faire ce batelet... à peu près pareil à celui qui vous a servi à nous secourir, à nous sauver... Excusez notre liberté, monsieur Frédérik, mais... c'est de bien bonne intention et de bien bonne amitié... que nous vous apportons ce batelet. Quand vous vous en servirez, vous penserez aux pauvres gens du Val... et eux autres... vous aimeront toujours bien, monsieur Frédérik; ils apprendront votre nom à leurs petits enfants... pour qu'un jour, devenus grands, ils l'apprennent aux leurs... car, ce nom-là, voyez-vous, monsieur Frédérik, c'est maintenant le BON SAINT NOM DU PAYS... »

Frédérik laissait couler ses larmes, muette et éloquente réponse.

David, se penchant alors à l'oreille de son élève, lui dit tout bas :

— Mon enfant, ce rustique cortége ne vaut-il pas le brillant cortége de chasse de la *Saint-Hubert?*

Au moment où Frédérik se retournait vers David pour lui serrer la main, il se fit un mouvement dans la foule, qui, s'écartant soudain avec un murmure de surprise et de curiosité, donna passage à Raoul de Pont-Brillant.

Le marquis s'avança un peu en avant de Jean-François; puis, avec autant d'aisance que de parfaite bonne grâce, il dit à Frédérik :

— Je venais, Monsieur, vous remercier de m'avoir sauvé la vie... car c'est aujourd'hui ma première sortie ; mon devoir était de vous la consacrer; j'ai rencontré sur ma route ces braves gens... Après m'être informé auprès de l'un d'eux du but de leur rassemblement, je m'y suis joint... puisque, comme ces braves gens... je suis du Val, et qu'ainsi que plusieurs d'entre eux je vous dois la vie, Monsieur...

Après ces mots, prononcés d'un accent peut-être plus poli qu'ému, le marquis de Pont-Brillant, avec un tact exquis, se confondit de nouveau dans la foule.

— Eh bien! mon enfant, dit tout bas David à Frédérik, n'est-ce pas maintenant M. de Pont-Brillant qui devrait vous porter envie?

Frédérik serra la main de David et resta pendant quelques secondes sous l'empire de cette pensée :

— Celui que j'ai voulu lâchement tuer... est là... ignorant ma funeste tentative et venant me remercier de lui avoir sauvé la vie...

Puis le fils de madame Bastien s'adressant aux gens du Val, leur dit d'une voix chaleureuse, en se mêlant à eux et leur tendant ses mains qui furent cordialement pressées :

— Mes amis, ce que j'ai fait... je l'ai fait par l'inspiration de ma mère... et avec l'aide de mon ami, monsieur David... C'est donc en leur nom et au mien que je vous remercie du fond du cœur de ces témoignages d'affection... Quant à ce batelet, ajouta le jeune homme en se dirigeant vers la toue déposée au milieu du jardin, et la contemplant avec autant d'attendrissement que de joie, il sera consacré aux promenades de ma mère... et cette touchante inscription nous rappellera les habitants du Val... que nous aimons comme ils nous aiment.

Puis Frédérik, s'adressant tour à tour à ceux qui l'entouraient, demanda à l'un si son guéret commençait à être défonçable ; à l'autre, s'il espérait conserver quelque partie de sa vigne ; à celui-là, si la vase fécondante de la Loire laissée sur son pré n'atténuerait pas un peu le désastre dont il avait souffert ; à tous enfin, Frédérik disait un mot qui prouvait que les intérêts ou les malheurs de chacun lui étaient présents à l'esprit.

Marie, de son côté, parlant aux femmes, aux mères, aux enfants, trouvait pour tous un mot d'affection et de sollicitude, manifestées par des questions précises qui prouvaient, qu'ainsi que son fils, elle avait eu la connaissance parfaite de la position et des besoins de tous.

Frédérik espérait rejoindre le marquis de Pont-Brillant ; il éprouvait le besoin de serrer la main de celui qu'il avait si longtemps poursuivi d'une haine acharnée ; il lui semblait que cette franche étreinte devait effacer pour lui jusqu'au dernier souvenir de la funeste action qu'il avait tentée... mais il ne retrouva pas le marquis, dont la voiture avait aussi disparu.

Seulement, après le départ des gens du Val, Frédérik, rentrant chez lui avec sa mère et David, trouva Marguerite qui, toute fière, lui remit une lettre.

— Qu'est-ce que c'est que cette lettre, Marguerite, demanda le jeune homme.

— Lisez, monsieur Frédérik.

— Mère, tu permets... et vous aussi, mon ami?

David et Marie firent un signe de tête affirmatif.

Frédérik chercha des yeux la signature et dit aussitôt

— C'est du marquis de Pont-Brillant.

— De lui-même, monsieur Frédérik, reprit Marguerite... Avant de repartir en voiture, il est venu par la futaie et a demandé à vous écrire un mot...

— Viens dans la salle d'étude, mon enfant, dit Marie à son fils.

David, Frédérik et sa mère étant seuls, le jeune homme dit naïvement :

— Je vais lire tout haut, mère...

— Comme tu voudras, mon enfant.

— Ah! mais j'y songe, reprit Frédérik en souriant... c'est sans doute une lettre de remerciements... et lire cela soi-même...

— Tu as raison... tu en supprimerais les trois quarts, reprit Marie en souriant à son tour... Donne cette lettre à M. David, il lira cela mieux que toi.

— Allons, reprit gaiement Frédérik, ma modestie me sert bien mal... Si ce sont des louanges... elles vont me paraître douces encore.

—Ce sera la punition de votre humilité, dit gaiement David.

Et il lut ce qui suit :

« Ainsi que j'ai eu l'honneur de vous le dire, Monsieur, j'étais parti de chez moi dans l'espoir de vous exprimer ma reconnaissance... J'ai rencontré les gens du Val qui venaient vous féliciter... vous, Monsieur, dont le nom est à bon droit devenu populaire dans notre pays, depuis l'inondation ; j'ai cru devoir me joindre à ces bonnes gens, en attendant le moment de pouvoir vous remercier personnellement.

« J'aurais, Monsieur, accompli ce devoir aujourd'hui même sans une circonstance assez délicate.

« En vous entendant remercier en si bons termes et d'une voie si émue les gens du Val, il m'a semblé reconnaître la voix d'une personne avec qui *je me suis rencontré à la tombée de la nuit, dans la cavée de la forêt de Pont-Brillant, il y a de cela environ deux mois*, car, si j'ai bonne mémoire, cette rencontre avait lieu dans *les premiers jours de novembre.* »

— Frédérik, qu'est-ce que cela signifie? demanda madame Bastien en interrompant David.

— Tout à l'heure, mère... je te dirai tout... Veuillez continuer, mon ami.

David poursuivit :

« Il se peut, Monsieur... et je le désire vivement... que le passage de ma lettre relatif à *cette rencontre* vous paraisse incompréhensible... dans ce cas, veuillez n'y attacher aucune importance, et l'attribuer à une erreur causée par une ressemblance de voix et d'accent du reste fort singulière.

« Si, au contraire, *vous me comprenez,* Monsieur ; si vous êtes, en un mot, la personne *avec qui je me suis rencontré* à la tombée de la nuit, dans un endroit fort obscur, et sans pouvoir distinguer ses traits, qui seraient alors les vôtres, vous daignerez sans doute, Monsieur, m'expliquer la contradiction (apparente... je l'espère) qui existe entre votre conduite envers moi *lors de notre rencontre dans la forêt* et lors de l'inondation.

« J'attendrai donc, Monsieur, si vous voulez bien le permettre, l'éclaircissement de ce mystère, afin de savoir avec quels sentiments je dois désormais avoir l'honneur de me dire, Monsieur, votre très-humble et très-obéissant serviteur,

« R., marquis DE PONT-BRILLANT. »

A peine la lecture de cette lettre, écrite avec une assurance et une hauteur précoces, était-elle terminée, que le fils de madame Bastien courut à une table, écrivit spontanément quelques lignes, plia le papier et revint auprès de madame Bastien.

— Je vais, mère, lui dit-il, te raconter en deux mots l'aventure de la cavée ; ensuite, toi et mon ami vous jugerez si la réponse que je viens d'écrire à M. de Pont-Brillant est convenable.

Et Frédérik (sans parler de l'entretien de la douairière et de Zerbinette, surpris par lui... il aurait cru outrager sa mère) instruisit la jeune femme et David de tout ce qui s'était passé dans la funeste journée à laquelle le marquis faisait allusion...

comment celui-ci, ayant refusé de se battre au milieu de l'obscurité avec un inconnu, et voulant se soustraire aux obsessions de Frédérik, l'avait renversé sous le poitrail de son cheval... comment alors Frédérik, dans le délire de sa rage, était allé s'embusquer près d'un endroit où devait passer le marquis, afin de le tuer.

Ce récit terminé, récit qui, sans justifier Frédérik, expliqua du moins à sa mère et à David par quelle succession de sentiments et de faits il avait été amené à concevoir l'idée d'un horrible guet-apens, tentative du moins ignorée de M. de Pont-Brillant, Frédérik dit à sa mère :

— Tiens... voici ma réponse à la lettre de M. de Pont-Brillant :

Marie Bastien lut ce qui suit :

« Monsieur,

« Je vous avais provoqué sans raison... j'en ai honte... Je vous ai sauvé la vie... j'en suis heureux; voilà tout le mystère.

« Votre très-humble serviteur,

« Frédérik Bastien. »

— Bien, mon enfant, dit vivement David... vous avouez noblement une funeste pensée que vous avez rachetée au péril de votre vie...

— Quand je songe à cette réhabilitation et à tout ce qui vient de se passer... reprit Marie avec une profonde émotion... quand je me dis... que tout cela est votre ouvrage, monsieur David... et qu'il y a quinze jours à peine mon fils se mourait, le cœur rongé de fiel...

— Et encore tu ne sais pas tout, dit Frédérik en interrompant sa mère... non, tu ne sais pas encore tout ce que tu dois à ce bon génie... qui est venu changer nos chagrins en bonheur.

— Que dis-tu, mon enfant?

— Frédérik... ajouta David d'un ton de reproche, car il pressentait la pensée du fils de madame Bastien...

— Mon ami... c'est aujourd'hui le jour des aveux complets... et d'ailleurs je vois ma mère si heureuse... que...

Puis, s'interrompant.

— N'est-ce pas, mère, que tu es heureuse?

Marie répondit en embrassant son fils avec ivresse.

— Vous voyez bien, mon ami... ma mère est si heureuse.. qu'un danger passé... ne peut plus lui causer du chagrin... surtout... lorsqu'elle aura une raison de plus... de vous aimer, de vous bénir.

— Frédérik, encore une fois je vous conjure...

— Mon ami, la seule raison qui jusqu'ici m'a fait cacher ce secret à ma mère, c'était la crainte de l'affliger.

— De grâce, cher enfant, explique-toi, s'écria Marie.

— Eh bien, mère, ce n'était pas un rêve, que ces adieux nocturnes... tu sais?

— Comment, pendant cette nuit funeste, tu es venu?..

— Te dire adieu.

— Mon Dieu!.. et où voulais-tu donc aller?

— Je voulais aller me tuer.

Marie poussa un cri d'effroi et devint toute pâle.

— Frédérik, dit David, vous voyez, quelle imprudence!

— Non, non, monsieur David, reprit la jeune femme en tâchant de sourire, c'est moi qui suis d'une faiblesse... ridicule... Est-ce que mon fils n'est pas là, dans mes bras, sur mon cœur?

Et, en disant ces mots, Marie serrait en effet entre ses bras son fils, assis auprès d'elle sur la causeuse; puis, le baisant au front, elle ajouta d'une voix palpitante :

— Oh! je te tiens... Maintenant je n'ai plus peur, je peux tout entendre.

— Eh bien, mère... dévoré d'envie, poursuivi surtout par le remords qui s'était éveillé à ta voix... j'ai voulu me tuer... Je suis sorti avec M. David... je lui ai échappé... Il est parvenu à retrouver mes traces... J'avais couru du côté de la Loire... et, lorsqu'il est arrivé...

— Ah ! malheureux enfant ! s'écria Marie, sans lui, tu périssais !..

— Oui... me voyant mourir... je t'avais appelée, toi, mère, comme on crie au secours. Il a entendu mes cris, s'est précipité dans la Loire... et...

Frédérik fut interrompu par Marguerite.

La vieille servante, cette fois, ne se présenta pas souriante et triomphante, mais craintive, alarmée, en disant tout bas à sa maîtresse, comme si elle lui eût annoncé une nouvelle fatale :

— Madame... Madame... VOILA MONSIEUR !

XXXIV

Ces mots de Marguerite :

Voilà Monsieur !

Annonçant l'arrivée de Jacques Bastien, au moment même où Marie apprenait qu'elle devait à David et la guérison morale et la vie de son fils, causèrent à la jeune femme une telle stupeur qu'elle resta muette, immobile et comme frappée d'un coup inattendu, car les divers incidents de la matinée lui avaient fait oublier la lettre de son mari.

Frédérik, de son côté, ressentit une triste surprise. Grâce à la réserve de sa mère, il ignorait jusqu'à quel point la conduite de son père envers elle avait toujours été injuste et dure ; mais certaines scènes domestiques dans lesquelles la brutalité naturelle de Jacques Bastien s'était souvent manifestée, la rudesse inintelligente avec laquelle il exerçait son autorité paternelle, lors de ses rares apparitions à la ferme, tout avait concouru à rendre les relations du père et du fils d'une extrême froideur.

David voyait aussi l'arrivée de M. Bastien avec une profonde appréhension ; quoique bien décidé à faire à cet homme toutes les concessions possibles, à s'annihiler devant lui afin de mériter son indifférence, il lui était pénible de penser que la continuité de ses relations avec Frédérik et sa mère dépendait absolument d'un caprice de Jacques Bastien.

Marguerite précédait de si peu son maître, que David, Marie et son fils étaient encore sous le coup de leur étonnement et de leurs pénibles réflexions lorsque Jacques Bastien entra dans la salle d'étude, accompagné de son compagnon Bridou, huissier à Pont-Brillant.

Jacques Bastien, nous l'avons dit, était un hercule obèse ; sa grosse tête, couverte d'une forêt de cheveux crépus d'un blond roux, était à peine séparée de ses puissantes épaules par un cou de taureau ; il avait le visage large, vivement coloré et presque imberbe, comme beaucoup de gens d'une nature athlétique ; le nez gros, la bouche lippue, l'œil à la fois rusé, sournois et méchant. La blouse bleue qu'il avait, selon sa coutume, par-dessus sa redingote, dessinait la proéminence de son ventre de Falstaff ; il portait une casquette de poils de renard à oreillères, un pantalon de velours flottant, et des bottes ferrées qu'il n'avait pas fait décrotter depuis plusieurs jours ; de l'une de ses mains énormes et courtes, plus larges que longues, il tenait un bâton de houx relié à son poignet par une ganse de cuir gras ; faut-il tout dire : cette espèce de mastodonte, à dix pas, sentait le bouc.

Son compère Bridou, aussi vêtu d'une blouse par-dessus son vieil habit noir, et coiffé d'un chapeau rond, était un petit homme à bésicles, grêle, criblé de taches de rousseur, au regard matois, à la bouche pincée, aux pommettes saillantes : on eût dit un furet portant lunettes.

A la vue de Jacques Bastien, David frémit de douleur et d'effroi, en songeant que la vie de Marie était à jamais enchaînée à celle de cet homme qui, d'un jour à l'autre, pouvait n'avoir même plus la générosité de l'absence.

Jacques Bastien et Bridou entrèrent dans la salle d'étude sans saluer ; les premiers mots que le maître du logis, le sourcil froncé, l'accent rude et courroucé, adressa à sa femme, qui se leva pour le recevoir, furent ceux-ci :

— Qui a donc donné l'ordre d'exploiter ma sapinière ?

— Quelle sapinière, Monsieur ? demanda Marie, sans trop savoir ce qu'elle disait, tant elle était bouleversée par l'arrivée de son mari.

— Comment ! quelle sapinière ? reprit Jacques Bastien ; mais ma sapinière de la route... Est-ce que je parle turc ? En passant, je viens de voir qu'on avait abattu plus d'un millier de sapins de bordure... les plus beaux !... Je vous demande qui s'est permis de les vendre sans mon ordre ?

— On ne les a pas vendus, Monsieur, répondit Marie en reprenant son sang-froid.

— Si on ne les a pas vendus... pourquoi les a-t-on abattus alors ?... Qui les a fait abattre ?

— Moi, Monsieur.

— Vous !...

Et Jacques Bastien, stupéfait, garda un moment le silence, puis il reprit :

— Ah ! c'est vous... Voilà du nouveau, par exemple... C'est un peu fort de café ; qu'en dis-tu, compère Bridou ?

— Dame !... Jacques... il faut voir...

— C'est ce que je vas faire... et pour quel besoin d'argent Madame a-t-elle fait abattre mille de mes plus beaux sapins, s'il vous plaît ?

— Monsieur,.. il vaudrait mieux, je crois, parler d'affaires lorsque nous serons seuls... Vous ne vous êtes pas sans doute aperçu que M. David, le nouveau précepteur de mon fils, était là ?

Et madame Bastien, d'un regard, montra David qui s'était tenu à l'écart.

Jacques Bastien se retourna brusquement, et, après avoir toisé David qui s'inclina devant lui, il dit rudement :

— Monsieur... j'ai à parler à ma femme...

David salua, sortit, et Frédérik le suivit, outré de la réception que l'on faisait à son ami.

— Allons, Madame... reprit Jacques Bastien... voilà le *cracheur de latin* parti... allez-vous me répondre, à la fin ?...

— Quand nous serons seuls, Monsieur...

— Si c'est moi qui gêne... dit Bridou en faisant un pas vers la porte... je vais filer...

— Ah çà ! Bridou, est-ce que tu te moques du monde ?... Veux-tu bien rester là ! s'écria Jacques.

Puis, se tournant vers Marie :

— Mon compère connaît mes affaires comme moi ; or, nous parlons affaires, Madame... car un mille de sapins de bordure, c'est une affaire, et une grosse... Bridou restera donc.

— Soit, Monsieur... alors je vous dirai devant M. Bridou que j'ai cru devoir abattre vos sapins afin de les donner aux malheureuses gens du Val, pour les aider à rétablir leurs demeures à demi détruites par l'inondation.

FIN DU PREMIER VOLUME.

LAGNY. — Typographie de A. VARIGAULT et Cie

COLLECTION MICHEL LÉVY. — Gr. in-18, 1 fr. le vol.

Achard: Parisiennes et Provinciales. ...es et Blondes. Femmes honnêtes. ...ières Marquises.
Adam. Souv. d'un Musicien. Dern. ...enirs d'un Musicien.
d'Alaux. L'Empereur Soulouque et ...Empire.
...im d'Arnim. (Trad. Th. Gautier) Contes bizarres.
Assolant. Hist. fantast. de Pierrot
...ubryet. Femme de vingt-cinq ans.
Augier. Poésies complètes.
...utran. Milianah.
de Banville. Odes funambulesques.
Barbara. Hist. émouvantes.
...er de Beauvoir. Chevalier de ...Georges. Aventurier et Courtisanes. ...cavalières. Mlle de Choisy. Chev. de ...ly. Cabaret des Morts.
...e Bernard. Portr. de la Marquise.
de Bernard. Nœud gordien. Homrieux. Gerfaut. Ailes d'Icare. Gentilh. ...agnard, 2 v. Beau-père, 2 v. Paravent. ...du Lion. L'Écueil. Théâtre et Poésies.
C. Berton. Bonheur impossible.
...té.
Bouilhet. Melænis.
Bravard. Petite Ville. L'honneur ...emmes.
...e Brébat. Scènes de la vie contem...ie. Bras d'acier.
Buchon. En Province.
Blaze. Musiciens contemporains.
Carlen (Trad. de M. Souvestre). ...jeunes Femmes.
...e Carné. Drame sous la Terreur.
...le Carrey. Huit jours sous l'Équa- ...Métis de la Savane. Révoltés du ...Récits de Kabylie. Scènes de la vie ...érie. Hist. et mœurs Kabyles.
...e Chabrillan. Voleurs d'or. Sapho.
...mpéoury. Excentriques. Avent. de ...Mariette. Réalisme. Souffr. du Prof. ...l. Premiers Beaux-Jours. Usurier ...t. Souv. des Funambules. Bourgeois ...olinchart. Sensations de Josquin. ...-Caillou.
Souvenirs d'un officier du 2me ...res.
Conscience (Trad. Wocquier). ...de la Vie flamande, 2 v. Fléau du ...e. Démon de l'Argent. Veillées Fla- ...s. Mère Job. Guerre des Paysans. ...s du Soir. L'Orpheline. Batavia. ...en, 2 v. Souvenirs de Jeunesse. ...le Flandre, 2 v.
...Fleury. Voyages et Voyageurs.
...antrogues. Histoires d'amour et ...nt.
...L. Dash. Bals masqués. Jeu de la ...Chaîne d'Or. Fruit défendu. Chât. ...ique. Poudre et la neige. Marquise ...abere.
...ral Daumas. Grand Désert. ...ix du Sahara.
...eltuf. Aventures parisiennes. L'une ...tre.
Dickens (Trad. A. Pichot). Nev. ...Tante, 2 v. Contes de Noël.
Didier. Mad. Georges. Fille de Roi.
Dumas. Vie au Désert, 2 v. Mai- ...glace, 2 v. Charles le Téméraire, 2 v.
Dumas fils. Avent. de quatre ...s. Vie à vingt ans. Antonine. Dame ...mélias. Boîte d'Argent.
...yma. Peaux noires. Femmes du ...u monde.
Féval. Tueur de Tigres. Der- ...Fées.
...aubert. Madame Bovary, 2 v.
Forville. Marq. de Pazaval. Cons- ...l'an VIII. Deux Belles-Sœurs.
...-Fournier. Monde et Comédie.
...autier. Beaux-Arts en Europe, 2 v. ...ntinople. L'Art moderne. Grotesques
Émile de Girardin. Marge ...ouvelles. Marquise de Pontanges. ...d'une vieille Fille à ses Ne-

veux. Poésies. Vicomte de Launay, 4 v.
L. Gozlan. Châteaux de France, 2 v. Not. de Chantilly. Émot. de Polydore Marasquin. Nuits du Père-Lachaise. Famille Lambert. Hist. de Cent trente Femmes. Médecin du Pecq. Dernière Sœur grise. Dragon rouge. Comédie et Comédiens. Marquise de Belverane. Balzac et Vidocq.
Hildebrand (Trad. Wocquier). Scènes de la Vie hollandaise. Chambre obscure.
Hoffmann (Trad. Champfleury). Contes posthumes.
A. Houssaye. Femmes comme elles sont. L'Amour comme il est. Pécheresse.
Ch. Hugo. Chaise de paille. Bohême dorée, 2 v. Cochon de saint Antoine.
F. V. Hugo (Trad.). Sonnets de Shakspeare. Faust anglais de Marlowe.
F. Hugonnet. Souv. d'un Chef de bureau arabe.
J. Janin. Chem. de traverse. Contes littér. Contes fantastiq. L'Ane mort. Confession. Cœur pour deux Amours.
Ch. Jobey. Amour d'un Nègre.
A. Karr. Les Femmes. Agathe et Cécile. Promen. hors de mon Jardin. Sous les Tilleuls. Poignée de Vérités. Voy. autour de mon Jardin. Soirées de Sainte-Adresse. Pénélope normande. Encore les Femmes. Trois Cents Pages. Guêpes, 6 v. Menus Propos. Sous les orangers. Les Fleurs. Raoul. Roses noires et Roses bleues.
L. Kompert (Trad. D. Stauben). Scènes du Ghetto. Juifs de la Bohême.
A. de Lamartine. Les Confidences. Nouv. Confidences. Touss. Louverture.
V. de Laprade. Psyché.
Th. Lavallée. Hist. de Paris, 2 v.
J. Lecomte. Poignard de Cristal.
J. de la Madeleine. Ames en peine.
F. Mallefille. Capitaine La Rose. Marcel. Mém. de Don Juan. 2 v. Monsieur Corbeau.
X. Marmier. Au Bord de la Newa. Drames intimes. Grande Dame russe.
F. Maynard. De Delhi à Cawnpore. Drame dans les mers boréales.
Méry. Hist. de Famille. Salons et Souterrains de Paris. André Chénier. Nuits anglaises. Nuits italiennes. Nuits espagnoles. Nuits d'Orient. Château vert. Chasse au Chastre.
P. Meurice. Scènes du Foyer. Tyrans de Village.
P. de Molènes. Mém. d'un Gentilh. du siècle dernier. Caract. et récits du temps. Chron. contemp. Hist. intimes. Hist. sentim. et milit. Avent. du temps passé.
F. Mornand. Vie arabe. Bernerette.
H. Murger. Dernier Rendez-vous. Pays Latin. Scèn. de Campagne. Buveurs d'eau. Vacances de Camille. Ruman de toutes les Femmes. Scèn. de la Vie de Bohême. Propos de ville et propos de théâtre. Scèn. de la vie de jeunesse. Sabot rouge. Madame Olympe. Amoureuses.
P. de Musset. Bavolette. Puy...rens.
A. de Musset, de Balzac, G. S...d. Tiroir du Diable. Paris et Parisiens. P... risiennes à Paris.
Nadar. Quand j'étais Étudiant. Miroir aux Alouettes.
Gérard de Nerval. Bohême galante. Marquis de Fayolles. Filles du Feu. Souvenirs d'Allemagne.
Charles Nodier (Trad.). Vicaire de Wakefield.
P. Perret. Bourgeois de campagne. Avocats et meuniers.
Amédée Pichot. Poëtes amoureux.
E. Plouvier. Dernières Amours.
Edgard Poe (Trad. Baudelaire). Hist. extraordinaires. Nouv. hist. extraordinaires. Aventures d'A. Gordon-Pym.
F. Pousard. Études antiques.
A. de Pontmartin. Cont. et Nouv. Mém. d'un Notaire. Fin du Procès. Contes d'un Plant. de choux. Pourq. je reste à la Campagne. Or et Clinquant.

M. Radiguet. Souv...s de...que espagnole.
H. Révoil (Traduct...r). H... Nouv. Monde. Docteur américai...
L. Reybaud. Dern. des Voyag. Coq du Clocher. Ir...just... Jérôme Paturot. Position sociale. Paturot, République. Ce qu'on... dans une Rue. Comtesse de Maul... rebours. Vie de Corsaire. Vie de J...
A. Rolland. Martyrs du Fo...
Ch. de La Rounat. Comédie de...
J. de Saint-Félix. Scènes de Gentilhomme.
J. Sandeau. Sacs et Parchemi...velles. Catherine.
G. Sand. Histoire de ma Vie,...prat. Valentine. Indiana. Jeanne... Diable. Petite Fadette. François le... Teverino. Consuelo, 3 v. Comt... dolstadt, 2 v. André. Horace. Jacq... 2 v. Lucrezia Floriani. Péché de... toine, 2 v. Lettres d'un Voyag... nier d'Angibault. Piccinino, 2 v... Dernière Aldini. Secrétaire intime...
E. Scribe. Théâtre, 20 v. Nou... Historiet. et Prov. Piquillo Alliaga...
Alb. Second. A quoi tient l'Amo...
Fr. Soulié. Mém. du Diable, 2 v... Cadavres. Quatre Sœur. Conf. g... 2 v. Au Jour le Jour. Marguerite... tre d'école. Bananier. Eulalia Po... Si Jeun. savait... si Vieill. pouvait... Huit jours au Château. Conseiller d... Malheur complet. Magnétiseur.... Port de Créteil. Comt. de Monrion... gerons. Été à Meudon. Drames incon... Maison n° 3 de la r. de Provence. Ar... Cadet de Famille. Amours de Bo... Olivier Duhamel. Chât. des Pyrén... Rêve d'Amour. Diane et Louise. P... dus. Cont. pour les enfants. Quatre... Sathaniel. Comte de Toulouse. V... de Béziers. Saturnin Fichet, 2 v.
E. Souvestre. Philos. sous les... Confess. d'un Ouvrier. Coin du Feu.... de la Vie intime. Chron. de la Clairières. Scèn. de Chouannerie.... la Prairie. Dern. Paysans. En Q... taine. Scèn. et Récits des Alpes... d'Eau. Soirées de Meudon. Eche... Femmes. Souv. d'un Vieillard. So... Filets. Contes et Nouv. Foyer bret... Dern. Bretons, 2 v. Anges de F... Sur la Pelouse. Riche et Pauvre... de Jeunesse. Réprouvés et Élus, 2... Famille. Pierre et Jean. Deux... Pendant la Moisson. Bord du L... mes parisiennes. Sous les ombrages... cocagne. Mémorial de Famille. Son... Bas-Breton, 2 v. L'Homme et l'A... Monde tel qu'il sera. Histoires d'aut... Sous la tonnelle. Théâtre de la Jeu...
Marie Souvestre. Paul Ferrell... duit de l'anglais.
D. Stauben. Scènes de la Vie ju... Alsace.
De Stendhal. L'Amour. Ro... Noir. Chartreuse de Parme. Prome... ome, 2 v. Chroniq. italiennes... u... touriste, 2 v. Vie de Rossini...
M. B. Stowe (Trad. Forcade). vénir heureux, 3 v.
E. S...f. Sept Péchés capitaux : L... gueil, 2 v. Envie. Colère, 2 v. Luxur... resse, 2 v. Avarice. Gourmandise. G... et Gilberte, 2 v. Adèle Verneuil. Dame. Clémence Hervé.
E. Texier. Amour et Finance.
L. Ulbach. Secrets du Diable.
O. de Vallée. Manieurs d'argent.
A. Vacquerie. Profils et Grima...
M. Valrey. Marthe de Montbrun. les sans Dot.
F. Wey. Anglais chez eux. Lon... y a cent ans.
*** Mme la duchesse d'Orléans.
*** Zouaves et Chasseurs à pied.

www.ingramcontent.com/pod-product-compliance
Lightning Source LLC
Chambersburg PA
CBHW071127160426
43196CB00011B/1826